中国神話における神々と巫

——天と人との媒介として——

高戸聰著

汲古書院刊

目次

中国神話における神々と巫

——天と人との媒介として——

序章

本書は、中国神話の構造を論じた第一部と、民間の宗教者である巫の特徴を論じた第二部との、全二部から構成されている。

まず、中国における神話研究は、その萌芽期から研究方法の違いによって、大きく二つの立場に分けることができる。

馬昌儀氏は、自らが編纂した『中国神話学文論選萃』(1)の序言に当たる「中国神話学発展的一個輪廓」の中で、一九二〇年代初めから一九三七年までを中国神話学の「奠基階段」であるとして、以下のように説明する。

中国神話学が一つの学問となり、その学問としての意識も日に日に鮮明になっていった。その表れの一つは、魯迅・周作人・沈雁冰（茅盾）らを代表とする文学家である。彼らは、西洋、主にイギリス人類学派神話学の理論や観点及び研究方法を導入し修正しながら吸収した。とりわけ沈雁冰の『中国神話研究ＡＢＣ』などの専著が出版されたことは、ただ中国神話学の理論的な基礎を定めただけでなく、中国神話学を一つの独立した学問として学術界に承認させることだった。しかも人類学派の影響のもと中国の学界に現れたこのような学者たちを、中国神話という領域におけるすこぶる実り多い主要な研究集団に成長させた。（中国神話学作為一門学科、其学科意識也日漸鮮明。其標志是：一方面是以魯迅・周作人・沈雁冰（茅盾）為代表的文学家、引進、改造并吸収了西方・主要是英国人類

学派神話学的理論観点和研究方法、特別是沈雁冰的《中国神話研究ＡＢＣ》等専著的問世、不僅奠定了中国神話学的理論基礎、使中国神話学作為一門独立的学科而被学術界所承認、而且使在人類学派影響下出現于中国学壇的這部分学者成為中国神話学領域里的一個頗有成績的・主要的神話研究群体。）（原文簡体字）(2)

馬氏は、中国神話に対する研究の一つの立場として、「文学家」をあげる。彼らは、西洋の文化人類学の方法を導入して、中国神話を研究しようとした。その研究成果の一つとして馬氏は、茅盾氏の『中国神話研究ＡＢＣ』を挙げる。

続けて馬氏は、別のもう一つの立場として、「歴史学家」に言及する。

別のもう一方は、顧頡剛・楊寛らを代表とする歴史学家である。彼らは積み重ねの歴史観と民族的な神話史観を提出し、方法と理論上において全力を尽くして中国神話学の基礎を構築しただけでなく、中国典籍に記される神話の主要な内容と神話的な人物について着実で緻密な考証と分析を行い、著名な〝古史弁〟神話学派を形成した。（別一方面是以顧頡剛・楊寛等為代表的歴史学家、他們提出了累層的歴史観和民族的神話史観、不僅在方法和理論上竭尽全力去営構中国神話学的基礎、而且対中国典籍神話的一些主要内容和神話人物進行紮実細致的考証和辨析、因而形成了著名的〝古史弁〟神話学派。）（原文簡体字）(3)

馬氏が挙げるもう一つの立場は、「歴史学家」すなわち『古史弁』神話学派である。馬氏は、彼ら『古史弁』神話学派の方法を、「積み重ねの（累層的）歴史観と民族的な神話史観」と説明している。

このように馬氏は、中国神話研究の学派として、「文学家」と「歴史学家」を挙げる。馬氏が言う「文学家」の一人である茅盾氏は、『中国神話研究ＡＢＣ』の中で、

本編の目的は、ただアンドリュー・ラングのいう人類学の方法と遺形説理論によって、乱雑な中国神話の資料を推し量り、分析しようとするものである。（本編的目的只是要根拠了安得烈・蘭（Andrew Lang）所謂人類学的方法与遺

形説的理論、把雑乱的中国神話材料估量一下、分析一下。）（原文簡体字）(4)として、自らの研究方法が文化人類学によるものであることを明言している。茅盾氏の研究方法は、中国神話をギリシア神話や北欧神話と比較するものである。例えば氏は、本書第一章でも言及するが、黄帝と蚩尤の闘争をギリシア神話や北欧神話に見られる神族と巨人族との闘争と比較する。

　馬氏が言うもう一つの学派である「歴史学家」・『古史弁』神話学派とは、周知のように、顧頡剛氏が「銭玄同先生に与えて古史を論ずるの書（与銭玄同先生論古史書）(5)」で「層累地造成的中国古史」観を提出したことから始まる。(6)顧氏は、この「層累地造成的中国古史」観によって、後の世になるほど、伝説が古史として古代へ古代へと積み重ねられていくという歴史観を示した。御手洗勝氏は、「古傳説の成立年代、古史上の人物の出現年代を、當該古傳説・古史が見える文獻の成立年代によって定める方法は、妥當ではない。」としつつも、「古史上の人物は、これを神に還元すべきであるとする學説は、彼の「層累地造成的古史説」を補うところのすぐれた學説であって、これこそ、彼をして中國における近代的神話學の創始者たらしめるものである(7)」と、顧氏を評価する。

　顧氏に続いて、同じく『古史弁』神話学派の楊寛氏は、「中国上古史導論」で、顧氏の「層累地造成的中国古史」観を発展させ、中国神話の新しい研究方法を提出した。楊氏は、まず「我が国の古代民族は、大別すると東・西二つの系統に他ならない。神話伝説も、この東・西二つの系統に他ならない。（吾國古代民族、大別之實不外東西二大系、其神話傳説、實亦不外東西二系：）(8)」として、古代中国の古代民族を、東系民族（殷・東夷・淮夷・徐戎・楚・郯・秦・趙）と西系民族（周・羌戎・蜀）とに大別する。そのうえで、「要するに、古史伝説の来源は、もともと殷周東西二つの系統の民族の分化と融合に由来するものが多い。（要之、古史傳説之來源、本多由於殷周東西二系民族神話之分化與融合。）」と言う。

『古史弁』神話学派の顧頡剛・楊寛両氏について、貝塚茂樹氏は以下のようにまとめる。[9]

顧氏の「層累地造成説」が文献化された神話伝説を問題とし、政治家・学者の個人による神話伝説の時代的変化を取り扱ったに対して、楊寛氏は東西二系民族による伝説の分化発展の場所的因子を加味した変化を取り扱っている。顧氏は文献化され、学者によって取り上げられた後の伝説の変化を文献学的に研究するに対して、楊氏は文献化される以前の民族によって恐らく口頭で伝承されたとでも考うべき神話伝説の変化を、文献に現れた痕跡を通じて追求しようとするものである。

この『古史弁』神話学派によって、中国神話学は、古史上の人物を神として扱い、各々の神話伝説を各々の民族や部族に分属させ関連づけるという研究の方向性が定まったと言える。

各々の神話伝説を各々の民族や部族に分属させ関連づける際、この時期の研究から始まり、今日の中国神話研究でもしばしば使われる方法論がトーテミズムである。この時期、聞一多氏がトーテミズムを援用し始め、聞氏に学んだ孫作雲氏もトーテミズムを用いた研究を行った。

聞一多氏は、「神話そのものは、どのように発生したのだろうか。我々は、神話が太古のトーテミズムの残滓であることを確信している。（神話本身又是怎様來的呢？我們確信、它是荒古時代的圖騰主義（Totemism）的遺跡。）」、「まさに龍と蛇がはっきりと分けることができないことで、我々は、龍が古代トーテム社会の残滓であることを、さらにはっきりとさせることができる。なぜなら我々は、トーテムの合併が、トーテム式社会の発展する際に必ず通る道であることを知っているからである。（惟其龍蛇分不清、我們纔更能確定龍是古代圖騰社會的遺跡、因爲我們知道、圖騰的合并、是図騰式的社會發展必循的途徑。）[10]」と述べる。聞氏は、神話がトーテミズムから発生したとし、トーテム社会が発展するに従ってトーテムも融合するものである、と言う。

聞氏に学んだ孫作雲氏は、統一王朝時代のエジプトがトーテム社会を経過したことに言及し、「中国は世界でも古い国の一つであり、文明が開けた時期の早さは世界に冠たるものである。思うに、我々の祖先もまた必ずこのトーテム社会の一段階を経過したことだろう。（中華為世界古国之一、開化之早為寰宇冠、意我先祖亦必経此図騰社会之一階段。）」（原文簡体字）[11]と言う。孫氏も、聞氏と同様に、中国古代にトーテミズムが存在したとする。

『古史弁』神話学派に始まり、トーテミズムをも包摂した、この研究方法は、今日に至るまで行われ定説となっている観さえある。例えば、王増永氏の『神話学概論』（中国社会科学出版社、二〇〇七年）では、「図騰神話」という節を設け、以下のように言う。

太古の時、血縁集団と氏族部落の姓氏の名称は、しばしばトーテムと関係があった。多くの氏族部落の姓氏の名称は、ほかでもなく彼らのトーテムである。中国は古より華夏と称し、今日に至るまで、人々は依然として華夏を中国の呼称とし、中国人を華夏の子孫と称している。華は花の本字であり、夏は夏王朝に由来している。六朝より以前では華・花の二字は同一であり、華はすなわち花である。初期の伝統的な典籍の中では、花はみな華と書いている。華夏の華は花に由来する。華夏民族の太古の祖先は花を自称したものの後裔であり、これは花が華夏氏族のトーテムであったことを物語っている。華夏民族の祖先は、花をトーテムとする古い氏族であった。（遠古之時、血縁群体和氏族部落的姓氏名称往往与図騰有関。許多氏族部落的姓氏名称就是他們的図騰。中国自古称作華夏、直到今天、人們依然以華夏称呼中国、称中国人為華夏子孫。華是花的本字、夏源自夏朝。六朝之前華、花二字同一、華即是花。早期伝統典籍中花都写為華。華夏之華源自于花。華夏民族的遠古祖先自称為花的後人、説明花是華夏氏族的図騰。華夏民族的祖先是一個以花為図騰的古老氏族。）（原文簡体字）[12]

王氏は、以上のように述べた後、「人獣同体図騰」や「卵生図騰神話」の項を設け、古代中国にどのようなトーテムが存在したかを説明していく。[13]王氏の『神話学概論』は、その名の通り専著ではなく概説書だが、「太古の時、血縁群体と氏族部落の姓氏の名称は、しばしばトーテムと関係があった。多くの氏族部落の姓氏の名称は、ほかでもなく彼らのトーテムである」と、古代中国にトーテミズムが存在したとの前提に立っている。

以上、中国神話学の大きな二つの研究方法の流れを略述した。[14]今一度まとめるならば、一つは、茅盾氏に代表されるような、中国の神話を、西洋の神話研究の方法でもって、似た構造の神話や他の地域の神話と比較し、その原初的な意味を考察する研究方法である。もう一つは、楊寛氏に代表されるような、各々の神話伝説を各々の民族や部族に分属させ関連づける研究方法である。後者については、聞一多氏や孫作雲氏の研究以降、トーテミズムを用いて、神話と民族の関係を説明する研究が主流と成っていく。

ここで、この二つの研究方法について、筆者の考えを附言しておきたい。まず前者の「文学家」は、その研究方法から比較神話学と言うことができる。中国の神話と他の地域の神話を比べる際に問題となることは、中国神話と比べる他の地域の神話が、その比較対象として適当であるか否かという点である。例えば、茅盾氏のように、中国神話と北欧神話を比較する場合、それぞれの神話が記録された書物の成立年代が問題となる。黄帝と蚩尤の争いが記録されている書物は、主に先秦から漢代にかけて成立した資料である。一方、北欧神話が記録されている『エッダ』や『古エッダ』は、九〜十二世紀頃に成立したとされる。[15]中国と北欧それぞれの神話が記録される書物の成立年代は、およそ十二から十五世紀も隔たっているのである。また、それぞれの神話群の中から、特定の幾柱かの神々のみを取り出して比較する方法は、一面的となる欠点を免れない。つまり、中国の神話と他の地域の神話を比較する場合には、比較対象となる神話を慎重に選ばなければならないのである。

次に、後者の『古史弁』神話学派、すなわち各々の神話伝説を各々民族や部族に分属させ関連づける研究方法については、神話から古代の民族や部族を推測する点に問題があると考えられる。例えば、黄帝と炎帝が争ったとする神話から、黄帝と炎帝をそれぞれ信奉する部族が存在したと仮定した上で、神話はこの二つの部族の闘争を語っているとする説がある。(16)しかし、そのような部族が存在したかどうかは仮定の話であるし、存在したとしてもそれぞれの部族が黄帝や炎帝を信奉していたかどうかはまた別の問題となる。さらに、春秋戦国に書かれた書物から、はるか古代に二つの部族が争った痕跡を読み取ろうとすることにも無理があろう。今日の中国における研究では、この黄・炎両部族が存在した事を前提に、古代史を組み立てる研究が多いが、(17)いずれ未だ文字のなかった時代のことであり、考古学による研究成果を待つべきであると考える。

またトーテミズムを援用する研究について、そもそもトーテミズムには、レヴィ＝ストロース氏の批判がある。氏は『今日のトーテミズム』の冒頭で、「トーテミズムは、ヒステリーの場合に似ている。いくつかの現象を勝手に取り上げ、それだけを集めてこれをある病気あるいは一つの客観的な制度と診断を下すことのできる徴候と見なしてよいものであろうかという疑いをひとたび心に描いたとき、これら徴候自体が消え去ってしまい、ないしは統一を求めようとするもろもろの解釈に逆らうことになった。(18)」とし、トーテミズムが幻想に過ぎないことを指摘する。さらに氏は『野生の思考』で、「いわゆるトーテミズムなるものは、分類という一般的な問題の一特殊ケースに過ぎ(19)」ないとする。氏に拠れば、トーテミズムとは、ある民族が自然を自分たちの社会と関連させて考える際の分類体系の一つでしかない。民族学者たちは、この分類体系を、不完全な形で取り出し、殊更にそれを人類の発展段階に普遍的に見られる制度と見なしたのだ、とされる。

このようなレヴィ＝ストロース氏の批判に加え、今日の中国神話研究では、トーテミズムの意味を拡大して用いすぎている点も問題である。先に挙げた王増永氏の『神話学概論』で花を華夏族のトーテムであるとしていたように、ある民族が何某かの動物や植物に僅かでも関係を持っていれば、安易にトーテミズムと結びつけて解釈している。何某かの動植物（あるいは無生物）とある部族とが、その名称において関連を持っていたからと言って、そのことをトーテミズムであると指摘することは、何の説明にもなっていない。ある部族が動植物（あるいは無生物）と種々の関連を持っているとする思考は、今日ではトーテミズムとは関係のない社会でも見られることが知られており、トーテミズムの特徴とは言えないのである。それ故、今日の中国神話研究においてトーテミズムという概念を用いることは、相当慎重になる必要があるのではないだろうか。

以上、中国の神話研究を略述してきた。本書では、ある神について、先史時代にまで遡ってそれを信奉したであろう民族や部族を探求することはしない。あくまで文献が書かれた先秦時代を対象とする。また、それぞれの神話群の中から、特定の幾柱かの神々のみを取り出して比較する比較神話学が抱える問題を回避するため、より普遍性があると考えられる、神の持つ役割や機能的側面について考察していく。そうすることで、この時代の神観念を理解し、他の地域の神観念と比較する上での土台となる枠組みが得られると考えるからである。

本書第一部の考察対象である神とは、上帝や天のような至上神の下位に位置し、至上神と地上の人々との間で媒介として機能する存在である。第一部では、神の持つこうした仲介者としての役割とその性格の多様性を考察する。

先秦時代の中国では、上帝や天のような超越的な存在である至上神と地上の人々とは、容易に交流を持つことができないとされた。それ故、上帝や天のような至上神の意志は、亀卜などの特殊な方法を用いる専門の宗教職能者を通じて知るものとされた。このことは、上帝や天のような至上神と、宗教職能者を除く、地上の人々との間に、謂わばある種の断絶があるとする認識が前提となっている。

それでは、どうして地上の人々は、上帝や天のような至上神と容易に交流できないとされたのだろうか。古代社会において、このような世界の在り方やそれに対する疑問に対して答えるのは、神話の役割であったと考えられる。神話は、「世界や人間や文化の起源を語り、そうすることによって今の世界のあり方を基礎づけ、人々には生き方のモデルを提供する神聖な物語[20]」とされる。それ故、「神話の多くは、対象は異なっていても結局はこの起源神話の枠内に納めることができる[21]」ともされる。

第一部第一章「天と地との分離を語る神話――蚩尤に関する神話を中心として――」では、先秦時代の中国に見られる天地分離神話について検討する。天地分離神話とは、原初において未分化であった天と地とが、どのようにして分離し、現在のような世界になったかを語る神話である。この検討によって、至上神と地上の人々との交流が太古において断絶されたとする認識が、先秦時代の中国に存在したことを示そうと思う。

天と地との分離を語るこの神話を検討するに際して、元来が悪神・凶神とされた「蚩尤」に関する神話を分析する。この分析の過程で、「重黎」と「共工」それぞれの神話に見られる天地分離の要素をも確認する。

第二章「『長沙子弾庫帛書』に見る天地創造の神話」では、出土文献である「長沙子弾庫帛書」（以下「子弾庫帛書」と略称する）を考察の対象とし、伝世文献と同様に、天地分離神話が出土文献にも見られることを確認する。「子弾庫帛書」は、「八行文」・「十三行文」・「辺文」の三つに分けられ、「八行文」には、原初の混沌からどのようにして世界ができていったかを語る神話が記されている。

しかし、この断絶は完全なものでないことが、「子弾庫帛書」から読み取ることができる。「子弾庫帛書」には、「八行文」に「四神」、「十三行文」に「群神」・「神」という存在が登場する。これら「四神」・「群神」・「神」は、断絶を補うかのように、「帝」と地上の人々との間に介在している。至上神と地上の人々との間には、二者を仲介するこれら「四神」・「群神」・「神」という存在が想定されている。このことは、至上神と地上の人々とは、互いに何の影響も与えない無関係な存在として、認識されていたわけではないことを示すものだろう。

第三章「五行説成立以前の四方神と「四神」の関係について」では、五行説の成り立ちを考察し、そのうえで「子弾庫帛書」の「四神」と五行説との関係について検討する。「四神」については、五行説の影響を受けていることが看取できるが、伝世文献である『呂氏春秋』に見られるような所謂五行の神々とは、その名が異なっている。五行説は、従来殷代四方風がその起源の一つとされている。殷代四方風と方位と季節が結びつくことで、五行説が形成されていく。ただ、殷代四方風の伝承は、『尚書』と『山海経』に残されているが、『尚書』には五行説への直接的な継承関係は認められない。一方『山海経』には、殷代四方風に淵源を持つ四柱の風神が記されている。加えて『山海経』には、殷代四方風に淵源を持つ四柱の風神の他に、二組の「四方神」が記録されている。これら「四方神」と「子弾庫帛書」の「四神」を比較し、五行説の形成過程とその影響を検討する。

第四章と第五章では、上帝や天のような至上神と地上の人々との間を仲介をする神々について、その性格を考察していく。

第四章「山川の「神」の性格について――「其の為《おこない》を蠲《いさぎよ》く」しない「間行」ある神々――」では、先秦の伝世文献から、上帝や天のような至上神と地上の人々との間で媒介として機能する「神」について、まずは確認する。そのうえで、理念的な規範に外れる「神」の祭祀や、独断的な仕方で祭祀を要求する「民則に狎れ、其の為を蠲く」しない「神」について考察していく。

第五章「「明神」の役割と性格について」では、「明神」を取り上げる。「明神」とは、盟誓の載書に記されるところでは、盟誓を結ぶ際その確かさを保証し背く者には罰を下すとされる神である。しかし本章では、この「明神」という語が、不特定の神々が担う役割を指し、その性格である罪ある者を罰し罪なき者を赦す果断さと公平さを強調する際に用いられる語であることを示す。さらに、『毛詩』雲漢や『国語』楚語下に見られる用例から、「明神」にも、至上神と人々との間で媒介として機能することが期待されていたことも確認する。

上帝や天のような至上神と地上の人々との間を仲介する存在である「神」には、様々な性格を持つ者たちが考えられていた。例えば、第四章で確認する「民則に狎れ、其の為を蠲く」しない「神」が存在するとされた一方で、第五章に示す「明神」のような果断さや公平さを持つ神も想定されていたのである。

以上の考察を通して第一部では、個々の神々の来歴ではなく、先秦時代の神々を包括的に扱い、この時代の神観念が持つ、至上神と地上の人々との間での、媒介としての機能を明らかにする。そこから、天の至上神と、直接に天とは交流を持てない地上の人々、及び前二者の間で媒介として機能する「神」、という三極構造を示し、他の地域の神話と中国神話を比較する際の土台となる枠組みを提示する。

次に、第二部では、「神」の役割が後退した漢代以降に、人々と神々との媒介者・仲介者となった「巫」について検討する。まず第一章「古代中国における宗教職能者の諸相——巫と祝宗卜史——」では、「巫」をシャマンと訳すことの当否について検討した。今日「巫」は、シャマンに対応すると思われる概念を、その意訳として用いたと言うことができる。ただ「巫」は、神降ろし・雨乞い・夢占い・祓除という多様な職能を持っているうえ、その職能も他の宗教職能者と重なる部分が多く、「巫」にだけ特有なものは見出し難い。「巫」は、広義のシャマンに含めることはできるが、それは古代中国の他の宗教職能者にも言えることであり、「巫」をシャマンであると指摘することは、「巫」の特徴や性格を何ら説明することにはならないのである。

それでは、「巫」と他の宗教職能者との決定的な違いは何だったのか。第二章「「日書」に見える巫と狂との関係について」では、睡虎地秦簡・放馬灘秦簡・孔家坡漢簡に見られる「巫と為る」という占辞を契機として、伝世文献をも含めて分析した。そのうえで、「巫」は神秘体験を経る過程において「狂」の状態となるのであり、神秘体験としての「狂」が、「巫」を他の宗教者から差別化し、特徴付けていたとの結論を得た。

続いて、第三章「巫となる際の神秘体験について」では、この神秘体験の諸相について考察した。『太平広記』に収録された志怪や伝奇及び『夷堅志』に記される事例を分析し、神が「降り情好」するなどの何らかの神秘体験を経ていることを示した。

第四章「蛇の夢――蛇と女性との複合的な観念について――」では、麓書院藏秦簡『占夢書』に存在する、蛇の夢を見た女性が巫となるだろうとする占辞を手がかりに、『詩経』に遡る古代から敦煌解夢書に至るまで、人々の心の中に潜在していたであろう、蛇と女性にまつわる複合的な観念について検討する。

本書で主として使用したテキストは以下の通りである。

・経書は十三経注疏本を使用した。
・正史は百衲本を使用し、中華書局点校本を参照した。
・『国語』は『宋本國語』（国家図書館出版社、二〇一七年）を使用し、徐元誥撰『國語集解（修訂本）』（中華書局、二〇〇二年）を参照した。
・『大戴礼記』は四部叢刊本を使用した。
・『山海経』は『宋本山海經』（国家図書館出版社、二〇一七年）を使用し、袁珂校注『山海經校注（増補修訂本）』（巴蜀書社、一九九三年）を参照した。

・『淮南子』は、劉文典撰『新編諸子集成　淮南鴻烈集解』（中華書局、一九八九年）を使用した。
・『論衡』は、黄暉『新編諸子集成　論衡校釋』（中華書局、一九九〇年）を使用した。
・『列子』は、楊伯峻撰『新編諸子集成　列子集釋』（中華書局、一九七九年）を使用した。
・『太平御覧』は中華書局影宋本（一九六〇年）を使用した。
・『呂氏春秋』は、王利器『呂氏春秋注疏』（巴蜀書社、二〇〇二年）を使用した。
・『管子』は四部叢刊本を使用し、黎翔鳳撰『新編諸子集成　管子校注』（中華書局、二〇〇四年）を参照した。
・『晏子春秋』は四部叢刊本を使用し、張純一撰『新編諸子集成續編　晏子春秋校注』（中華書局、二〇一四年）を参照した。
・『太平広記』は、張國風會校『太平廣記會校』（北京燕山出版社、二〇一一年）を使用した。
・『法苑珠林』は、周叔迦・蘇晋仁校注『法苑珠林校注』（中華書局、二〇〇三年）を使用した。
・『塩鉄論』は、四部叢刊本を使用し、王利器校注『新編諸子集成　鹽鐵論校注』（中華書局、一九八〇年初版、一九九二年第二版）を参照した。
・『夷堅志』は、何卓点校『夷堅志』（中華書局、一九八一年初版、二〇〇六年第二版）を使用した。

注

（1）馬昌儀編『中国神話文論選萃（上下編）』中国広播電視出版社、一九九四年

（2）注（1）所掲書、一〇～一一頁。

（3）注（1）所掲書、一一頁。

（4）茅盾『中国神話研究ABC』（『名家説――〝上古〟学術萃編　茅盾説神話』上海古籍出版社、一九九九年。初版は、玄珠の署名で、上下冊、一九二九年に世界書局から出版された。）一〇八頁。
（5）顧頡剛「與錢玄同論古史書」（『古史辨』開明書店、一九四一年）、六〇頁。
（6）顧頡剛氏及び後に挙げる楊寛氏の学説については、御手洗勝『古代中国の神々』「序論」（創文社、一九八四年）及び貝塚茂樹『中国古代史学の発展』「序論」（中央公論社、一九八六年）に、まとめられているので参照されたい。
（7）注（6）所掲御手洗氏書、四七～四八頁。
（8）楊寛「中国上古史導論」（『古史辨』（第七冊上篇）開明書店、一九四一年）、九二頁。
（9）注（6）所掲貝塚氏書、二五頁。
（10）聞一多「伏羲考」（『聞一多全集』開明書店、一九四八年）二五～二七頁。
（11）孫作雲「蚩尤考――中国古代蛇氏族之研究・夏史新探」（『孫作雲文集（第三巻）　中国古代神話伝説研究（上）』河南大学出版社、二〇〇三年）一七四～一七五頁。初出は、『中和月刊』一九四一年第二巻第四・五期。
（12）王増永『神話学概論』（中国社会科学出版社、二〇〇七年）一八六頁。
（13）李学勤主編『中国古代歴史与文明　中国古代文明起源』（上海科学技術文献出版社、二〇〇七年）でも、「華夏」族が「花」をトーテムとしたとする説が紹介されている（七二頁）。同書でも「中華図騰」の節が設けられており、やはり古代中国にトーテミズムが存在した、との前提に立っている。
（14）ここに取り上げた説以外の中国神話研究の動向については、鈴木健之「近年中国における神話研究の新たな動向――個別研究を中心として――」（早稲田大学中国文学学会『中国文学研究』第十三期、一九八七年）を、また近年刊行された、葉舒憲・李家宝主編、田兆元・孫正国・張維新・韓璽吾副主編『中国神話学研究前沿』（陝西師範大学出版総社、二〇一八年）も参照されたい。
（15）山室静『サガとエッダの世界　アイスランドの歴史と文化』（社会思想社、一九八二年）一二三頁。
（16）詳細は本書第一章にて述べる。

（17）注（13）所掲書、第二章「起源多元」第三節「華夏源頭：炎黄二帝」、参照。
（18）クロード・レヴィ＝ストロース著中澤紀雄訳『今日のトーテミズム』（みすず書房、二〇〇〇年）五頁。原題は、"LE TOTÉMISME AUJOURD'HUI"（Presses Universitaires de France,1962）。
（19）クロード・レヴィ＝ストロース著大橋保夫訳『野生の思考』（みすず書房、一九七六年）七三頁。原題は、"LA PENSÉE SAUVAGE"（Librairie Plon,1962）。
（20）吉田敦彦・松村一男『神話とは何か』（有斐閣、一九八七年）三頁、参照。また、神話とは、文化や習俗を同じくする共同体において、真実であり神聖であると認識されている物語であるとされる（松村一男『神話学講義』角川書店、一九九九年、一二～一三頁）。それ故、神話はその共同体の人々にとって、世界を秩序立て、意味を与えるものであると考えられる。
（21）注（20）掲書一九頁、参照。

第一部　天と人との媒介として機能する神々

第一章　天と地との分離を語る神話
――蚩尤に関する神話を中心として――

はじめに

天地分離神話とは、原初において未分化であった天地がどのようにして分離し、現在のような世界になったかを語る神話である。天と地が分離された結果、神と人とは断絶される。この断絶があった為に、神と人とは容易に交流できないと考えられたのである。

このような天地の分離を語る神話については、古代中国においても幾つかの種類を確認することができる。本章では、蚩尤に関する神話を検討することを通して、古代中国に見ることのできる天地分離の神話を確認したい。

第一節　蚩尤に関する先行研究

蚩尤は、五帝の筆頭である黄帝と戦い誅殺された、古の軍神とされる。黄帝と蚩尤の戦いの様子について、『山海経』は以下のように描写する。

蚩尤は武器を作って黄帝を攻撃した。そこで黄帝は、応竜に冀州の野で迎撃させた。応竜は水を蓄えたが、蚩尤は風伯と雨師とを招請し、暴風雨を引き起こした。そこで黄帝は、天女の魃という者を下した。すると雨が止んだので、応竜は蚩尤を殺した。（蚩尤作兵伐黄帝。黄帝乃令應龍攻之冀州之野。應龍畜水。蚩尤請風伯雨師、縦大風雨。黄帝乃下天女曰魃。雨止。遂殺蚩尤。）

黄帝・蚩尤ともに、多分に神話的・伝説的な存在であり、必ずしも歴史的な事実とは見なしがたい。蚩尤に関する先行研究は、この黄帝との関連を中心に論じられることが多いが、その立場は、以下に挙げるように、大きく二つに分類することができる。

その立場の一つは、神話がなにがしかの歴史的事実を反映しているとの前提に立っている。黄帝と炎帝は各々の民族を表す祖先神もしくは部族名であり、それらの民族間の闘争を神話は反映しているとする。蚩尤神話も、この黄・炎二つの部族・民族の闘争の過程で創作されたとする立場である。

いま一つは、似た構造の神話や他の地域の神話と、黄帝・蚩尤に関する神話を比較することにより、その原初的な意味を考察する立場である。

まず、前者の立場の主なものを見ていこう。

①「黄帝」が「皇帝」の転化であり、皇天上帝であるとする説。黄帝と炎帝との戦いと黄帝と蚩尤との戦いは、本来同一であったものが分化したものであるとし、黄帝神話は西方系民族の間で形成されて来たとする。(1)
②蚩尤は蛇をトーテムとする氏族社会の、黄帝は熊をトーテムとする氏族社会の、それぞれの君主であるとする説。蚩尤と黄帝の争いはこの氏族社会同士の争いを表しているとする。(2)
③炎帝は姜姓の、黄帝は姫姓の、各々の祖先神であり、炎帝の裔である蚩尤は斉地方の戦闘神であるとする説。黄

帝と蚩尤の闘争は、周と斉の勢力関係を反映しているとする。(4)

④黄帝を世界の始祖神・人類の始祖神とし、黄帝・蚩尤ともに龍蛇型の神であるとする説。黄帝・炎帝・蚩尤の闘争の神話は、田斉が姜斉の破砕を目的として創作したものとする。(5)

⑤黄帝は、各地の族祖伝説を統合しながら、五行思想によって中央の帝とされたとし、蚩尤は神話の統合から外れた悪神・風神であるとする説。蚩尤が黄帝と戦って敗れた話は黄帝伝説によって創作され、蚩尤を信奉する部族の中原からの敗退を語るとする。(6)

⑥黄帝を信奉する姫姓族団と、炎帝を信奉する姜姓族団を想定し、蚩尤は南方民族＝苗黎蛮人の首領であるとする説。その場合、まず黄帝と炎帝の密接な関係があり、後に北上して来た蚩尤が炎帝を逐って炎帝を自称したため、黄帝と炎帝が共同で蚩尤を攻めたとする。そして、黄帝は光帝すなわち光明神・太陽神・諸天の最高神となり、炎・黄両族の長となったとする。(7)

⑦八神の中で蚩尤のみ自然神でないこと及び(8)『管子』地数篇・五行篇の記述から、蚩尤を斉国の神話英雄とする説。また、蚩尤を夸父・刑天と同じく巨人族、炎帝の末裔とし、黄帝と蚩尤の戦いは、蚩尤が炎帝の復讐を行ったのだとする。(9)

次に、後者、すなわち似た構造の神話や他の地域の神話と、黄帝・蚩尤に関する神話を比較することにより、その原初的な意味を考察する立場の、主なものを列挙する。

①先に、「範型」という古代人の思考の枠組みとも言えるものがあり、歴史的事実の理解もこれに従って為されたとする。この前提のもとで、蚩尤を四凶と比較し、古くなった徳の追放・辺境の守禦という「範型」によって創造されたとする説。(10)

②黄帝と蚩尤の闘争は、ギリシア神話や北欧神話に見られる神と巨人との闘争と同類であるとする説。ギリシア神話でのウラノスに代表されるティタン神族や、北欧神話での氷から生まれた巨人ユミル等の各地の神話中の巨人は悪を象徴し、それに対して神は善を象徴する。夸父の「与日逐走」の記述は神と覇を競ったことの象徴とし、応竜に殺された蚩尤も巨人もしくは巨人族の族名とする。黄帝と蚩尤の闘争は、原初神話で語られる善なる神と悪なる巨人の闘争を表すとし、ギリシア神話や北欧神話に登場する巨人族を蚩尤に比定する。(11)

③黄帝と蚩尤を、メソポタミアのマルドゥクとティアマトと比較し、黄帝・蚩尤は共に鍛冶技術＝風を司る神及び鍛冶技術集団の族長・文化英雄であるとする説。(12)

④黄帝と蚩尤を、マルドゥク・ティアマトと比較し、宇宙開闢神話のモチーフと同類であるとする説。蚩尤は龍蛇形であり、混沌カオスの象徴とする。(13)

以上挙げた二つの立場のうち、前者の立場について言えば、黄帝・炎帝・蚩尤それぞれに関わりのある民族もしくは氏族に関する諸説は、現存の文献による限りほぼ出し尽くされている。一方後者の立場については、従来から蚩尤を単なる悪神や混沌の象徴とする説がある。しかし、蚩尤神話には別の側面すなわち天地分離神話としての側面も存在すると考えられ、まだ検討の余地が残されている。

本章では、後者の似た構造の神話との比較という観点から、蚩尤神話の意味を考察する。

第二節　『史記』に記された蚩尤

『史記』五帝本紀では、蚩尤は、世の支配者が炎帝＝神農から黄帝＝軒轅に代わろうとする、混乱期に出現したとされる。今便宜的に引用文を四つに分け、それぞれ［A］～［D］の記号を付して挙げる。また、引用文中の（＊1～3）は注が付された箇所を示し、注文は後掲する。

［A］黄帝者少典之子。姓公孫、名曰軒轅。生而神靈、弱而能言、幼而徇齊（＊1）、長而敦敏、成而聰明。（黄帝は少典の子なり。姓は公孫、名は軒轅と曰う。生まれて神霊、弱《わか》くして能く言い、幼くして徇斉、長じて敦敏、成りて聡明なり。）

［B］軒轅之時、神農氏世衰。諸侯相侵伐、暴虐百姓。而神農氏弗能征。於是軒轅乃習用干戈、以征不享。諸侯咸來賓從。而蚩尤最爲暴、莫能伐（＊2）。炎帝欲侵陵諸侯。諸侯咸歸軒轅。軒轅乃修德振兵。（軒轅の時、神農氏の世衰う。諸侯相い侵伐し、百姓を暴虐す。而るに神農氏征する能わず。是に於いて軒轅乃ち干戈を習用し、以て享せざるを征す。諸侯咸な来たりて賓従す。而るに蚩尤最も暴を為し、伐つ能わず。炎帝 諸侯を侵陵せんと欲す。諸侯咸な軒轅に帰す。軒轅乃ち徳を修め兵を振《ととの》う。）

［C］治五氣、藝五種、撫萬民、度四方、教熊羆貔貅貙虎、以與炎帝戰於阪泉之野。三戰然後得其志。（五気を治め、五種を芸《う》え、万民を撫し、四方を度し、熊・羆・貔・貅・貙・虎に教え、以て炎帝と阪泉の野に戦う。三たび戦い然る後其の志を得。）

［D］蚩尤作亂、不用帝命（＊3）。於是黄帝乃徵師諸侯、與蚩尤戰於涿鹿之野、遂禽殺蚩尤。而諸侯咸尊軒轅爲天子、代神農氏。是爲黄帝。（蚩尤 乱を作し、帝の命を用いず。是に於いて黄帝乃ち師を諸侯に徴し、蚩尤と涿鹿の野に戦い、遂に蚩尤を禽殺す。而して諸侯咸な軒轅を尊び天子と為し、神農氏に代わらしむ。是れ黄帝為り。）

＊1［史記索隠］……太史公採大戴禮、而爲此紀。……

＊2［史記索隠］……蓋諸侯號也。……

＊3 ［史記正義］言蚩尤不用黄帝之命也。

この『史記』五帝本紀に記される蚩尤は、［B］に「是に於いて軒轅乃ち干戈を習用し、以て享せざるを征す。諸侯咸な来たりて賓従す。而るに蚩尤最も暴を為し、伐つ能わず」や［D］に「蚩尤　乱を作し、帝の命を用いず。是に於いて黄帝乃ち師を諸侯に徴し、蚩尤と涿鹿の野に戦い、遂に蚩尤を禽殺す」とあることから、戦乱の時代に登場した諸侯の一人として読み取ることができよう。現に、『史記索隠』も「蓋し諸侯の号なり」と、やはり諸侯の一人と解している。『史記』五帝本紀は、蚩尤を、後に示すような悪神あるいは軍神として明記しているわけでない。また、この場面に登場する者たちは、熊や羆などの例外はあるものの、地上の諸侯や君主であり、人間であると考えられる。蚩尤についても例外ではない。

さて、この場面は大きく三つの部分に分けられる。［A］の部分は黄帝の紹介であり、［B］と［C］の部分は、まだ神農が世を治めていた頃の神農と軒轅とが争った記述であり、［D］の部分は黄帝と蚩尤との争い及び黄帝の即位の叙述である。

黄帝の名称について、神農の治世の記述である［B］と［C］の部分では、黄帝は一貫して「軒轅」と記されている。しかし、［D］の部分では、蚩尤を討伐する時点で、「黄帝」と記されている。つまり、諸侯に推戴され即位するまでは「軒轅」であるはずの諸侯の盟主が、蚩尤を征伐する段階で既に「黄帝」と記されているのである。

さらに、本文の「帝の命を用いず」には、＊3に挙げたように『史記正義』で「言うこころは蚩尤は黄帝の命を用いざるなり」と注が附されており、「帝」とは「黄帝」を指していると解することができる。すなわち、時を遡って即位する前から既に、「軒轅」が命令を下すべき帝であるとする意識が働いていた、と考えられるのである。そうすることで、蚩尤の行為を明確に反乱として位置付けているようでもある。いずれにせよ、この場面には「軒轅」と「黄帝」の呼称の混乱が起きている。

では、何故こうした呼称の混乱が起きているのか。それは『史記』のこの部分が、異なる二つのテキストもしくは伝承を組み合わせて、書かれたためであると考えられる。

この場面で『史記』に使用されているテキストのうちの一つは、＊1に挙げた『史記索隠』に「太史公　大戴礼に採り、而して此の紀を為る」と指摘があるように、『大戴礼記』五帝徳篇であると考えられる。『大戴礼記』の当該部分を、今便宜的に〈a〉・〈c〉の記号を付して引用する。当該部分は、孔子が宰我の問いに答える形で、黄帝のことを記述している。

〈a〉孔子曰、黄帝少典之子也。曰軒轅。生而神靈、弱而能言、幼而彗齊、長而敦敏、成而聰明。（孔子曰く、「黄帝は少典の子なり。軒轅と曰う。生まれて神霊、弱くして能く言い、幼くして彗斉、長じて敦敏、成りて聡明なり。）

〈c〉治五氣、設五量、撫萬民、度四方、教熊羆貔貅貙虎、以與赤帝戰于阪泉之野。三戰然後得行其志。……（五気を治め、五量を設け、万民を撫し、四方を度し、熊・羆・貔・貅・貙・虎に教え、以て赤帝と阪泉の野に戦う。三たび戦い然る後に其の志を行うを得。……」と。）

一見して明らかなように、前掲『史記』五帝本紀の［A］の部分と［C］の部分、『大戴礼記』五帝徳篇の〈a〉の部分と〈c〉の部分とは、それぞれほぼ同じ文である。ただ、『史記』五帝本紀では「炎帝」とされていた黄帝の敵が、『大戴礼記』五帝徳篇では「赤帝」になっているが、これは、漢代に行われた五行思想の影響を受けて、もともとの伝承が改変されたためであると考えられる。(14)

一方、前掲『史記』五帝本紀の［B］と［D］の部分には蚩尤が登場していたのに対して、こちらの『大戴礼記』五帝徳篇には、それに相当する文がなく、蚩尤は登場していない。このことから、『史記』五帝本紀は、先行して存在していた蚩尤に関する文献もしくは伝承と、この『大戴礼記』五帝徳篇の文とが組み合わされて、書かれたものと推測できる。

それでは、『史記』五帝本紀に先行していた蚩尤に関する文献もしくは伝承とは、如何なるものであったのだろうか。

第三節　『史記』に先行して存在した蚩尤に関する資料

まず、「蚩尤」という語は、古くは『尚書』呂刑に見られる。今二つに分段して挙げる。

王曰、若古有訓、蚩尤惟始作亂、延及于平民。罔不寇賊、鴟義姦宄、奪攘矯虔。（王曰く、「古の訓有るに若《したが》うに、蚩尤は惟れ始めて乱を作し、延《ひ》いて平民に及ぶ。寇賊せざる罔く、鴟義・姦宄、奪攘・矯虔す。）

苗民弗用靈、制以刑。惟作五虐之刑、曰法。殺戮無辜、爰始淫爲劓刵椓黥。越茲麗刑、并制、罔差有辭。民興胥漸、泯泯棼棼、罔中于信、以覆詛盟。虐威、庶戮方告無辜于上。上帝監民、罔有馨香、德刑發聞惟腥。皇帝哀矜庶戮之不辜、報虐以威、遏絶苗民、無世在下。乃命重黎、絶地天通、罔有降格。……（苗民は霊《よ》ろしきを用いず、制するに刑を以てす。惟れ五虐の刑を作し、法と曰う。辜無きを殺戮し、爰《ここ》に始めて淫《おお》いに劓《はなそぎ》・刵《みみそぎ》・椓《きよせい》・黥《かおさき》を為す。茲《こ》の刑を麗《ほどこ》すに越《お》いて、并せ制して、辞有るを差《わか》つ罔し。民は興《た》ちて胥《あ》い漸《そ》まり、泯泯棼棼として、信に中《かな》う罔く、以て詛盟に覆《そむ》く。虐もて威すを、庶もろの戮《つみ》せらるるもの方《かた》がた辜無きを上に告ぐ。上帝は民を監るに、馨香有る罔く、徳刑は発聞して惟れ腥し。皇帝は庶もろの戮せらるるものの辜ならざるを哀矜し、虐に報ゆるに威を以てし、苗民を遏絶して、世よ下に在る無からしむ。乃ち重黎に命じて、地天の通を絶ち、降り格《いた》ること有る罔からしむ。……」と。）

右の『尚書』呂刑の場面は、二段に分けられる。蚩尤が世を乱したという前半部分と、苗民が刑を作ったという後半部分である。

前半部分では、蚩尤が始めて乱を作し、その悪が平民にまで浸透した。そのため民草たちまでもが、「強盗をしないものはなく、鴟梟のような悪賢い振る舞いをしたり内にも外にも悪い者がおり、盗みを働いたり上の命と偽って人のものを盗む等の罪を犯した」というほどに、世の中が乱れた、という。

後半部分では、三苗の君主が五虐の刑を作り、この刑罰が「罪のある者も、無罪の者もみな罰して、正しい弁明のある者を区別」せず、「虐政して威武するので、多くの罰せられた者達が方々でその無実を上帝に訴えた」。そこで帝が苗民を断絶し、「重黎に命じて、地天の通を断たせ、神が地上に降下することがないようにさせた」と、天と地の分離を語る。

蚩尤は、前半部分に登場している。彼は、地上に始めて乱をもたらすが、直接に帝と争ったとは書かれていない。引用部分ではむしろ、後半部分の苗民の説話に重点が置かれている。そのため、蚩尤は、遙か古の反乱者の鼻祖として言及されるだけである。

しかし、蚩尤が起こした最初の乱が、苗民へと受け継がれ、ついには「地天の通」が絶たれて、天と地の交通が杜絶するに至るのである。蚩尤は、「地天の通」が途絶する間接的な原因となっている。

ただこの条りでは、時の支配者が誰であったのかは、「上帝」や「皇帝」と記されているだけで明確ではない。その理由は、この条りには三つの主題、すなわち蚩尤が乱をなすこと・三苗が重い刑罰を作ること・重黎が天地分離をすること、が混在しているためであると考えられる。御手洗勝氏は、『尚書』呂刑のこの条りに関して、「聖にして善なる帝及び君主の命令や行動が、「呂刑」篇では皇帝（上帝）のそれらに統一せられているのである」[15]と指摘する。

では、冒頭に述べられる蚩尤の乱とは、具体的にどのようなものと考えられていたのだろうか。現存する伝世文献では、『山海経』大荒北経に、その様子が記載されている。

有係昆之山者、有共工之臺。射者不敢北嚮。有人、衣青衣。名曰黄帝女魃。蚩尤作兵伐黄帝。黄帝乃令應龍攻之冀州之野。應龍畜水。蚩尤請風伯雨師、縱大風雨。黄帝乃下天女曰魃。雨止。遂殺蚩尤。魃不得復上、所居不雨。叔均言之帝。後置之赤水之北。叔均乃爲田祖。魃時亡之。所欲逐之者、令曰、神北行。先除水道、決通溝瀆。（係昆の山有り、共工の台有り。射る者は敢えて北嚮せず。人有り、青衣を衣る。名づけて黄帝の女魃と曰う。蚩尤は兵を作り黄帝を伐つ。黄帝乃ち応竜をして之を冀州の野に攻めしむ。応竜は水を畜う。蚩尤は風伯・雨師に請い、大風雨を縦《はな》つ。黄帝乃ち天女の魃と曰うものを下す。雨止む。遂に蚩尤を殺す。魃復たび上るを得ず、居る所雨ふらず。叔均　之を帝に言う。後に之を赤水の北に置く。叔均は乃ち田祖と為る。魃時に之より亡《に》ぐ。之を逐わんと欲する所の者は、令して曰く、「神よ北行せよ」と。先に水道を除き、溝瀆を決通す。）

右の場面も、二つの部分に分けられる。干魃の起源神話として、蚩尤が黄帝と争い、応竜に誅殺される前半部分と、女魃すなわち干魃を避けるための呪術が記される後半部分である。

前半部分においては、蚩尤が武器を作り風伯・雨師を招請したのに対して、黄帝は応竜と女魃を下して蚩尤に当たらせている。前半部分には、応竜・魃・風伯・雨師といった人ではないものたちが動員されていることから、蚩尤・黄帝双方共に神として観念されていたと考えられる。

また、前半部分からは、松田稔氏が指摘するように[16]、黄帝が二つの面を混在させていることが読み取られる。それは、蚩尤と争う地上の支配者としての面と、天女を下す天上の神としての面である。黄帝がこうした二面性を持っているために、黄帝と対置される蚩尤も地上の支配者と争うばかりでなく、天上の神に抗う悪神としての面を持っていると考えられるのである。

前述のように、前半部分は干魃の起源神話として語られているのであり、黄帝と蚩尤の闘争が原因で、魃は天に帰れなくなっている。その結果として、後半部分で地上に旱魃がもたらされたと言う。

『山海経』大荒東経には、魃だけでなく、応竜も天に帰れなくなったことが記される。

大荒東北隅中有山、名曰凶犂土丘。應龍處南極。殺蚩尤與夸父、不得復上。故下數旱。旱而爲應龍之狀、乃得大雨。（大荒の東北隅中に山有り、名づけて凶犂土丘と曰う。応竜は南極に処る。蚩尤と夸父とを殺し、復た上るを得ず。故に下数しば旱す。旱して応竜の状を為らば、乃ち大雨を得。）

応竜は蚩尤と夸父を殺した結果、天上に二度と上れなくなり、そのため地上はしばしば旱魃に陥ったのである。つまり、『山海経』大荒経による限り、蚩尤討伐に当たった魃も応竜も、二人ともが揃って、天に帰れなくなっているのである。(17)

それでは、応竜と女魃が天に返れなくなった理由とは何だったのだろうか。その理由としては、黄帝と蚩尤の争いで天と地の交通が杜絶したためである可能性が考えられないだろうか。

つまり、蚩尤の神話にも天地分離神話の要素が含まれているのではないだろうか。では、中国における天地分離神話の要素とは何か。先の『尚書』呂刑では「乃ち重黎に命じて、地天の通を絶」つと、天と地の交通を絶った者は重黎であることが明言されていた。従って重黎の話を分析すれば、天地分離神話の要素が析出できるはずである。

第四節　重黎の天地分離神話

本章冒頭にも述べたが、天地分離神話とは、原初において未分化であった天地がどのようにして分離して、現在のような世界になったかを語る神話である。天と地が分離された結果、神と人とは断絶され、人間と宇宙の間に新しい秩序が定められる。(18) 太古にこの断絶があったために、現在は神と人とは容易に交流できないと考えられたのである。沼沢喜市氏は、各地域の天地分離神話が著しい類似を見せており、幾つかの型に分類できるとする。(19)

中国の天地分離神話では、前掲の『尚書』呂刑のほかに『国語』楚語下にも、重黎の神話が見られる。それには、楚の昭王の下問に対して、観射父が答える形で記録されている。今、適宜四段に分けて引用する。

昭王問於觀射父曰、周書所謂重黎實使天地不通者何也。若無然、民將能登天乎。（昭王　観射父に問いて曰く、「周書に所謂『重黎は実に天地をして通ぜざらしむ』とは何ぞや。若し然ること無くんば、民は将に能く天に登らんとするか」と。）

對曰、非此之謂也。古者民神不雜、民之精爽不攜貳者、而又能齊肅衷正、其知能上下比義、其聖能光遠宣朗、其明能光照之、其聰能聽徹之。如是則明神降之、在男曰覡、在女曰巫。是使制神之處位次主、而爲之牲器時服、而後使先聖之後之有光烈、而能知山川之號、高祖之主、宗廟之事、昭穆之世、齊敬之勤、禮節之宜、威儀之則、容皃之崇、忠信之質、禋絜之服、而敬恭明神者、以爲之祝。使名姓之後、能知四時之生、犧牲之物、玉帛之類、采服之宜、(20) 彝器之量、次主之度、屏攝之位、壇場之所、上下之神祇、(21) 氏姓之所出、(22) 而心率舊典者、爲之宗。於是乎、有天地神民類物之官、謂之五官、各司其序、不相亂也。民是以能有忠信。神是以能有明德。民神異業、敬而不瀆。故神降之嘉生、民以物享、禍災不至、求用不匱。（対えて曰く、「此れ之の謂に非ざるなり。古は民神雑らず、民の精《きよ》く爽《あか》るく貳《ふたごころ》を携《いだ》かざる者にして、又た能く斉しく粛み正しきに衷《あ》たり、其の知は能く上下に比《くら》べ義《はか》り、其の聖は能く光《ひろ》く遠く宣《あ》朗《き》らかにして、其の明は能く之を光照《かがやきてら》し、其の聰は能く之を聴徹《ききとお》る。是くの如くんば則ち明神　之に降り、男に在りては覡と曰い、女に在りては巫と曰う。是れ神の処位・次主を制せしめて、之が牲器・時服を為らしめ、而る後に先聖の後の光烈有りて、能く山川の号《よびな》、高祖の主、宗廟の事、昭穆の世、斉敬の勤《つとめ》、礼節の宜《よろしき》、威儀の則《のり》、容貌の崇《かざり》、忠信の質《まこと》、禋絜の服を知りて、明神を敬《うやま》恭う者をして、以て之が祝為《た》らしむ。名姓の後の、能く四時の生、犠牲の物《いろ》、玉帛の類、采服の宜、彝器の量、次主の度《のり》、屏摂の位《くらい》、壇場の所、上下の神祇、氏姓の出づる所を知りて、心は旧典に率《したが》う者をして、之が宗為《た》らしむ。是に於いて、天地・神民・類物の官有り、之を五官と謂い、各おの其の序を司り、相い乱れざるなり。民是を以て能く忠信有り。神是を以て能く明徳有り。民神は業を異にし、敬いて瀆《けが》さず。故に神は之に嘉生《めでたきもの》を降し、民は物《そなえもの》を以て享《すす》め、禍災《わざわい》至らず、求用匱《とぼし》からず。）

及少皞之衰也、九黎亂德。民神雜糅、不可方物、夫人作享、家爲巫史、無有要質、民匱於祀、而不知其福、烝享無度、民神同位、民瀆齊盟、無有嚴威、神狎民則、不蠲其爲、嘉生不降、無物以享、禍灾荐臻、莫盡其氣。顓頊受之、乃命南正重、司天以屬神、命火正黎、司地以屬民、使復舊常、無相侵瀆。是謂絶地天通。（少皞の衰うるに及ぶや、九黎　徳を乱す。民神雑糅し、物を方《わか》つべからず、夫れ人《ひとびと》は享《まつり》を作し、家《いえいえ》に巫史を為し、要質《まこと》有る無く、民は祀に匱くして、其の福を知らず、烝享に度無く、民神　位を同じうして、民は斉盟を瀆し、厳威有る無く、神は民則《たみののり》に狎れ、其の為《おこない》を蠲《いさぎよ》くせず、嘉生は降らず、物の以て享《すす》むる無く、禍災荐《しき》りに臻《いた》り、其の気を尽す莫し。顓頊　之を受け、乃ち南正の重に命じて、天を司り以て神を属さしめ、火正の黎に命じて、地を司り以て民を属さしめ、旧常に復して、相い侵し瀆すこと無からしむ。是れを『地天の通を絶つ』と謂う。）

其後三苗復九黎之德、堯復育重黎之後、不忘舊者、使復典之、以至于夏商。故重黎氏世敍天地、而別其分主者也。其在周、程伯休父其後也。當宣王時、失其官守、而爲司馬氏。寵神其祖、以取威于民、曰重實上天、黎實下地。遭世之亂、而莫之能禦也。不然、夫天地成而不變、何比之有。（其の後三苗　九黎の徳を復し、堯復た重黎の後の、旧を忘れざる者を育て、復た之を典《つかさど》らしめて、以て夏商に至る。故に重黎氏は世よ天地を敍《つい》でて、其の分主を別つ者なり。其の周に在りては、程伯休父は其の後なり。宣王の時に当たり、其の官守を失いて、司馬氏と為る。其の祖を寵《とうと》び神として、以て威を民に取らんとして、曰く、『重は実に天を上げ、黎は実に地を下す』と。世の乱に遭いて、之を能く禦《とど》むるなきなり。然らずんば、夫れ天地は成りて変らず、何の比《ちかづ》くことか之れ有らん」と。）

まず第一段落において、楚の昭王は、「周書」に「重黎は天と地を通じ無くさせた」とあることに関して、「もしそういうことがなかったら、人間は天に登ることができたのか」と、観射父に下問する。

第二段落以降は、王の下問を受けた観射父の答弁が、第四段落まで続く。まず、「古は民と神は雑居していない」状態であり、巫覡や「祝」・「宗」・「五官」といった宗教者たちがその職能を維持していた。その結果、「民には忠や信があり、神には明徳があった。民は神と業を異にしており、民は神を敬って汚さなかった。だから神は民にめでたい物を下し、民は供物を捧げ、禍災は発生せず、必要なものに欠くことがなかった」と、神と人との調和が取れた、謂わば楽園時代であった。

しかし、「少皞の世が衰え、九黎が徳を乱」すと、「民と神は雑居して」、民の方では「人々は勝手に祭祀を行い、家々で勝手に巫史にな」るなどし、神の方は「民の規則に狎れ、その行為を潔くしなかった」。その結果、「めでたい物は下らず」、「禍災が頻発し、天寿を全うする者はいなくなってしまった」。顓頊がこの世を受け継ぐと、重に天を、黎に地を管轄させて、旧常に戻し、民と神とが互いに侵犯しないようにさせた。これを地天の通を絶つと言った。

その後三苗の民が九黎のような悪徳の行為を繰り返したので、堯は重と黎の後裔に、再び天地の官を司らせた。周の世に、程伯の休父が、「重は天を押し上げ、黎は地を押し下げた。」と言った。これに対して観射父は「そもそも天地は形成してから変化せず、どうして近づくことなどあろうか。」と駁するのである。

前節冒頭に挙げた『尚書』呂刑では、帝が、「重黎に命じて、地天の通を断たせ、神が地上に降下することがないようにさせ」ており、「地天の通」は通路や柱のようなものと想定されていた。これに対して、『国語』楚語下に見える観射父の答えでは、「地天の通」は、そのようなものとは想定されていない。観射父は、重と黎が巫覡や五官といった宗教者たちの職能を代行し、人と神をそれぞれ監督・管理した行為を、「地天の通を絶つ」と表現したと説明する。

また、程伯休父の言うところの重黎の天地分離も、観射父は、ただ民衆を威圧するための作り話に過ぎないとする。

しかしここで『国語』を離れて他の文献に目をやれば、程伯休父が吹聴する「重は天を押し上げ、黎は地を押し下げた」という神話については、同じ内容の神話が『山海経』大荒西経に見出される。

顓頊生老童、老童生重及黎。帝令重献上天、令黎邛下地。(23)（顓頊は老童を生み、老童は重及び黎を生む。帝は重をして天を献上せしめ、黎をして地を邛下せしむ。）

「大荒西経」の記述は「地天の通を絶つ」のではなく、天を押し上げ、地を抑え下げて、現在の世界を形作ったことになっている。いずれにせよ、重黎が天地分離をした当事者であるという認識が存在したらしいことは伺われる。

さらに、前掲『国語』楚語下の場面で、話題の中心になっていた「周書」とは、前節の冒頭に挙げた『尚書』呂刑のことである。「呂刑」では、蚩尤に端を発し苗民によって乱された世界を、重黎が「地天の通」を絶つことによって、天上と地上に分離していた。

従って、この『国語』楚語下の記載は、『尚書』呂刑における重黎の「地天の通を絶つ」という表現について、観射父が合理化を施した一解釈であろうと推測される。つまり、神話の原型により近いのは、『尚書』呂刑の方であると考えられる。

第五節　共工神話における「天柱」

それでは、重黎が絶ったという「地天の通」とは、どのようなものと考えられていたのだろうか。この「地天の通」に類似するものとして、『淮南子』や『列子』などに見られる共工神話に登場する「天柱」が挙げられる。

昔者、共工與顓頊爭爲帝、怒而觸不周之山。天柱折、地維絕、天傾西北。故日月星辰移焉。地不滿東南。故水潦塵埃歸焉。（昔者、共工は顓頊と帝為《た》らんことを争い、怒りて不周の山に触る。天柱折れ、地維絶たれ、天　西北に傾く。故に日・月・星辰　焉に移る。地は東南に満たず。故に水潦・塵埃　焉に帰す。）（『淮南子』天文訓）

共工は顓頊と帝座を争い、怒って不周の山に触れた。そのため、天柱は折れ地を繋ぐ綱は切れ、天が西北に傾き、大地は東南方向に足りず、河川が東南に集まって海になったというのである。共工のこの神話は、前述のように『列子』湯問篇[24]にも見られる。

共工のこの神話は、『淮南子』天文訓の中では、原初の宇宙から天と地が発生し、太陽と月と星ができたとされる[25]後に続けて記述されているものである。いったんできた世界がどうして現在のような地理的な状態となり、どうして天体が今のような運行をするようになったのかを説明する神話であると言えよう。天地分離は、大林氏に拠れば、宇宙創造の第一段階の後の「仕上げ」にあたる第二段階の神話であるという[26]。この点から見れば、共工による「天柱」の破壊も、天地分離神話と言うことができる。

さて、『淮南子』や『列子』の共工神話に登場する「天柱」とは、天と地を繋ぎ、天を支える柱と考えられる。一方『尚書』や『国語』の重黎神話にある「地天の通」も、天と地を繋ぎ、これによって人や神が天上と地上を往来する通路である。このことから、「天柱」も「地天の通」も、同一の観念の異なる表現であると考えられる。

天地を繋ぐ存在としては、この「地天の通」の他に「建木」や「扶桑」を挙げることができる。

建木在都廣。衆帝所自上下。日中無景、呼而無響。蓋天地之中也。（建木は都広に在り。衆帝の自りて上下する所なり。日中には景無く、呼ぶも響無し。蓋し天地の中なり。）（『淮南子』墬形訓）

「建木」もまた、衆帝がこれによって上り下りするもので、天上と地上を繋ぐものと考えられていた。またこの「建木」は、天地の中心に位置するとされている。

一方「扶桑」は、『山海経』海外東経に、太陽の宿る樹木として見える。

湯谷上有扶桑。十日所浴。在黒齒北、居水中。有大木。九日居下枝、一日居上枝。（湯谷の上に扶桑有り。十日の浴する所なり。黒歯の北に在り、水中に居る。大木有り。九日は下の枝に居り、一日は上の枝に居る。）

また扶桑に宿っていた太陽はここから天空へと登っていくことが、『淮南子』天文訓に見える。

日出于暘谷、浴于咸池、拂于扶桑。是謂晨明。登于扶桑、爰始將行。是謂朏明。（日は暘谷より出で、咸池に浴し、扶桑に拂《よぎ》る。是れを晨明と謂う。扶桑に登り、爰に始めて将に行かんとす。是れを朏明と謂う。）

さらに扶桑は、天地を繋ぐ存在としても記述される。

天下之高者、有扶桑、無枝木焉。上至於天、盤蜿而下屈、通三泉。（天下の高きものに、扶桑有り、木に枝無し。上は天に至り、盤蜿して下屈し、三泉に通ず。）（『太平御覧』木部巻九五五所引『玄中記』）

『玄中記』では、扶桑は天上から地下までをも繋ぐとされているのである。

扶桑について、小南一郎氏は、『淮南子』墬形訓の「若木は建木の西に在り。末に十日あり。その華は下地を照らす。（若木在建木西。末有十日。其華照下地。）」という記述を引き、「扶桑と若木とは元来一つのもので、大きな桑の木の如き植物が世界の中央に一本生え、太陽の一日の運行は、その木の下の枝から出発して最高の枝まで登り、また降ってくると考えられていた。それがやがて東と西とに分かれて別々の木のようになったと推定することができるであろう。[27]」とする。

そうとするならば、天地を往来する「地天の通」、天を支える「天柱」、そして右の「建木」や「扶桑」とは、同一の観念の表現ではないだろうか。その観念は、天上と地上とを繋ぐこと、この樹木や柱によって神が昇降すること、という諸要素から構成されているのである。またこれらの観念に加えて、「建木」にのみ見られる要素であるが、世界の中心であるという要素を含めることもできよう。

何となれば、この観念は、エリアーデ氏所説の「中心のシンボリズム」と言われている観念と同一であると考えられるからである。[28]エリアーデ氏に拠れば、世界各地の古代社会にはある存在物が中心のシンボルであるとする信仰がある。「中心のシンボル」は、世界の中心に聳える聖なる山、樹木（世界樹）、柱などで表され、天上、地上、地下の三つの世界を貫いて立っている。さらに、三つの世界の交通はこの軸を通してのみ可能となるとする。[29]

エリアーデ氏のこの「中心のシンボリズム」に依拠または言及した先行研究としては、御手洗勝氏「鄒衍の大九州説と崑崙傳説」[30]、鉄井慶紀氏「崑崙伝説についての一試論――エリアーデ氏の「中心のシンボリズム」に立脚して――」[31]、小南一郎氏「崑崙山――中心のシンボリズム――」[32]を挙げることができる。

三氏ともに、右に挙げた「建木」や「扶桑」など、古代中国にも「中心のシンボル」の例が認められるとする。さらに、崑崙山がこうした「中心のシンボル」を担うものであるという点で、一致を見せている。

崑崙山を「中心のシンボル」と見る記載は、『山海経』や『淮南子』に現れる。

崑侖之丘、是實惟帝之下都。（崑侖の丘、是れ実に惟れ帝の下都なり。）（『山海経』西山経）

昆侖之丘、或上倍之、是謂涼風之山。登之而不死。或上倍之、是謂懸圃。登之乃靈、能使風雨。或上倍之、乃維上天。登之乃神。是謂太帝之居。（昆侖の丘、或いは上ること之に倍すれば、是れを涼風の山と謂う。之に登らば死せず。或いは上ること之に倍すれば、是れを懸圃と謂う。之に登らば乃ち霊、能く風雨を使う。或いは上ること之に倍すれば、乃ち維れ上天なり。之に登らば乃ち神。是れを太帝の居と謂う。）（『淮南子』墬形訓）

以上のように、「中心のシンボリズム」の観念は古代中国にも存在したのであり、「地天の通」も「天柱」も、昆侖同様こうした「中心のシンボリズム」の観念の、異なる表現であると考えられるのである。つまり、この「中心のシンボル」を絶つという行為によって、天と地の交通が杜絶し、地上と天上が分離されると考えられるのである。

それでは、これまで見てきた古代中国の天地分離神話には、どのような意味が込められているのか。前節冒頭で触れたように、沼沢氏は「天地分るる神話の文化史的背景」で、天地分離神話を四つの型に分類する。[33] さらに鉄井氏は、沼沢氏の論文を踏まえた上で、「古代中国には①宇宙開闢（『三五歴記』の盤古説話）、②楽園（『尚書』呂刑篇）、③天の追放（呂刑、『国語』楚語、『山海経』大荒西経の重黎の説話）の三つの観念をモチーフとする天地分離説話が存在していた[34]」とする。

御手洗氏は、『尚書』呂刑の「地天の通」の断絶が、「一連の不敬なる「人の行為」に対する「神の報復」によって生じたもので、それは決して望ましいことではなかった筈である。とすると「地天の通」の可能な状態とは、逆に至福の状態でなければならない」として、天地分離以前の楽園時代を想定する。[35]

一方鉄井氏は、『尚書』呂刑は楽園時代の終焉であるとする御手洗氏の説に賛同しつつも、重黎神話には、ギリシア神話におけるクロノスによる父ウラノスの追放[36]のように、望ましくない天を追放するという側面もあったことを強調する。鉄井氏は、重黎が太陽神であるが故に、祝融・羲和《ぎか》に関連していたとし、太陽神という性格上、重黎は世界各地にみられる天地分離神話の主人公の役割を演じたとする。[37]その上で鉄井氏は、「かくて呂刑の天地分離説話には、分離者の重黎を太陽神であるとする限り、御手洗氏のいわれる楽園観念にプラスして、天を追放する観念が天地分離のモチーフとして存在していたことになる」[38]とする。

御手洗・鉄井両氏ともに、重黎と義和がもとは同一の神格であり太陽神であったとすること、『尚書』呂刑において「地天の通」が絶たれる以前に楽園時代を想定することは一致している。ただ鉄井氏は、『尚書』呂刑の天地分離に「天の追放」の観念もあったとする。氏はその根拠として、他の地域の神話において太陽神が天地分離をする時、天に対する嫌悪・敵意が存在していることを挙げる。さらに氏は、呂刑篇が書かれた頃には右のような原始的観念が忘却され、呂刑篇の作者は当時の民間伝承を利用しつつ儒家的な倫理観を以て書いた、とする。

とはいえ鉄井氏も認める通り、現在見られる「呂刑」からは、「天の追放」の観念を直接看取することができない。また、仮に重黎が太陽神であったとしても、天地分離神話に普遍的に見られる要素だからといって、古代中国の天地分離神話にも「天の追放」の要素があったであろうとすることは、可能性としては否定できないとしても、確たる根拠に基づく推定とは言い難い。さらに、「呂刑」が書かれた時に原初的観念が忘却されていたとしても、その原初的観念に「天の追放」の要素があったのか否かという問題もあると思われる。

いずれにせよ、両氏とも、重黎による天地分離が楽園時代の終焉を意味する神話であるという点は一致しており、最低限この点は認めることができると思われる。何となれば、前節に挙げた『国語』楚語下でも、観射父が「古は民と神は雑居しておらず」、「民と神は業を異にしており、民は神を敬って汚しませんでした。それ故に、神は民にめでたい物を下され、民は供物を捧げ、禍災《わざわい》は発生せず、必要なものに欠くことはありませんでした」というように、神の恩寵に満ちた楽園時代が想定されており、重黎による天地分離は楽園時代の終焉と読み取ることができるからである。このように古代中国における天地分離神話は、天と地とが分離されることで、人と神との新しい秩序と時間が始められることを語る神話であると考えられるのである。[39]

それでは、共工が「天柱」を折ったことに起因する天地分離神話には、どのような意味が込められていたのだろうか。本節冒頭に挙げた『淮南子』天文訓に登場する共工は、天を支える「天柱」を破壊して災厄を引き起こしていた。また『淮南子』本経訓でも、共工が大洪水を起こして災害をもたらしたとする記述がある。引用文中の（＊）は注が付された箇所を示し、注文は後掲する。

舜之時、共工振滔洪水、以薄空桑（＊）。龍門未開、呂梁未發、江淮通流、四海溟涬。民皆上丘陵、赴樹木。（舜の時、共工　洪水を振滔し、以て空桑に薄《せま》る。龍門未だ開かず、呂梁未だ発《ひら》かず、江・淮通流し、四海溟涬たり。民は皆な丘陵に上り、樹木に赴く。）

＊〔高誘注〕……薄、迫也。空桑、地名、在魯也。

さらに、共工が洪水を起こして水害をもたらしたことは、『淮南子』兵略訓にも見ることができる。

炎帝爲火炎、故黄帝禽之。共工爲水害、故顓頊誅之。（炎帝は火災を為す、故に黄帝　之を禽にす。共工は水害を為す、故に顓頊　之を誅す。）

共工による洪水は、「本経訓」では「舜の時」とされているが、「兵略訓」では「顓頊」の時とされている。共工は、本節冒頭に挙げた「墜形訓」でも顓頊と争っており、もともと共工と争ったのは顓頊であったようだ。

鉄井氏は、共工は龍蛇型の神であるとした上で、龍蛇は原初の混沌を象徴するとするエリアーデ氏の所説に依拠し[40]て、共工も原初の混沌を象徴するとする。[41]氏は、こうした原初の混沌を象徴する共工を誅殺することで、新しい秩序の回復が図られると解釈する。

『淮南子』墜形訓では、共工が「天柱」を破壊することで、現在のような世界ができていた。しかし『淮南子』天文訓の文脈からは、「天柱」が破壊される以前の世界が人々にとって楽園時代であったかどうかを、直接知ることはできない。ただ、共工による「天柱」破壊以前で、すでに天地・陰陽・四時・万物・日月・星辰が発生しており、一つの調和が保たれた世界であったと言うことはできる。

「墜形訓」・「本経訓」に記される共工は、大洪水を引き起こして、「江・淮通流し、四海溟涬たり」というように、世界を危機に陥れていた。この水害のために、共工は顓頊によって誅殺されている。共工の行為は、既に存在した調和・秩序を破壊し、世界を混沌に引き戻さんとする行為であると思われる。

ここで、重黎による天地分離と、共工による天地分離を比較すると、以下のようにまとめることができる。

重黎による天地分離は、神の恩寵に満ちた秩序ある楽園が終焉し、人と神との新しい秩序への移行を語る神話であった。共工による天地分離も、それまで存在した秩序が破壊され、現在見られる世界が形成されることを語る神話であった。しかし、共工による天地分離神話の場合、天地分離以前の世界は一つの調和が保たれた世界であったことを語っていても、それが人々にとって幸福であったのかどうかは語られておらず、天地分離以前の楽園時代は強調されていない。

また、天と地の分離の仕方も、重黎と共工とでは異なっている。重黎による天と地の分離は、天の側から地上への罰として分離がなされていた。しかし共工による天と地の分離は、重黎による分離とは逆に、地上の側から天に対して行われていた。この共工による天地分離は、帝座を顓頊と争い負けた共工が、[42]「天柱」を折ることで天地を分離したのであり、地の側からの分離であると言える。ただ、この天地分離に「天の追放」というモチーフがあったか否かは、分明ではない。

さらに、共工による分離には、地上の人々が関与しておらず、地上の人々の天に対しての罪や、天からの地上への罰という要素を欠いている。このことは、重黎による天地分離の神話が地上の人々に向けてその罪を喚起するのに対して、共工による天地分離の神話は、あくまでも共工自身にのみ、就中その破壊的な性格に、天地分離の原因を求めていると言えるのではないだろうか。

第六節　蚩尤による天地分離

ここまで、重黎・共工の天地分離神話に共通するモチーフとして、天地を繋ぐ「中心のシンボル」を絶ち破壊する行為を見てきた。その「中心のシンボル」は、重黎の場合は「地天の通」であり、共工の場合は「天柱」であった。ただ天地分離神話に、必ず「中心のシンボル」を破壊するモチーフが伴うわけではない。前掲の沼沢氏「天地分かるる神話の文化史的背景」でも、当然ながら、「中心のシンボル」を破壊することには言及していない。

それでは、蚩尤の場合はどうか。蚩尤神話にも天地分離に関わる要素として、「地天の通」や「天柱」に相当するものが存在するのだろうか。

これについては、『初学記』[43]所引の『帰蔵』に、「空桑」として見えるものが考えられる。『初学記』の「青丘　丹浦」の注に以下のようにある。

帰蔵啓筮曰、蚩尤出自羊水、八肱八趾、疏首。登九淖以伐空桑。黄帝殺之於青丘。（『帰蔵』啓筮に曰く、「蚩尤は羊水自り出で、八肱《やつつのうで》に八趾《やつつのあし》にして、疏首《おおきなるあたま》なり。九淖に登り以て空桑を伐つ。黄帝　之を青丘に殺す」と。）（『初学記』巻九「帝王部総敍帝王」所引『帰蔵』啓筮）

ここでも蚩尤は、黄帝によって誅殺されている。その誅殺の理由は、直前の「九淖に登り以て空桑を伐」ったことであると考えられよう。蚩尤は、冒頭に挙げた『史記』五帝本紀では「乱を作し、帝の命を用い」なかったために「禽殺」され、第二節で挙げた『山海経』大荒北経では「兵を作り黄帝を伐」ったために殺されていた。「乱を作し、帝の命を用いず」や「兵を作り黄帝を伐つ」ような、誅殺に値する暴虐な行為が、『帰蔵』啓筮では「九淖に登りて以て空桑を伐つ」こととされているのである。

それでは、「九淖に登りて以て空桑を伐つ」ことが、なぜ誅殺に値するほど暴虐な行為とされるのだろうか。「空桑」は、前節に挙げた『淮南子』本経訓にも、「共工　洪水を振滔し、以て空桑に薄《せま》る」と見える。『淮南子』本経訓の本文「薄空桑」について、高誘注には「薄は、迫るなり。空桑は、地名、魯に在るなり」とあり、「空桑」は地名であるとしている。

しかし、「空桑」については、神秘的な樹木あるいは山であるとする記述が、諸書に散見される。まず、世界の果てに存在すると思われる、山の名としての記載を、『楚辞』[44]から挙げよう。

君迴翔兮以下、踰空桑兮從女。（君迴翔して以て下れば、空桑を踰えて女に従わん。）（『楚辞』九歌・大司命）

「空桑」について、王逸は「空桑は山名なり。司命の経《おさ》む所なり。（空桑、山名。司命所經。）」と注している。王逸によれば、「空桑」は山であり、司命の神がいる神秘的な場所とされる。山としての「空桑」は、『山海経』にも二箇所に記載されている。

又北二百里、曰空桑之山、無草木、冬夏有雪。空桑之水出焉、東流注于虖沱。（又た北のかた二百里、空桑の山と曰い、草木無く、冬夏に雪有り。空桑の水　焉より出でて、東のかた流れて虖沱に注ぐ。）（北山経）

東次二經之首、曰空桑之山、北臨食水、東望沮吳、南望沙陵、西望湣澤。（東次二経の首、空桑の山と曰い、北のか

た食水に臨み、東のかた沮呉を望み、南のかた沙陵を望み、西のかた湣澤を望む。）（東山経）

「北山経」・「東山経」それぞれに記載される「空桑」が同一のものかどうかは不明だが、いずれも山とされる。また「北山経」の「空桑」の山は、「冬夏に雪有り」とあるように、一年中冠雪しているほどの高峰であるとされる。

次に、樹木としての「空桑」を見ていくことにしよう。まず、『呂氏春秋』本味に見える「空桑」を挙げる。

有侁氏女子採桑、得嬰兒于空桑之中、獻之其君。其君令烰人養之。察其所以然曰、其母居伊水之上孕。夢有神告之曰、臼出水而東走、毋顧。明日、視臼出水、告其鄰、東走十里。而顧其邑、盡爲水。身因化爲空桑。（有侁氏の女子　桑を採るに、嬰兒を空桑の中に得、之を其の君に献ず。其の君　烰人《ふう》をして之を養わしむ。其の然る所以を察して曰く、「其の母は伊水の上に居りて孕む。夢みるに神有りて之に告げて曰く、『臼　水を出さば東のかた走れ、顧みること毋かれ』と。明日、臼の水を出すを視、其の隣に告げて、東のかた走ること十里。而るに其の邑を顧みるに、尽く水と為る。身は因りて化して空桑と為る」と。）

この伝説は、殷の湯王に仕えた賢相・伊尹の出生にまつわるものである。伊尹の母親が、洪水から逃れる時に神の言い付けに背いたために、「空桑」になったというのである。伊尹の出生にまつわる同様の伝説は、『楚辞』や『列子』[45]にも確認できる。以下に、『楚辞』天問から引用する。なお、（＊）は王逸注の附された位置を示し、注文は後掲する。

成湯東巡、有莘爰極。　成湯東巡して、有莘爰に極《いた》る。
何乞彼小臣、而吉妃是得。　何ぞ彼の小臣を乞いて、吉妃を是れ得たる。
水濱之木、得彼小子。　水浜の木に、彼の小子を得たり。
夫何惡之、媵有莘之婦。（＊）　夫れ何ぞ之を悪みて、有莘の婦に媵せる。

＊小子、謂伊尹。媵、送也。言伊尹母妊身、夢神女告之曰、臼竈生鼃、亟去無顧。居無幾何、臼竈生鼃。母去東走、顧視其邑、盡爲大水。母因溺死、化爲空桑之木。水乾之後、有小兒啼水涯、人取養之。既長大、有殊才。有莘惡伊尹從木中出、因以送女也。（小子は、伊尹を謂う。媵は、送るなり。言うこころは伊尹の母妊身し、夢みるに神女 之に告げて曰く、「臼竈 鼃を生ぜば、亟やかに去りて顧みる無かれ」と。居ること幾何も無くして、臼竈 鼃を生ず。母去りて東のかた走り、顧みて其の邑を視るに、尽く大水と為る。母因りて溺死し、化して空桑の木と為る。水乾くの後、小兒の水涯に啼く有り、人取りて之を養う。既にして長大し、殊才有り。有莘 伊尹の木の中從り出づるを悪み、因りて以て女に送る。）

王逸注では、『呂氏春秋』に記載されていたものと同様に、伊尹の母親が「空桑」に変化したことを記載している。また、『楚辞』本文に「水浜の木に、彼の小子を得たり」とあり、「天問」が書かれた時すでに、伊尹の出生にまつわる「空桑」伝説が存在したものと推測できる。

さらに「空桑」は、『山海経』大荒南経の注で郭璞が引く『帰蔵』にも見える。以下に『山海経』大荒南経の本文と郭璞注を挙げる。なお、（＊）は郭注の附された位置を示す。

東南海之外、甘水之閒、有羲和之國。有女子名曰羲和、方日浴於甘淵。（＊）羲和者、帝俊之妻、生十日（東南海の外、甘水の間に、羲和の国有り。女子有り名づけて羲和と曰い、方に日を甘淵に浴せんとす。羲和は、帝俊の妻にして、十日を生む。）

＊羲和蓋天地始生、主日月者也。故啓筮曰、空桑之蒼蒼、八極之既張、乃有夫羲和。是主日月、職出入、以爲晦明。又曰、瞻彼上天、一明一晦。有夫羲和之子、出于湯谷。……（羲和は蓋し天地始めて生じ、日月を主る者なり。故に啓筮に曰く、「空桑の蒼蒼たる、八極之れ既に張れば、乃ち夫の羲和有り。是れ日月を主り、出入を職り、以て晦明を為す」と。又た曰く、「彼の上天を瞻《み》ば、一たび明く一たび晦し。夫の羲和の子有り、湯谷より出づ」と。……）

郭璞所引『帰蔵』(46)の記述によれば、「空桑」は羲和が現れて昼夜が始まる以前の太古から存在していたとされる。「空桑」は、『淮南子』本経訓に附された高誘注では、「空桑は、地名、魯に在るなり」と、地名であるとされていた。しかしここまで確認してきたように、「空桑」は、『楚辞』と『山海経』では山であるとされ、『呂氏春秋』と『帰蔵』では樹木であるとされていた。「空桑」は、高誘が『淮南子』に注を附した時よりも古い先秦文献においては、いずれも山もしくは樹木とされている。つまり「空桑」は、高誘の注するような単なる地名ではなく、もともと神秘性を帯びた、地上から天に向かって屹立する山や樹木という観念で構成されていた、と考えることができるのではないだろうか。

右の郭注所引『帰蔵』に記される「空桑」は、「扶桑」と同一の存在もしくは同一観念の別の表現である可能性が考えられる。

まず「扶桑」は、前節に挙げた『山海経』海外東経に「湯谷の上に扶桑有り。十日の浴する所なり」とあり、『淮南子』天文訓に「日は暘谷より出で、咸池に浴し、扶桑を拂《よぎ》る」とあったように、太陽が出てくる場所である「暘谷（湯谷）」に存在していた。

一方「空桑」は、右の郭注所引『帰蔵』啓筮に、「乃ち夫の羲和有り」とあり、「夫の羲和の子有り、暘谷より出づ」と記述されている。この郭注が附された直後の『山海経』大荒南経本文に「羲和は、帝俊の妻にして、十日を生む」とあるので、「羲和の子」とは「十日」であると判断される。つまり、『山海経』や『淮南子』に記される「暘谷（湯谷）」と『帰蔵』に記される「湯谷」は、「十日」がそこから出ているという点から考えて、同一の場所であると考えられる。

そうとすれば、『山海経』海外東経と『淮南子』天文訓に記述される「暘谷（湯谷）」に存在し太陽が宿る「扶桑」と、右の『帰蔵』に記述される「暘谷」に存在する「空桑」とは、同一の存在あるいは同一の観念の表現であると考えられる。「扶桑」の「中心のシンボル」としての側面は前節に見た通りである。「空桑」は、『山海経』北山経では一年中冠雪しているほどの高峰であるとされ、『帰蔵』啓筮では「八極之れ既に張られる以前の太古から存在し、日月を主る義和が居るところともされた。また、『呂氏春秋』に「(伊尹の母の）身は因りて化して空桑と為る」とある。つまり「空桑」は、洪水の際に人をその内に宿し保護するとの観念も見られる。これらの記述から、「扶桑」と同一であると考えられる「空桑」も、山もしくは樹木として、「中心のシンボリズム」の一形態を担うものであると考えられる。

ここまでの推測が大過ないとしたら、前節で挙げた『淮南子』本経訓に「共工　洪水を振滔し、以て空桑に薄《せま》る」とあった「空桑」も、「中心のシンボル」であると考えることができるのではないだろうか。先述したように、先秦文献ではいずれも、「空桑」を山もしくは樹木としていた。さらに、共工が「天柱」を破壊して天地分離をした当事者であるとの、『淮南子』天文訓の神話を考え合わせるなら、「本経訓」に登場する「空桑」も、「天柱」に相当する「中心のシンボル」であったと推測される。

ここで、先の疑問に戻ろう。『初学記』所引の『帰蔵』啓筮に、「蚩尤」は「九淖に登りて以て空桑を伐」ち、そのため「黄帝」に誅殺された、とあった。「九淖に登りて以て空桑を伐つ」ことが、なぜ誅殺に値するほど暴虐な行為とされたのか。

「空桑」とは、重黎の神話における「地天の通」や共工の神話における「天柱」に相当する、「中心のシンボル」であった。重黎や共工による天地分離神話では、「地天の通」や「天柱」という「中心のシンボル」が杜絶もしくは破壊されることで、新しい秩序と世界への移行を物語っていた。言い換えるなら、「中心のシンボル」とは既存の秩序の要であり、これを破壊することは既存の秩序を破壊することを意味していたと考えられる。つまり、蚩尤が「空桑」

を絶ったことは、共工の行為と同様に、既存の秩序の破壊を意味していたと言い得る。それ故に黄帝は、秩序を破壊し世を乱した廉で、蚩尤を誅殺したのであろう。

また、蚩尤が「空桑」を絶つことで天上と地上が分離し、天と地の交通が杜絶したと思われる点も確認しておこう。まず、本章第三節で挙げた『尚書』呂刑では、「蚩尤は惟れ始めて乱を作し」たことが遠因となって「地天の通」が絶たれていた。ここで直接「地天の通」を絶ったのは重黎であったが、蚩尤が天地分離に関係していることは認められよう。次に、本章第三節で挙げた『山海経』大荒北経では「魃復たび上るを得ず」とあり、同じく「大荒東経」では「応竜は南極に処る。蚩尤と夸父とを殺し、復た上るを得ず」とあったように、黄帝により地上に下された女魃・応竜とも、蚩尤討伐後、天上に帰ることができなくなっている。これらのことは、黄帝と蚩尤の争いの結果、天と地の交通が杜絶したことを物語っていると考えられる。

第七節　天地分離に関わる三柱の神——蚩尤・重黎・共工の三つの神話——

第五節で述べたように、重黎による天地分離神話は、天から地上への罰として行われ、楽園時代が終焉したことを物語っていた。また同じく第五節で述べたように、共工による天地分離は、地の側からの天に対しての分離であり、その原因はひとえに共工の破壊的な性格に帰せられていた。それでは、蚩尤の場合はどうであったのだろうか。

まず、蚩尤の性格について検討しよう。蚩尤の特徴的な性格として、武器を製作したことが挙げられる。以下に『管子』地数篇から、蚩尤が武器を製作したとする記述を引用する。当該部分は、桓公の下問に対して管仲が答える際に、言及されているものである。

管子對曰、……而葛盧之山發而出水、金從之。蚩尤受而制之、以爲劍鎧矛戟。是歲相兼者諸侯九。雍狐之山發而出水、金從之。蚩尤受而制之、以爲雍狐之戟芮戈。是歲相兼者諸侯十二。故天下之君頓戟壹怒、伏尸滿野。此見戈之本也。（管子対えて曰く、「……而して葛盧の山発して水を出だし、金　之に従う。蚩尤受けて之を制し、以て剣・鎧・矛・戟を為る。是の歳に相い兼ぬる者は諸侯九。雍狐の山発して水を出だし、金　之に従う。蚩尤受けて之を制し、以て雍狐の戟・芮・戈を為る。是の歳に相い兼ぬる者は諸侯十二。故に天下の君頓《にわ》かに戟して壱たび怒らば、伏尸　野に満つ。此れ戈の本を見るなり」と。）

管仲の言葉に拠れば、蚩尤は黄帝の臣下であり、黄帝のために武器を製作した。黄帝は、蚩尤の製作した武器の威力を以て、天下を威武した、とされる。また、本章第三節に挙げた『山海経』大荒北経にも「蚩尤は兵を作り黄帝を伐つ」と見えることから、蚩尤は地上に金属製の武器をもたらした者と考えられていた。

蚩尤の天地分離によって地上にもたらされたもののうち、人類に正の価値を持つものは、金属製の武器あるいは鍛冶技術である。負の価値を持つものは、『山海経』大荒北経に見たように、応竜と女魃が天に返れなくなったことに起因する、干魃であった。つまり、蚩尤によって天と地が分離されることで、人間に新たな技術がもたらされたが、一方で干魃という災厄が発生するようになってしまったのである。

さらに、本章第一節冒頭に挙げた『史記』五帝本紀で、蚩尤は「最も暴を為し」たので、炎帝は「伐つ能わず」とされた。さらに蚩尤の暴虐は止まず、黄帝に対しては「蚩尤　乱を作し、帝の命を用いず」と、蚩尤は一貫して時の支配者に対する反逆者として描かれていた。

暴虐な反逆者という蚩尤のこうした性格は、『史記』の他、本章で挙げた『山海経』・『尚書』・『帰蔵』においても共通している。本章第三節で挙げた『山海経』大荒北経では、蚩尤は「兵を作り黄帝を伐」ち、「風伯・雨師に請い、大風雨を縦《はな》つ」など暴虐な者として描かれており、なおかつ、地上の支配者と天上の神という二面を併せ持った黄帝と争っていた。『尚書』呂刑でも「蚩尤は惟れ始めて乱を作し、延《ひ》いて平民に及ぶ」とあり、重黎による天地分離以前の楽園時代を始めて乱した者とされていた。さらに、『帰蔵』では秩序の要とも考えられる「中心のシンボリズム」の一形態である「空桑」を絶っていた。この行為は、既存の秩序を破壊することを意味していた。

右の蚩尤による天地分離を、重黎や共工による天地分離と比較してみよう。『山海経』と『帰蔵』では、黄帝と蚩尤の争い及び蚩尤の暴虐さが記述されているだけで、地上の人々が天地分離に関与したかどうかは記述されていない。この点からは、蚩尤による天地分離神話では、共工による天地分離と同じく、天地分離の原因を蚩尤自身、その性格である暴虐さに求めていると言うことができる。

しかし、『尚書』呂刑では、そうとばかりも言い切ることはできない。確かに、『尚書』呂刑でも蚩尤は、帝に反逆して乱を起こし、楽園時代に終焉をもたらす遠因となっていたが、それはあくまでも契機にすぎない。『尚書』呂刑において天地を分離したのは重黎であり、この天地分離は、蚩尤の乱に影響を受けた地上の人々に対して、天からの罰として行われたものであった。この点は、共工による天地分離の場合とは異なり、天地分離の原因を蚩尤の暴虐さにのみ求めているとは言い難い。

さらに蚩尤による天地分離神話が、共工によるそれと異なる点は、蚩尤の場合には天地分離以前の楽園時代を想定できる点である。前節で触れたように、共工による天地分離の神話では、分離以前が楽園時代であったとは語られていない。これに対して蚩尤による天地分離の神話の場合には、分離によって、金属製の武器もしくは鍛冶技術が地上にもたらされたが、それ以上に負の産物として旱魃が居座ることとなった。旱魃による地上の困窮は『毛詩』雲漢(47)にも見て取ることができ、農耕を基盤とする社会において、食料の欠乏を惹き起こす旱魃は恐るべき災厄と見なされたであろう。その恐るべき旱魃がもたらされる前の世界とは、食料に事欠くことのない楽園時代であると考えられていた、と推測できる。

蚩尤による天地分離について、地の側から分離する点は、共工による天地分離と同様であるが、分離以前に楽園時代が想定できる点は、重黎による天地分離の方に近いと言うことができる。

まとめ

本章では、古代中国の天地分離神話について、重黎・共工・蚩尤それぞれの事例を見てきた。古代中国の天地分離神話には、「中心のシンボル」を絶つというモチーフが共通していた。「中心のシンボル」は、重黎の場合には「地天の通」、共工の場合には「天柱」及び「空桑」、蚩尤の場合には「空桑」という、幾つかの形態が確認できた。ただ天地分離神話が持つ意味合いは、それぞれ微妙な違いを見せていた。重黎と蚩尤の天地分離神話には、楽園時代の終焉という意味が込められていたが、共工のそれでは、天地分離以前の楽園時代は強調されていない。

また天地分離の原因も、それぞれで異なっている。重黎による分離は、天の側から為され、天から地上への罰という意味を持っていた。これに対して共工や蚩尤による分離は、地の側から為され、その原因は天と地とを分離した者の暴虐さに帰せられていた。その行為は、既存の秩序を破壊し、世界を混沌に引き戻さんとするものであった。

ここまで伝世文献に拠って、古代中国に見られる天地分離神話を確認した。古代中国においては、太古に天と地上とが断絶されたために、天の至上神と地上の人々とは容易に交流できない、と考えられていたのである。

ところで、本章では伝世文献に拠って天地分離神話を検討してきたが、次章では出土文献に拠って検討していく。

注

（1）黄帝は、蚩尤と争う前に、炎帝と争ったとされる。黄帝と蚩尤との関係は、この炎帝との闘争から論じられることが多い。詳細は、本章第二節、参照。

（2）楊寛「黄帝與皇帝」（『古史辨』（第七冊上篇）開明書店、一九四一年）、参照。

（3）孫作雲「蚩尤考——中国古代蛇氏族之研究・夏史新探」（『孫作雲文集（第三巻）中国古代神話伝説研究（上）』河南大学出版社、二〇〇三年。初出は、『中和月刊』一九四一年第二巻第四・五期）、参照。

（4）森三樹三郎『中国古代神話』（大雅堂、一九四四年）、参照。

（5）森安太郎「黄帝傳説」（『京都女子大学紀要』一八、一九五九年）、参照。

（6）白川静『中国の神話』（中央公論社、のち中公文庫、一九七五年）二六四頁、参照。

（7）何新著、後藤典夫訳『神々の起源——中国遠古神話と歴史——』（樹花舎、一九九八年、原題『諸神的起源』三聯書店、一九八五年）「第十章　火神炎帝と涿鹿の戦い」、参照。

（8）『漢書』郊祀志に「八神」として、天主・地主・兵主・陰主・陽主・月主・日主・四時主を挙げる。蚩尤は兵主にあたる。

（9）袁珂「巨人—斉魯神話与仙話的芸術概括」（一九八九年初稿、一九九〇年改作、『袁珂神話論集』四川大学出版社、一九九六年）及び『山海経校注』（巴蜀書社出版、一九九三年）二五九〜二六〇頁、参照。

（10）マルセル・グラネ著、明神洋訳『中国古代の舞踏と伝説』（せりか書房、一九九七年、原題 Danses et legendes de la Chine ancienne, P.U.F.1959）「第二部　新たな秩序の創造」、参照。

（11）茅盾「巨人族及幽冥世界」（『名家説——〝上古〟学術萃編　茅盾説神話』所収『中国神話ＡＢＣ』上海古籍出版社、一九九九年）、参照。

（12）貝塚茂樹『神々の誕生』（筑摩書房、一九六三年）「第三章　風の神の発見」、参照。

（13）鉄井慶紀「黄帝と蚩尤の闘争説話について」（『中国神話の文化人類学的研究』平河出版社、一九九〇年、初出は『東方宗教』

三九号、一九七二年)、参照。

(14) 五行思想については、第三章で詳述する。

(15) 御手洗勝「黄帝の傳説」(『古代中國の神々』創文社、一九八四年、初出は「黄帝傳説について」『広島大学文学部紀要』第二七巻第一号、一九六七年)二六七頁。

(16) 「黄帝の、蚩尤との戦いに、娘の魃と応龍とが働き蚩尤を殺すが、帝女魃に居る所に旱魃が起るという話。「黄帝乃ち天女の魃と曰ふを下す」とするからには、黄帝を天帝という意識で語られている。ただ、争いの当事者としての黄帝であることから、人帝としての黄帝と天帝の黄帝との意識が混在している記載と見る。」(松田稔『山海經の基礎的研究』(笠間書院、一九九五年)、四七頁。)

(17) 夸父については、『山海経』大荒北経には「大荒之中、有山名曰成都載天。有人珥兩黄蛇、把兩黄蛇。名曰夸父。后土生信、信生夸父。夸父不量力、欲追日景、逮之於禺谷。將飲河而不足也、將走大澤、未至、死于此。應龍已殺蚩尤、又殺夸父。乃去南方處之。故南方多雨。」とあり、太陽を追いかけた夸父と応竜に殺された夸父とが同一視されている。しかし、かたや渇きのために死に、かたや応竜に殺されており、夸父の神話は本来は別々の二つの神話であった可能性も考えられる。なお、『列子』湯問篇には「夸父不量力、欲追日影、逐之於隅谷之際。渴欲得飲、赴飲河渭。河渭不足、將走北飲大澤。未至、道渴而死。棄其杖、尸膏肉所浸、生鄧林。鄧林彌廣數千里焉。」とあり、夸父が応竜に殺されたことは記されていない。

(18) 大林太良『神話学入門』(中央公論社、一九六六年)七九頁、参照。

(19) 沼沢喜市「天地分るる神話の文化史的背景」(『アカデミア』一号、一九五三年)参照。沼沢氏は、天地分離神話を、一、宇宙の初めを混沌、水、卵とするもの、二、楽園神話、三、天の追放の神話、四、宇宙の祖先神話、の四つに分類し、それぞれの型を以下のように説明する。第一の型は、混沌や卵から世界が形作られる天地開闢神話である。第二の型は、天地が最初から存在するが重なり合っている状態で、天地は人格化されておらず純粋に自然現象であり、天地が重なり合った状態は人類にとっては利益になる楽園時代である。第三の型は、天地が重なり合っているのは人類にとって不利益な状態であり、天を空高く追放してしまう、というものである。天地は、多くは天を男とし地を女と見るように、人格化されている。第四の型では、天地が常に人格化され、重なり合い子供を産み続ける。また氏は、第三の型について、多くの場合、天地を分離する者は杵搗く女・太陽や火であることから、天地分離は、女性と火の起源とも密接な関係にあるとする。天の追放をモチーフとする神話は、農業を主とする母権文化圏の産物であるとする。

(20)『宋本國語』は「儀」に作るが、『國語集解』に従い「宜」とする。

(21)『宋本國語』には「祇」字がないが、『國語集解』に従う。

(22)『宋本國語』には「所」字がないが、『國語集解』に従う。

(23)原文「邛」について、郭璞は義未詳とするが、袁珂氏はもと「印」に作るとし、「抑」のことであるとする。今これに従う。

(24)『列子』湯問篇に女媧補天の後の事として「共工氏與顓頊爭爲帝、怒而不周之山。折天柱、絕地維。故天傾西北、日月辰星就焉、地不滿東南。故百川水潦歸焉。」とある。

(25)天墜未形、馮馮翼翼、洞洞灟灟。故曰太昭。道始于生虛霩、虛霩生宇宙、宇宙生氣。氣有涯垠、淸陽者薄靡而爲天、重濁者凝滯而爲地。淸妙之合專易、重濁之凝竭難。故天先成而地後定。天地之襲精爲陰陽、陰陽之專精爲四時、四時之散精爲萬物。積陽之熱氣生火、火氣之精者爲日、積陰之寒氣爲水、水氣之精者爲月。日月之淫爲精者爲星辰。天受日月星辰、地受水潦塵埃。

(26)大林氏は「創造神が宇宙創造の第一段階を行い、あとを彼の協力者が仕上げをする形式のあることは前に記したとおりである。このような第二段階にあたる仕上げの神話としてことに重要なのは、天地分離の神話だ。」（注(18)所掲書七五頁）とする。『淮南子』天文訓の場合、宇宙は創造神によって造られたのではなく、共工も創造神の協力者とは言えないが、第二段階にあたる仕上げの神話ということはできる。

(27)小南一郎「崑崙山――中心のシンボリズム――」（『中国の神話と物語り』岩波書店、一九八四年）五二頁。

(28)M.Eliade, COSMOS and HISTORY, Myth of the Eternal Return, trans. from the French by Willard R. Trask, published by Harper & Brothers, New York, 1959, p.12-17. ミルチャ・エリアーデ著、堀一郎訳『永遠回帰の神話』（未来社、一九六三年、原題 M.Eliade, Myth of the Eternal Return, trans. from the French by Willard R. Trask, Bollingen Seres XLVI, pantheon Books Inc. New York, 1954）二二〜二八頁、M.Eliade, IMAGE & SYMBOLS, Studies in Religious Symbolism, translated by Philip Mairet, Search Book edition, New York, 1969, p.27-56. ミルチャ・エリアーデ著、前田耕作訳『イメージとシンボル』（せりか書房、一九七一年）三七～七六頁。

(29) エリアーデ氏が挙げる所では、北欧神話におけるヒミンビョルグ・宇宙の象徴たるジグラット・ゴルゴタの丘・ニップールとラルサの神殿に与えられた名称ドゥル・アン・キ（天地の結び目）・須弥山等々がある。注(28)所掲書M.Eliade, COSMOS and HISTORY, Myth of the Eternal Return, p.12-17. ミルチャ・エリアーデ著、堀一郎訳『永遠回帰の神話』二三～二七頁。

(30) 御手洗勝「鄒衍の大九州説と崑崙傳説」（注(15)所掲御手洗氏書、初出は『東洋の文化と社会』六、一九五七年）六七九頁。

(31) 鉄井慶紀「崑崙伝説についての一試論——エリアーデ氏の「中心のシンボリズム」に立脚して——」（注(13)所掲書、初出は『東方宗教』四五号、一九七五年）二二八頁。

(32) 小南一郎「崑崙山——中心のシンボリズム——」（注(27)所掲書）四九頁。

(33) 注(19)参照。

(34) 鉄井慶紀「中国古代の重黎天地分離説話について」（注(13)所掲鉄井氏書、初出は『漢文教室』七八号、一九六六年）二〇六頁。

(35) 御手洗勝「崑崙傳説と永劫回歸——中國古代の民族學的考察——」（注(15)所掲御手洗氏書、初出は『日本中國學會報』集一四、一九六二年）六九八頁。

(36) 「世界のはじめには、天父Uranosと地母Gaiaは、絶え間もなく重なり合って交接していた。天父が余り固く被いかぶさっているので、地母は子どもを生むのに困難を感じ、子供たちは天父によっていつまでも、地母の腹の中に閉じ込められていて、光を見ることができなかった。遂にGaiaはUranosのこういう、かってな行為を怒って、天父を追い出す策略をめぐらし、一つの大きな鎌をつくり、計画を子供たちに謀った。太陽神Kronosが母に答えて「私は父としての資格をもたないような父を尊敬しない。彼が最初に私共に悪事をなしたのだ」と言った。GaiaはKronosに鎌を与え、身をかくさせて、父を待ち伏せさせた。夜になり、Uranosは Gaiaを掩わんとした。Kronosは隠れ場から出て、鎌で父の陰茎を刈りとった。そして初めて天父は地母を離れて天にのぼった。」（沼沢喜市「南方系文化としての神話」『国文学・解釈と鑑賞』、一九六五年、一七頁。）

(37) 沼沢氏が挙げる所では、ナヴァホの神話・マルドゥク（登る朝日の象徴）・太陽神ヴィシュヌ、さらにアフリカのヨルバ族のオルンガン・ポリネシアのマウイ・クロノス等がある。（注（19）所掲論考）一一～一二頁。

(38) 注（13）所掲鉄井氏書二〇四頁、参照。

(39) 大林氏は、（天地分離神話については、）「分離の結果、人間と宇宙とのあいだの新しい秩序が定められたことを物語っている。」（注（18）所掲書七九頁）とする。

(40) 注（28）所掲ミルチャ・エリアーデ著、堀一郎訳『永遠回帰の神話』、三〇頁及び九二～九三頁。

(41) 鉄井慶紀「黄帝と蚩尤の闘争説話について」（注（13）所掲書、初出は『東方宗教』三九号、一九七二年）三六四頁、参照。

(42) 『淮南子』天文訓では「共工　顓頊と帝為らんことを争う」とのみ書かれているが、『論衡』談天篇では「儒書言、共工與顓頊争爲天子、不勝、怒而不周之山、使天柱折、地維絶。」とあり、共工が敗北したとされる。また『淮南子』兵略訓でも「故に顓頊　之を誅す」とされており、ここでは共工が敗北したと解しておく。

(43) 『初学記』からの引用は、全国高校古籍整理研究工作委員会編『日本宮内廳書陵部藏宋元版漢籍影印叢書』収載の宋紹興丁卯（十七年）東陽崇川余四十三郎宅刊『初學記』（綫装書局、二〇〇一年）に拠る。

(44) 白化文・許徳楠・李如鸞・方進点校『楚辭補注』（中華書局、一九八三年）に拠る。

(45) 『列子』天瑞篇に「（子列子）顧謂弟子百豐曰、……思士不妻而感、思女不夫而孕。后稷生乎巨跡、伊尹生乎空桑。……」とある。

(46) 『帰蔵』については、王家台秦簡に類似する記載が確認できる。詳細は、近藤浩之氏「王家臺秦墓竹簡『歸藏』の研究」（郭店楚簡研究会編『楚地出土資料と中國古代文化』汲古書院、二〇〇二年）を参照されたい。

(47) 『毛詩』雲漢については、第一部第五章で詳述する。

第二章　「長沙子弾庫帛書」に見る天地創造の神話

はじめに

前章では伝世文献に見られる天地分離神話について検討した。本章では、出土文献である「長沙子弾庫帛書」[1]（以下「子弾庫帛書」と略称する）に見られる天地分離神話について検討していく。

「子弾庫帛書」は一九四二年湖南省長沙市子弾庫楚墓から盗掘され、蔡季襄の手に渡った。一九四六年にアメリカ人のJon Hadley coxによりアメリカにもたらされ、一九六六年にA.M.Sacklerが購入した。Sacklerの死後一九八七年から、帛書はサックラー博物館に所蔵された[2]。

当該楚墓は、一九七三年正式に発掘された。その結果、被葬者は士大夫相当の身分で、被葬年代は戦国時代中晩期であるとされる[3]。

帛書は、おおよそ四十七cm×三十八cmだが、周囲に脱落もある。中央部には、八行と十三行の文章が、それぞれ上下逆に記されている。周辺部には、樹木と異形の神々の絵が描かれ、二～三行の短い文章（辺文）が記されている（以降、池澤優氏[4]に従い、それぞれを「八行文」・「十三行文」・「辺文」と呼ぶ）。樹木は、四隅に描かれ、青・赤・白・黒で彩色されており、異形の神々の絵は、十二体が一辺に三体ずつ、頭部を中心に向けて配置されている。「辺文」は、これら異形の神々の側に二、三行の文章で記されている。これら十二の「辺文」と異形の神々は十二ヶ月を表しており、三文字の「題」と二、三行の「文」からなる。(5)

以下、次節では「八行文」を、第三節では「十三行文」を、それぞれ見ていくこととする。

第一節　「八行文」について

本節では、「子弾庫帛書」に記されている「八行文」を見ていく。「子弾庫帛書」の原文は、注（1）所掲饒宗頤・曾憲通『楚地出土文獻三種研究』所収の赤外線写真及び李零氏『子弾庫帛書』に拠る。「八行文」の主な内容は、原初の混沌とした状態からどのように世界が形作られ、秩序付けられたかを説明する物語である。

「八行文」は、分段記号である「□」で、三つの段落に分けられている。今この分段に従い、三段落に分けて挙げる。なお、（　）で原文に相当する現行字を挙げ、□で欠損を表し、〔　〕で内容から推測される字を挙げ、［　］は以上の文が原文の第何行目であるかを、＝で重文・合文記号を、それぞれ示す。

曰、故□〔大〕䰜（熊）霝虘（雹戲）、出自□䨞、凥（居）于䨻□。氒（厥）□僬＝□□□女（如）、夢＝（夢夢）墨＝（墨墨）、亡章弼＝（弼弼）、□女（晦）水□、風雨是於。乃取（娶）［1］虘□□子之子曰女皇、是生子。四□〔方〕是襄（治）、天㦸（踐）是各（格）、曑（參）㣇（化）□逃（兆）、爲◎爲萬、㠯司堵襄（壤）、咎（晷）天步乏〔進〕。［2］乃上下朕（騰）遡（轉）、山陵不斌（疏）。乃命山川四昝（海）、□寮（熾）既（氣）日（寒）既（氣）、㠯爲亓（其）斌（疋）、㠯涉山陵。瀧汨凼（淵）澫、未又（有）㫐＝（日月）。四神［3］相戈（代）、乃步㠯爲戢（歲）、是隹（惟）四

寺（時）。□（曰く、故《むかし》大熊雹戯、□霊自り出で、雘に居り。厥れ□僬僬として□□□如、夢夢墨墨として、章《かたち》亡《な》く弼弼として、□晦水□、風雨是於。[6] 乃ち虘□□子の子 女皇と曰うものを娶り、是れ子を生む。[7] 四方是れ治り、[8] 天践是れ格《いた》る、[9] 化に参じて兆を□し、爲〓爲萬、[10] 以て堵壌を司り、天を晷《のり》して歩進す。乃ち上下騰轉し、山陵疏《とお》らず。乃ち山川四海に命じて、□熾氣寒氣もて、[11] 以て其の疏を為し、以て山陵を渉らしむ。瀧汨淵濿し、未だ日月あらず。四神相い代わり、乃ち歩みて以て歳を為す、是惟《こ》れ四時なり。）

昔大熊雹戯は、□霊から出て、雘□に居所を定めた。その頃は真っ暗で形もはっきりとせず、天地の気が塞がって風雨も発生しない有様だった。そこで雹戯は虘□□子の娘の女媧というものを娶り、子が生まれた。雹戯は四方を治め、天体の運行をもたらし、天地の変化に参画して大地を区画し、堵壌を司り、天の動きを測定して星辰を正しく運行させた。それなのに、天地の間では（気が）循環したが、山陵（の地脈）は通じていなかった。そこで山川四海の神に命じて、熾気と寒気とを用いて、循環させ、山陵に行き渡らせた。地上は、水が広く深く満ち溢れ、まだ太陽と月は存在していなかった。（雹戯の子の）四神は代わる代わる地上を巡って一年の季節を循環させた、これが四時である。

第一段落では、「雹戯」すなわち伏羲が登場する。[12]「雹戯」は、真っ暗で混沌とした世界を徐々に秩序付けていく。まず、「四方の領域を区画し、天体を秩序立てて星辰を観測して暦を作」り、天と地を分化させると、「山川四海の神に命じて、熾気と寒気とを用いて、循環させ」て、地上を安定させた。

また「雹戯」は、虘□□子の娘の「女皇」というものを娶り、子を生んだ。「雹戯」と「女虘」との間に生まれた「四神」は、まだ太陽と月が存在しない世界で、代わる代わる地上を巡って一年の季節を循環させた。このようにして、世界は天と地に分化し、日月はまだ存在しないものの、四季ができ、一年という時間の区切りができた、と言う。

次に第二段落を挙げる。

倀（長）曰青榦（榦）、二曰朱四嘼（單）、三曰翏黄難、四曰□墨榦（榦）。千又（有）百戢（歲）、冐＝（日月）［4］夋（允）生。〔九〕州不坪（平）、山陵備㱃（盡矢）。四神□□至于遉（復）。天旁（方）違（動）攼（敔）、敷（畀）之青木赤木黄木白木墨木之棈（精）。［5］炎帝乃命祝䨀（融）、㠯四神降、奠三天、□思敄（保）、奠四亟（極）。曰、非九天鼑（則）大㱃（矢）、鼑（則）毋敢帽散（冒）天霝（靈）。帝夋（俊）乃［6］爲冐＝（日月）之行。□（長は青榦と曰い、二は朱四單と曰い、三は翏黄難と曰い、四は□墨榦と曰う。千有百歲して、日月允に生ず。九州平らかならず、山陵盡く矢《かたむ》く。(13) 四神□□して復するに至る。天方《はじ》めて動敔し、(14) 之に青木・赤木・黄木・白木・墨木の精を畀《あた》う。炎帝乃ち祝融に命じて、四神を以《ひき》いて降り、三天を奠《さだ》め、思保を□し、四極を奠《さだ》めしむ。(15) 曰く、「九天の則大いに矢《かたむ》くに非ずんば、則ち敢えて天霊を冒すこと毋れ」と。帝俊《すみやか》(16) に乃ち日月の行を為す。）

四神の一番上は青榦と言い、二番目は朱四單と言い、三番目は翏黄難と言い、四番目は□墨榦と言った。千百年の時が経過してから、太陽と月が誕生した。この時九州は平らではなく、山陵はみな傾いていた。四神はそこで……（未詳）……、天体は運行を開始した。炎帝はそこで祝融に命じて、四神を率いて地上に降らせ、三天を定めさせ、四極を建てて天を支えさせた。炎帝は言った、「もし天が傾くような秩序の混乱でもなければ、天霊を煩わせてはならない」と。炎帝は、すみやかに太陽と月が正しく運行するようにした。

第二段落では、「雹戯」と「女堇」との間に生まれた「四神」の名前が示される。次に、「四神」が四季を作ってから、千百年の時が経過して、太陽と月が誕生したと言う。誕生したばかりの太陽と月は、秩序だった運行をしていなかった。そのため第二段落の末尾で、「帝俊《すみやか》に乃ち日月の行を為す」とあるように、「炎帝」が太陽と月を正しく運行するようにさせているのである。

次に四季を作ったという「四神」について、それぞれ「青榦」・「朱四單」・「翏黃難」・「□墨榦」と言い、それぞれの名前に「青」・「朱」・「黄」・「墨」のような色を表す文字が含まれている。また「四神」は、帛書の四隅に描かれている樹木に、それぞれ対応していると考えられる。(17) さらに「四神」は前段で、「四神相い代わり、乃ち歩みて以て歳を為す、是惟れ四時なり」と、四季を循環させ司っていることが記されていた。つまり「四神」には、色と方位と季節の配当関係が想定されていることになる。このことは五行説との影響関係を窺わせるが、「四神」と五行説との関係については次章で論じることとする。

さらに第二段落では、太陽と月が誕生しても、大地は平らではなく山陵はみな傾いていた、と言う。つづく本文「四神□□至于復」には欠損があり、詳細は分からない。しかし、後文で「天方《はじ》めて動敔」すとあり、天体の運行が開始されたと言う。してみると、本文「四神□□至于復」は、「四神」が何かをして、ある程度秩序を回復させたことを言うものと思われる。(18) この後の原文「敷（畀）之青木赤木黄木白木墨木之檨（精）。」について、池澤氏は「五木の精を与えると解しておく(19)」とする。ここでは、「四神」が、ある程度秩序を回復させた後、「帝」すなわち後文の「炎帝」から五木の精を授かった、と解しておく。ついで、「炎帝」は「祝融」に命じて、「四神」を率いて地上に降らせ、「三天」を定めさせ、四極を建てて天を支えさせた。炎帝は「もし天が傾くような秩序の混乱でもなければ、天神を煩わせてはならない」と言った。

以上第二段落では、太陽と月が誕生し正しい運行を行うようになったこと、及び「祝融」・「四神」によって世界に安定がもたらされたことが述べられる。

最後に第三段落を挙げる。

共攻（工）□（推）歩十日四寺（時）、□（命）□（百）神、鼎（則）閏（潤）四□（時）、毋思百神、風雨辰禕（震違）、

噐（亂）乍（作）。乃乇（逆）冃＝（日月）㠯⿺辶叀（轉）相［7］□思（息）。又（有）宵又（有）朝、又（有）晝又（有）夕。□［8］（共工　十日四時を推歩し、百神に命じて則ち四時に潤わしむるも、百神を思うこと毋く、風雨震違し、乱作る。乃ち日月を逆《むか》えて、以て轉相し□息わしむ。宵あり朝あり、晝あり夕あり。）

共工は十日と四時を観測して暦を作り、百神に命じて風雨を調節させて、民衆を恵み慈しんだが、百神がしっかりと風雨の時候を掌握することができないことに気づかず、混乱を来した。そこで十日を交替で出させるようにした。こうして一日には昼夜の時間ができた。

第三段落は、前掲二つの段落に比べて、文意が明確ではない。ここでは、主に李零氏の説(20)に従い解釈した。まず「共工　十日四時を推歩し」と言う。「共工」については前章でも検討したが、「共工」と「十日」神話との関連を示唆する伝世文献は、管見の限り存在しない。また「共工」も「十日」も、「子弾庫帛書」の中で言及されるのは、この部分だけである。そのため、「共工」と「十日」とが如何なる関係なのか、詳細は不明である。

次に第三段落では、「共工」が「百神に命じて則ち四時に潤わしむるも、百神を思うこと毋く、風雨震違し、乱作る」と言う。ここで「共工」は、「百神」に命じていることから、神に命令を下すべき「天霊」として認識されていると思われる。前段落では、「炎帝」が「祝融」と「四神」に命令を下しており、第三段落では「共工」が「百神」に命令を下している。つまり、「天霊」が「炎帝」から「共工」に遷っているのである。この「天霊」の交代は、第二段落から第三段落に至るまでの間で、多くの年月が経過したことを示唆するのかもしれない。

また、第二段落で「祝融」や「四神」が担っていた地上を管理する立場が、こちらの第三段落では「百神」が担っている。ただ、この「百神」による管理は十全ではなく、再び地上に混乱が起こってしまう。そこで「共工」は、「日月を逆《むか》えて、以て轉相し□息わしむ」と、十日を交替で出させるようにした。その結果、一日に昼夜の別ができ、現在のような世界が形成された、という。

第二節　「八行文」に見られる天地分離神話

前節では、「八行文」の内容を解釈してきた。「八行文」に示される天地創造は、数段階にわたる過程を経て行われていた。第一段落では、「雹戯」が、混沌とした世界から天と地を分化させ、「四神」が四季を作っていた。第二段落では、日月が発生してから、「四神」によってある程度世界の秩序が形成された後、「祝融」と「四神」とが「三天を奠《さだ》め、思保を□し、四極を奠《さだ》」め、世界に安定をもたらし、さらに「炎帝」が太陽と月を正しく運行させていた。第三段落では、「共工」が「百神」を把握しきれないばかりに世界は混乱するが、十日を交替で出させることで秩序を回復させる。その結果、昼夜ができ、現在のような世界が形成された。以上のように、「八行文」が物語る天地創造は、少なくとも三段階の過程を経、「天霊」が「雹戯」から「共工」に変わるまで、「千有百歳」以上の年月にわたって行われるものだったのである。

ところで、前章において古代中国における天地分離神話を検討したが、重黎・共工・蚩尤それぞれの天地分離神話には「中心のシンボル」を絶つというモチーフが共通していた。いずれの場合も、「地天の通」や「天柱」・「空桑」などの天と地上を繋ぐものを、物理的に絶つことで分離がなされていた。太古にこのような天地分離があったために、天と地上の人々は容易に交流できない、と考えられていた。

それでは「八行文」では、どのように天と地とは分離されたと考えられていたのだろうか。

「八行文」では、天と地の分離は、第一段落に「四方是れ治り、天践是れ格《いた》る」とあったように、「雹戯」によってなされていた。ただ先述したように、「八行文」に記される天地創造の神話は、段階的に行われるものである。第一段落の「雹戯」による天地の分離は、この段階的な天地創造の最初にあたるものであり、この分離だけでは不完全であった。

第二段落では、「炎帝乃ち祝融に命じて、四神を以《ひき》いて降り、三天を奠《さだ》め、思保を□し、四極を奠《さだ》めしむ。曰く、「九天の則大いに矢《かたむ》くに非ずんば、則ち敢えて天霊を冒すこと毋れ」と」とあった。すなわち、「祝融」と「四神」によって世界に安定がもたらされた後、「炎帝」は「もし天が傾くような秩序の混乱でもなければ、天霊を煩わせてはならない」と言うのである。「炎帝」のこの言葉は、地上に降った「祝融」と「四神」に向けたものであると推測される。つまり「天霊」は、これ以降、地上に対して直接介入することはないと表明し、地上に降った「祝融」と「四神」に地上の管理を委任した、と読み取ることができる。

要するに「八行文」では、「炎帝」のこの言葉によって、天と地上の人々とは分離され、直接交渉を持つことができなくなった、と認識されているのである。

「八行文」に記される天と地の分離は、重黎・共工・蚩尤のそれとは違い、「炎帝」の言葉によって、心理的ないし観念的になされている。「八行文」に記される天地創造の神話には、第一章で確認したような「中心のシンボル」を絶つという要素は見えない。しかし、天の至上神と地上の人々との間に断絶が存在すると考えられていたことは、第一章で検討した重黎・共工・蚩尤それぞれによる天地分離神話にも、「八行文」のこの天地創造の神話にも、共通している。第一章では伝世文献に基づき、本章では出土文献である「子弾庫帛書」八行文に基づいて、天地分離神話を検討してきた。つまり、天の至上神と地上の人々との間に断絶が存在するとする認識は、伝世文献にも、出土文献にも、看取することができるのである。

ただし、天と地との分離が心理的あるいは観念的になされたとする「八行文」の神話は、第一章で確認したような、物理的に天と地とが分離されたとする神話とは違い、前章第四節で挙げた『国語』楚語下に見られた認識に近いように思われる。なぜなら、物理的にではなく、観念的に天地分離がなされたとする点は、「八行文」も『国語』楚語下も、同様だからである。『国語』楚語下に記される観射父の言葉によれば、「地天の通」を絶つとは、重と黎とによって、神と人がそれぞれ管轄されることだ、としていた。

筆者は前章第四節で、「『国語』楚語下の記載は、『尚書』呂刑における重黎の「地天の通を絶つ」という表現について、観射父が合理化を施した一解釈であろうと推測される。つまり、神話の原型により近いのは、『尚書』呂刑の方であると考えられる」と述べた。つまり、観念的に天地分離がなされたとする認識は、物理的に天地分離がなされたとする認識に、後れて現れたと推測できる。

そうとすれば、「子弾庫帛書」八行文に記される天地分離神話も、『国語』楚語下と同様に、観念的に天地分離がなされたとしているので、前章で確認した重黎・共工・蚩尤それぞれによる天地分離の神話より時代が後れ、ある程度合理的な思考のもとで、形成されたことを示唆するのかも知れない。

第三節　「十三行文」について

本節では、「子弾庫帛書」に記されている「十三行文」を見ていく。「十三行文」の主な内容は、天体の異常が原因で起こる「妖」という現象と、その時地上にもたらされる「李」や「徳匿」と呼ばれる災害についてである。

「十三行文」も、分段記号である「□」で、三つの段落に分けられている。今この分段に従い、三段落に分けて挙げる。なお、（ ）で原文に相当する現行字を挙げ、□で欠損を表し、〔 〕で内容から推測される字を挙げ、〔 〕で原文の行数を、＝で重文・合文記号を示す。

佳（惟）□□□、月鼎（則）絽（贏）絀（縮）、不㝵（得）亓（其）袓（當）、旾（春）頣（夏）昧（秋）各（冬）、□又（有）□尚（常）。昌＝（日月）星唇（辰）、𤔔（亂）遊（失）亓（其）行、絽（贏）絀（縮）遊（失）行、卉（草）木亡〔1〕尚（常）。□（是）□（謂）実（妖）。天陛（地）乍（作）羕（祥）、天棓（棓）晒（將）乍（作）瀉（湯）、降于亓（其）方、山陵亓（其）𡑞（廢）、又（有）㴋（淵）氒（厥）洄（汨）。是胃（謂）李＝（李。李）戢（歲）□月、内（入）月〔2〕旨＝（七日）□□、又（有）雺（霧）雹（霜）雨土、不㝵（得）亓（其）曑（參）職。天雨喜（譆）亓（譆譆）。是遊（失）月、閏之勿行。一月二月三月、是胃（謂）遊（失）終亡、〔3〕奉□□亓（其）邦。四月五月、是胃（謂）𤔔（亂）絽（紀）亡、𠂆□□。□（其）戢（歲）、西䢦（國）又（有）吝。女（如）昌＝（日月）既𤔔（亂）、乃又（有）鼠□。東䢦（國）又（有）〔4〕吝、□□（天下）乃兵、䖝（害）于亓（其）王。□（惟れ□□□、月則ち贏縮[21]して其の当を得ず、春夏秋冬、常を□する有り。日月星辰、其の行を乱失し、贏縮して行を失はば、草木常を亡う。是れを妖と謂う。天地祥《きざし》を作し、天棓[22]将に湯[23]を作さんとし、其の方に降り、山陵其れ廃れ、淵は厥れ汨《みだ》る有り。是れを李[24]と謂う。李の歳□月、入月七日[25]□□、霧・霜・土の雨ふること有りて、其の参職を得ず[26]。天雨ふること譆譆たり。是れ失月には、之を閏《まも》りて行うこと勿かれ[27]。一月二月三月は、是れを失終亡と謂い、□其の邦に奉□す。四月五月は、是れを乱紀亡と謂い、𠂆□□。其の歳、西国に吝有り。如し日月既に乱るれば、乃ち竄□有らん。東国に吝有り。天下乃ち兵あり、其の王を害さん。）

月が進んだり退いたりしてその正しい運行を行わないと、春夏秋冬の四季は不順である。日月星辰は、その運行を乱し進んだり退いたりして、草木は普通に育たない。このような異常な現象を妖と言う。天地にあらかじめ兆しがあると、天棓は湯という災いを起こそうとし、暴雨を四方に降す。そうすると山陵は崩れ、川や湖は溢れ大水が起こる。

このような災害を李という。李の起こる歳の□月七日は霧や霜さらには天から土が降ってくることもあり、順調な天地の化育を受けることはできない。天は大雨を降らせ、その様子は嘆かんばかりである。このような失月には、不吉なので、何事も行ってはならない。一月二月三月は、失終亡と言う。四月五月は、乱紀亡と言う。その歳には、西国では災害がある。その時に、もし日月の運行が乱れれば、鼠□がある。東国でも災いがある。天下に兵乱が起こり、その禍は王にも及ぶだろう。

第一段落では、天体の乱調によって発生する異常事態を「妖」と言う、としている。この「妖」では、「天棓」という彗星が降り、山々は崩れ、湖沼も氾濫する。このような「天棓」の引き起こす災害を「李」と言う。「李」の起きた年には、霧・霜・大雨などの災害が起こるので「失月」には蟄居しなければならない。「失月」は、一・二・三月には「失終亡」、四・五月には「乱紀亡」と言う。さらに、「李」のあった年に太陽と月の運行が乱れれば、さらなる憂いがあり、最終的には兵乱までが起こり、王にまで危害が及ぶだろう、というのである。

次に、第二段落を挙げる。

凡戢（歳）恵（德）匿、女（如）□□□、邦所五宎（妖）之行、卉（草）木民人、㠯□四淺（踐）之〔5〕尚（常）。□□上宎（妖）、三寺（時）是行。隹（惟）恵（德）匿之戢（歳）、三寺（時）既□（亂）、緐（繫）之㠯（以）帇（霈）降。是月㠯（以）甥（數）曆（擬）、爲之正、隹（惟）十又（有）〔6〕二□（月）。隹（惟）李□（德）匿、出自黄𣶒（淵）、土身亡（翼）、出内（入）□同、乍（作）亓（其）下凶、冐＝（日月）皆䜌（亂）、星曆（辰）不同（炯）。冐＝（日月）既䜌（亂）、戢（歳）季〔7〕乃□、寺（時）雨進退、亡又（有）尚（常）死（恒）。恭民未智（知）曆（擬）㠯（以）爲鼎（則）。毋童（動）羣民、㠯（以）□三死（恒）、斐（廢）四興鼠（竄）、㠯（以）□（亂）天尚（常）。〔8〕羣神五正四□、尭（饒）羊（祥）、盡（建）死（恒）𡚁（属）民。五正乃明、□（羣）神是言（享）。是胃（謂）恵（德）匿、

羣神乃恵（德）。帝曰、繇（繇）、□（敬）之哉。［9］毋弗或敬。隹（惟）天乍（作）福、神鼎（則）各（格）之。隹（惟）天乍（作）実（妖）、神鼎（則）恵之。□敬隹（惟）備、天像（象）是惻（惻）、成隹（惟）天□、下民［10］之祇（式）。敬之毋戈（忒）。□（凡そ歳に徳匿(28)あれば、如□□□、邦に五妖の行ある所、草木民人、以て四践の常を□す。□□上妖、三時に是れ行わる。惟れ徳匿の歳、三時既に乱れ、之に繋ぎて以て霈降る。是れ月は数を以て擬《はか》り、之が正しきを為すこと、惟れ十有二月なり。(29)惟れ李・徳匿は、黄淵自り出で、土身にして翼亡く、出入するに□同し、(30)其れ下凶を作し、日月皆な乱れ、星辰炯《ひか》らず。日月既にして乱るれば、歳季は乃ち□し、時雨進退し、常恒有る亡し。恭民未だ擬《はか》りて以て則と為すを知らず。群民を動かし、以て三恒を□し、四興の竄を廢し、以て□天常を乱す毋かれ。(31)群神・五正(32)・四□は、祥を饒《めぐ》み(33)、恒を建て民を属《あつ》む。五正乃ち明らかなれば、群神は是れ享す。是れ徳匿するも、群神乃ち徳すと謂う。(34)帝曰く、「繇《ああ》、之を敬《つつ》しまんか。敬しむこと或《あ》らざる毋かれ。惟れ天は福を作し、神は則ち之を格《いた》す。惟れ天は妖を作し、神は則ち之を恵す。□敬しみて惟れ備えよ。天象は是れ惻《いた》め、成すは惟れ天□、下民は之れ式《のっと》れ。(35)敬しみて忒《たが》うこと毋かれ」と。）

凡そ徳匿のある歳には、国に五種の妖変が現れ、草木や人々は四時の常態を乱す。上妖が、春・夏・秋の季節に発生する。徳匿のある歳には、春・夏・秋の季節は不順で、更に時ならぬ大雨に見舞われる。そもそも月の運行を正しく観測すれば、十二ヶ月である。李と徳匿の神は、黄泉から出現し、「土身にして翼亡し」という容姿で、連れだって出現したり消えたりし、下界に禍を降す。太陽と月の運行は乱れ、星々は輝きを失う。太陽と月の運行が乱れると、歳末も合わず暦が乱れ、降雨も時節に合ったり合わなかったりし、通常通りには行かない。恭順な民は観測して正しい暦を作ることを知らない。このような民を動かして、（日月星辰の）三恒の運行は乱し、四時を損ない、天常を乱してはならない。群神・五正・四□は、幸いを民に恵み、天の恒常を建立して民を管轄する。五正が明らかであれば、群神は正しい祭祀を享ける。これを天が徳匿するも、群神が恵をもたらすと言う。帝は言う、「ああ、これら天や神を敬いなさい。少しも敬わないことがあってはならない。そもそも天が福を施すならば、神が民に福をもたらす。妖兆を降すのは天であるが、神が人に恵むのである。天を慎み敬って備え、天象を惻《いた》め、成すのは天□であり、下民はこれに法れ。これを敬って違反してはならない」と。

第二段落では、前半部分で、「徳匿」という現象について述べる。この「徳匿」は、それが起こった年には天候不順や大雨などの災害に見舞われるとされている。また「徳匿」も「李」も、「黄淵」から出現し、下界に禍を降すとされている。このことから、「徳匿」も「李」も同質のものであると考えられる。

最後に、第三段落を挙げる。

民勿用□、□百神、山川澫（萬）浴（谷）、不欽□行。民祀不𧦝（莊）、帝𤕰（將）繇（繇）㠯（以）䜌（亂）□之行。［11］民𠟭（則）又（有）穀、亡又（有）相蠆（擾）、不見陵□。是𠟭（則）鼠（竄）至、民人弗智（知）、𢧢（歲）𠟭（則）無䋣祭。□𠟭（則）返、民少又（有）□。土事［12］勿從、凶。□［13］（民は□を用いる勿かれ、百神に□すれば、山川萬谷は□行を欽まず。民の祀荘ならざれば、帝将に繇《もち》いるに乱□の行を以てせんとす。民に則ち穀[36]有れば、相擾有る亡く、陵□を見ず。是れ則し竄《も》至り、民人知らざれば、歳に則ち䋣祭無し。□則ち返り、民に□有ること少《か》けば、土事は従うこと勿かれ、凶なり。）

民は□を用いてはならない。百神に□すると、山川萬谷の神々は□行を慎まないだろう。民の祭祀が盛んでなければ、帝は天体の運行を乱して民を罰そうとする。民に善があれば、混乱も起きず、天象に異変もない。もし憂い事が起こり、それでも民が理解しなければ、……（未詳）……そのような時には土木工事に従事してはならない、凶である。

第四節　「四神」・「百神」・「群神」の性格について

前節まで、「子弾庫帛書」の「八行文」と「十三行文」の内容を見てきた。本節では、「八行文」に登場した「四神」と「百神」、及び「十三行文」に登場した「群神」について、その媒介者としての性格を検討していく。

まず、本章第二節に述べたように、「四神」と「祝融」はともに、「炎帝」から地上の管理を委任されていた。「四神」は「雹戯」の子であり、本来は天上に存する神であると考えられる。「八行文」では、この天上の神が、地上に降ることで地祇となっているのである。さらに、「炎帝」が地上に直接介入しないと宣言することによって、天上と地上は分離されていた。これ以降、地上の人々は、「祝融」や「四神」を介してしか、天との交流を持てなくなったと思われる。つまり「炎帝」が地上の管理を「祝融」と「四神」に委任した時点で、天の至上神、直接に天とは交流を持てない地上の人々、前二者を媒介する地上の神、という三極構造が確立された、と考えられるのである。

また地上の管理を担ったのは、「祝融」や「四神」ばかりではなかった。「八行文」第三段落では「共工は十日と四時を観測して暦を作り、百神に命じて風雨を調節させて、民衆を恵み慈しんだが、百神がしっかりと風雨の時候を掌握することができないことに気づかず、混乱を来した」とあったように、十全ではないとはいえ、「百神」がこの任を担っていたことも記されていた。加えて、「百神」は「十三行文」にも登場していた。「十三行文」第三段落に「民は□を用いる勿かれ、百神に□すれば、山川萬谷は□行を欽まず」とあった。欠損があるためはっきりしないが、民が「百神」に何かをすることで働きかけようとしていることを、読み取ることができる。ここでも「百神」は、民が働きかけることができる存在とされており、やはり「帝」と地上の人々とを媒介する者として認識されていたと思われる。

次に、「十三行文」に見られた「群神」・「五正」という神々について検討する。「十三行文」第二段落では、「群神・五正・四□は、祥を饒《めぐ》み」とあり、「群神」や「五正」が人々に幸いを恵むとされていた。また「帝」の言葉として、「惟れ天は福を作し、神は則ち之れを格《いた》す。惟れ天は妖を作すも、神は則ち之れを恵す」と言う。すなわち、「天」が「福」を降す場合には神がこれを地上にもたらし、天が「妖」を降す場合には「神」が地上の人々に恵みをもたらす、と言うのである。「帝」が直接福や災いを地上に降すのではなく、いずれの場合も「神」が、「帝」と地上の間に介在しているのである。このような上帝の下位に位置し禍福を降す「神」の姿は、伝世文献にも見ることができる。伝世文献に見える「神」の検討は第一部第四章で行う。

　ここで「帝」の言う「妖」とは、「十三行文」第一段落冒頭で「月が進んだり退いたりしてその正しい運行を行わないと、春夏秋冬の四季は不順である。日月星辰は、その運行を乱し進んだり退いたりして、草木は普通に育たない。このような異常な現象を妖と言う」と述べられていたように、天体の異常によって発生する現象である。この「妖」の時には「李」や「徳匿」のような災厄が降されるのであり、「十三行文」では「李」や「徳匿」の様子について詳述していた。つまり、「帝」の言葉である「惟れ天は妖を作すも、神は則ち之を恵す」とは、天である「帝」が、「妖」に起因する「李」や「徳匿」などの災厄を降すとしても、「神」は地上の人々に幸いを恵もうとする、と解釈できる。該文の直前にある「五正乃ち明らかなれば、群神は是れ享す。是れ徳匿するも、群神乃ち徳すと謂う」という文章も、「五正が明らかであれば、群神は正しい祭祀を享ける。これを天が徳匿するも、群神が恵をもたらすと言う」と解釈し得よう。

　とはいえ、この部分及び前述の「惟れ天は妖を作すも、神は則ち之を恵す」については、先行研究でも解釈が分かれている。そのため、この箇所はやや詳しく検討する必要がある。まず当該部分の原文を再掲する。なお、分かり易くするため、現行字に改め、推測される文字を補い、行数を省略する。

五正乃明、羣神是享。是謂徳匿、羣神乃徳。帝曰、繇、敬之哉。毋弗或敬。惟天作福、神則格之。惟天作妖、神則惠之。

原文「是謂徳匿、羣神乃徳」について、池澤氏は「是れ徳の匿《かく》れるも、群神乃ち徳すと謂う。」と訓読し、「天が徳匿の災異をもたらしても、神が人に徳を施すことによって災禍を避けられると言うことであろう。」とする。(37)

一方、森和氏は、「是を徳と謂う。匿るれば、群神乃ち徳す。」と訓読し、「徳匿」を「徳」と「匿」に分け、神々が各々務めを全うする状況を「徳」と言い、それとは正反対の「五正」の行為がかくれた状況を「匿」と言うとする。(38)「群神乃ち徳す」の「徳」については、森氏は次のように記す。(39)

十三行文では神が民に禍福を齎すことを「饒（めぐむ）」・「格（いたす）」・「惠（めぐむ）」といった語で表記しているが、これらは均しく「齎す」の意味であり、そこには禍あるいは福という齎すものの性質の違いによる区別は認められない。従って「羣神乃悳（徳）」の「徳（めぐむ）」も「妖」という負の性格を帯びたものに用いられる「惠」と同様に解せよう。

すなわち森氏は、「是謂徳匿羣神乃徳」の八字を、「是を徳と謂う。匿るれば、群神乃ち徳す。」と訓読し、「群神」が「徳匿」の災禍を民にもたらすと解釈する。そのうえで森氏は、後文の「惟天作妖、神則惠之」も、「惟れ天は妖を作し、神は則ち之を恵す」と訓読し、「あらゆる禍と福がともども天（帝）によって生み出され、神々によって民に齎される」と解釈するのである。(40)

これに対して池澤氏は、原文「惟天作妖、神則恵之」を、「妖を降すのは天であるが、神が（人に）恵むのである」と解釈する。[41] また氏は、「禍福を為すのは天であり、それをもたらすのは神である、従って人間は天を畏怖して従わなければならないことを言う。」とし、ここに表明されているのは「天の降す災いに対して、人が神に恭敬にすること（具体的には祭祀を言うらしい）によって神の佑助・介入を期待できるという考え方であり、天と人の間に立つ神の重要性であると言えよう」[42]とする。

それでは、池澤氏・森氏以外の先行研究は、この部分をどう解釈しているのか。まず、高明氏は、『爾雅』釋言「恵は、順なり（恵、順也）」を引き、「天が民に福を与える時には、群神は天命を謹んで、また民に福を与える。天が禍を民に降す時には、群神もまた天命に従って、民に災いを与える」と解釈する。[43] また李零氏は、「福と妖は対文であり、格と恵も対文である。福であれ禍であれ、みな上天が与えるものである、という意味である。ここの福と妖は取りも直さず上文の徳匿のことである。」[44]とする。

以上の先行研究をまとめると、問題は、「徳」と「恵」の読み方であり、「群神」の性格をどのように考えるか、ということに集約される。森氏・高明氏・李零氏はみな、天が災禍を降す際には、「群神」も天の意志に従い地上に災禍をもたらす、と解釈する。しかし、池澤氏は、天が災禍を降す時にも、「群神」は地上に恵みを降そうとする、と解釈する。

筆者は、池澤氏の説がより妥当と考える。理由は二つあり、一つは字句の面から見たもの、もう一つは内容すなわち「群神」の性格に関わるものである。

まず字句の面から見た理由として、森氏のように「是を徳と謂う。匿るれば、群神乃ち徳す。」と訓読した場合、原文は「是謂徳。匿、羣神乃徳」のように点切りをすることになる。しかし、再掲した原文を見ると、四字句で区切れており、前節に挙げた「十三行文」全体を見ても、概ね四字句で区切れている。それ故、この部分のみ三字・一字・四字で区切るのは、不適当であると思われる。

次に内容から見た理由であるが、「群神」が天の意志に忠実に従うばかりであったのならば、地上の人々は何をしようとも災禍を逃れられず、「群神」を祭祀しても無駄であると思われる。しかし実際には、地上の人々が、祭祀を捧げることで神々に働きかけようとしたことが記録されている。この点については、次章以降で確認していくが、とりわけ『毛詩』雲漢には、天の降す旱魃に対して神に仲介役を願う言葉が見える。(45) 以上二つの理由から、本書では池澤氏の解釈に従うこととする。

まとめ

本章では、出土文献である「子弾庫帛書」の「八行文」と「十三行文」を検討してきた。「八行文」では、出土文献にも天地分離神話が見られることを確認し得た。ただし「八行文」の天地分離は、前章で確認した、天と地とを繋ぐ通路等が物理的に破壊されて天地分離がなされたとする神話とは違い、「帝」の言葉によって心理的ないし観念的になされていた。だがいずれにせよ、伝世文献のみならず出土文献にも天地分離神話を認めることができたのであり、古代中国には天と地の間には断絶があるとする認識が存在したと言える。

しかし、「八行文」における天地分離は、完全な断絶ではなかった。何となれば、「八行文」においては「祝融」・「四神」・「百神」、同じく「子弾庫帛書」の「十三行文」においては「群神」・「五正」のような、地上を管理・監督し天上の至上神と地上の人々を仲介する神が存在すると考えられていたからである。天上の至上神と地上の人々との間に、断絶があるとする認識が前提となり、天と人との交流は、彼ら「祝融」・「四神」・「百神」・「群神」・「五正」のような「神」を通じて、可能であると考えられてもいた。裏を返せば、断絶こそが、「神」を通した至上神と地上の人々との交流を際だたせ、「神」の持つ天の至上神と地上の人々との間で媒介として機能する仲介者としての役割を、強調していたとも言えよう。

池澤氏も「天（聖）と地（俗）の分離があることによって、前者から後者への力の流れが保証され、その力によって現世の存立は可能になるのであり、交流をもたらすが故に断絶は重要なのである」[46]と述べ、天と地の交流を可能にする仲介者の重要性を強調している。

そもそも、浅野裕一氏が「中国の上天・上帝は、意志や感情を持ちながら、身体・形象を持たない形而上的人格神で、宇宙を単独で支配するところまでは、ヤハヴェ・神・アッラーなどと共通するが、ほとんど言葉を発しない点で、決定的に異なっている」[47]と指摘するように、古代中国の天（上天・上帝）が地上の人に対して直接的に明確なメッセージを与えることは稀であった。

それ故に、春秋戦国時代における天と人との関係は、構造的に仲介者を要請するものであったと思われるのである。その構造とは、すなわち、天と人との間で「神」が媒介として機能することで、双方の意志を伝え、また「神」が天の職責を代行することによって、世界の秩序が維持されているというものである。

そこで次章では、天と地上の人々との媒介として機能する「神」のうち、「八行文」に登場した「四神」について、五行説との関係から論じることとする。

注

（1）「子弾庫帛書」の先行研究については、以下の通り。

林巳奈夫「長沙出土戰國楚帛書考」（『東方學報』三六、一九六四年）

「長沙出土戰國楚帛書考補正」（『東方學報』三七、一九六六年）

商承祚「戰國楚帛書述略」（『文物』一九六四年第九期）

湖南省博物館「長沙子弾庫戦国木椁墓」（『文物』一九七四年第二期）

陳邦懐「戰國楚帛書文字考證」（中山大学古文字研究室編『古文字研究』第五輯、中華書局、一九八一年）

陳夢家遺著「戰國楚帛書考」（『考古学報』一九八四年第二期、総第七三期）

高明「楚繒書研究」（中華書局編輯部・中国文字研究会編『古文字研究』第六輯、中華書局、一九八五年）

李零『長沙子彈庫戰國楚帛書研究』（中華書局、一九八五年）

「楚帛書的再認識」（『中國文化』第一〇期、一九九四年）

『中国方術正考』「第三章　楚帛書与日書：古日者之説」（中華書局、二〇〇六年）

『楚帛書研究（十一種）』（中西書局、二〇一三年）

『子彈庫帛書』上・下（文物出版社、二〇一七年）

李學勤「長沙楚帛書通論」（楚文化研究会編『楚文化研究論集』第一集　荊楚書社、一九八七年）

『簡帛佚籍与学術史』「第二篇　楚帛書研究」（江西教育出版社、二〇〇一年）

徐山「長沙子彈庫戰國楚帛書行款問題質疑」（『考古與文物』一九九〇年第五期、総第六一期）

饒宗頤「楚帛書天象再議」（『中國文化』第三期、一九九〇年）

「長沙子彈庫楚帛書研究」（饒宗頤・曾憲通『楚地出土文獻三種研究』中華書局、一九九三年）

連劭名「長沙楚帛書與中國古代的宇宙論」（『文物』一九九一年第二期、総四一七期）

楊寬「楚帛書的四季神像及其創世神話」（『文学遺産』一九九七年第四期）

池澤　優「書き留められた帝の言葉――子彈庫楚帛書に見る天・神・人の関係――」（『宗教研究』七二巻四号、一九九九年）
「古代中國の祭祀における〝仲介者〟の要素――戦国楚の卜筮祭禱記録竹簡・子彈庫楚帛書と「絶地天通」神話を中心に――」（『道教の教団と儀礼』雄山閣、二〇〇〇年）
「子彈庫楚帛書八行文譯註」（郭店楚簡研究会『楚地出土資料と中國古代文化』汲古書院、二〇〇二年）
「子弾庫楚帛書辺文訳註」（『東京大学宗教学年報』XXI、二〇〇四年）
馮　時著・丁原植主編『出土古代天文學文獻研究』「第一章　長沙楚帛書研究」（臺灣古籍出版社、二〇〇一年）
陳忠信「試論長沙子弾庫楚帛書之水化宇宙神話思維――混沌創世神話視野之分析」（簡帛研究網站、二〇〇六年）
陳斯鵬「楚帛書甲篇的神話構成・性質及其神話学意義」（『文史哲』二〇〇六年六期）
森　和「子弾庫楚帛書三篇の関係からみた資料的性格について」（『史滴』二六、二〇〇四年）
「戦国楚における宜忌の論理――子弾庫帛書三篇の関係を例に――」（『長江流域と巴蜀・楚の地域文化』雄山閣、二〇〇六年）
「子弾庫帛書の天人相関論について」（『中国出土資料研究』第一一号、朋友書店、二〇〇七年）
笠川直樹「子彈庫「楚帛書」十三行文釋注」（『漢文學研究』第七號、二〇一九年）

（2）李零氏、注（1）所掲論考「楚帛書的再認識」、参照。

（3）注（1）所掲湖南省博物館報告書「長沙子弾庫戦国木槨墓」、参照。

（4）池澤氏、注（1）所掲論考「書き留められた帝の言葉――子彈庫楚帛書に見る天・神・人の関係――」、参照。

（5）池澤氏、注（1）所掲論考「子弾庫楚帛書辺文訳註」、参照。

（6）池澤氏は、「於」を「閼」「淤」の義とし、「天地の気が塞がって風雨が発生しないこと」（注（1）所掲論考「子彈庫楚帛書八行文譯註」、五二五頁）と解する。饒宗頤氏は『山海経』大荒北経の燭龍「風雨是謁」（郭璞注：言能請致風雨。）を引き、「句法相同、於讀為謁。」（注（1）所掲論考「長沙子彈庫楚帛書研究」、二三五頁）とする。

（7）饒宗頤氏（注（1）所掲論考「長沙子彈庫楚帛書研究」、二三五～二三六頁）・高明氏（高明氏、注（1）所掲論考、三七

六～三七七頁）は、「女𡛷」を女媧に比定する。

（8）原文「四□（方）」について、池澤氏は、四境もしくは四海であろうとする。（注（1）所掲論考「子彈庫楚帛書八行文譯註」、五二七頁。）

（9）原文「天〓（践）是各（格）」について、池澤氏に従い、天体の運行をもたらすと解釈する。（注（1）所掲論考「子彈庫楚帛書八行文譯註」、五一九頁。）

（10）「〓」について、饒宗頤氏（注（1）所掲論考「長沙子彈庫楚帛書研究」、二三七頁）・連劭名氏（注（1）所掲論考、四一頁）・商承祚氏（注（1）所掲論考、一五頁）・馮時氏（注（1）所掲論考、二一頁）はいずれも、「禹」と釈文する。李零氏（注（1）所掲書『子彈庫帛書　下』、六〇頁）は、「我曾目驗原物、應是思字之殘。」と言う。また、原文「萬」について、饒宗頤氏（注（1）所掲論考「長沙子彈庫楚帛書研究」、二三七頁）は「冥」すなわち北方の神「玄冥」とし、李零氏（注（1）所掲書『長沙子彈庫戰國楚帛書研究』、六四頁）・連劭名氏（注（1）所掲論考、四一頁）・商承祚氏（注（1）所掲論考、一五頁）・馮時氏（注（1）所掲論考、二二頁）は、「禼」と読み、殷の始祖「契」とする。しかし、夏の禹にしろ、殷の契にしろ、前後の脈絡が全く分からず、ここでは不明とする。

（11）池澤氏（注（1）所掲論考「子彈庫楚帛書八行文譯註」、五三八～五三九頁）は、郭店楚簡「太一生水」の例から、原文「〓」を「滄」とする。一方、李零氏（注（1）所掲書『子彈庫帛書　下』六一頁）は、「這裏的寒字、與倉相近、但並非倉字、而是寒字的省體。」とする。

（12）「雹戲」が伏羲であるとする点に関しては、先行研究でも一致している。

（13）饒宗頤氏は、原文「〔九〕州不坪（平）、山陵備〓（盡矢）」を「九州不埀（重）、山陵備〓。」と釈文し、「此言洪水已平、九州無橫流之患、陵谷盡安謐也。」とする。（注（1）所掲論考「長沙子彈庫楚帛書研究」、二四二頁。）

（14）原文「天旁（方）〓（動）攼（敔）」について、高明氏は、「旁假為方、《廣雅・釋詁一》:「方、始也。」攼同敔、《説文攴部》:「敔、止也。」〓即動字之別體。繪書天方動攼、則謂上天開始運轉。」とする。（注（1）所掲論考、三七九頁。）

（15）原文「炎帝乃命祝𩁹（融）、㠯四神降、奠三天、□思〓（保）、奠四亟（極）。」について、李零氏は「這段話大約是説炎帝

命祝融遣四神降于人間、安定日月星辰、建立四極以承天覆。」と言う。（注（1）所掲書『長沙子彈庫戰國楚帛書研究』、七一～七二頁。）

(16) 原文「俊」について、先行研究では「帝俊」と解釈することで一致しているが、池澤氏は「帝俊」がここで突然登場し、その後まったく言及されないことから、「夋」を「駿（すみやか）」とする可能性を残している。（注（1）所掲論考「子彈庫楚帛書八行文譯註」、五五六頁。）

(17) 池澤氏は、「「青□幹」が「幹」字を含んでいることから、四神は樹木と認識されたのであって、帛書四隅に描かれた樹木に相当する可能性は高いと考えなければなるまい」（注（1）所掲論考「書き留められた帝の言葉――子彈庫楚帛書に見る天・神・人の関係――」、六一～六二頁）とする。

(18) 森氏は、九店楚簡「日書」告武夷に戦死者を管掌する武夷という神の棲まう「復山」が見えることから、「至于遉」の「遉」も神聖な場所である可能性があるとし、本文「至于遉」を「「復」なる地に赴いた」と解釈する。（注（1）所掲論考「戦国楚における宜忌の論理――子弾庫帛書三篇の関係を例に――」、一六頁。）

(19) 池澤氏、注（1）所掲論考「書き留められた帝の言葉――子彈庫楚帛書に見る天・神・人の関係――」六二頁、参照。

(20) 李零氏は、「這段話的意思大約是説、共工推步十日四時、命百神調節風雨以潤澤下民、不意百神没能正確掌握風雨的時辰、遂致亂生、于是決定讓日月轉相作息、在一天之内分出早晚四時。」とする。（注（1）所掲書『長沙子彈庫戰國楚帛書研究』、七三頁。）

(21) 「贏縮」については、『史記』天官書に次のようにあり、天体が進んだり退いたりすることと解される。「察日月之行、以揆歳星順逆。曰東方木、主春、日甲乙。義失者、罰出歳星。歳星贏縮、以其舍命國。所在國不可伐、可以罰人。其趨舍而前曰贏、退舍曰縮。贏、其國有兵不復。縮、其國有憂、將亡、國傾敗。其所在、五星皆從而聚於一舍、其下之國可以義致天下。」

(22) 「天棓」について、饒宗頤氏（注（1）所掲論考「長沙子彈庫楚帛書研究」、二五三頁）が、『史記』天官書「三月生天棓、長四丈」を引く。『史記正義』では当該箇所に「棓、音、蒲講反。歳星之精散而爲天槍・天棓・天衝・天猾・國皇・天欃、及登天・荊眞、若天猿・天垣・蒼彗、皆以廣凶災也。天棓者、一名覺星、本類星而鋭、長四丈、出東北方・西方。其出、則天

下兵爭也。」と注しており、「天棓」とは彗星の類かと思われる。

(23) 「湯」について、高明氏は、『漢書』天文志「四星若合、是謂大湯。其國兵喪並起、君子憂、小人流。」及び『尚書』堯典疏所引の『諡法』「雲行雨施曰湯」を引き、「繒書似謂天棓將作暴雨、降于四方。」と言う。（注（1）所掲論考、三八四頁。）

(24) 「李」について、従来は「孛」と釋文されてきたが、李零氏は『五行令』・上博楚簡『容成氏』の例から「李」と隷定する。（注（1）所掲書『子彈庫帛書　下』、四九頁。）

(25) 「入月七日」について、李學勤氏は「同様文例見于馬王堆帛書、即初七初八日。」（原文簡体字）とする。（注（1）所掲書『簡帛佚籍与学術史』「第二篇　楚帛書研究」、三九頁。）

(26) 高明氏は、原文「不得參職」を「焉能贊天地之化育、得與天地參職」と解釈する。（注（1）所掲論考、三八五頁。）

(27) 原文「閏之勿行」について、李學勤氏は、閏字を門字とした上で『廣雅』釈詁三「門、守也。」から、この部分を「守之勿行」と解釈する。（注（1）所掲書『簡帛佚籍与学術史』「第二篇　楚帛書研究」、四〇頁。）

(28) 「德匿」について、商承祚氏（注（1）所掲論考、一三頁）は「悳匿、有作側匿・仄慝・縮朒、音同形異」（原文簡体字）とし、高明氏（注（1）所掲論考、三八六頁）は『漢書』五行志「晦而月見西方、謂之朓。朔而月見東方、謂之仄慝。」孟康注「朓者行疾在日前、故早。仄慝者月行遲在日後、當没而更見。」を引き「朓與德匿皆爲日月亂行之現象」とする。李零氏（注（1）所掲書『長沙子彈庫戰國楚帛書研究』、五七頁）は、匿字を慝と解釈し、「德慝、德者善也、福也。慝者惡也、禍也。是個反義的合成詞。這裏德指天之慶賞、慝指天之刑罰、表示上天對人事的報施、故下文説『惟天作福、神則格之。惟天作妖、神則惠之』。」とする。饒宗頤氏（注（1）所掲論考「楚帛書天象再議」、六八頁）は、『史記』天官書「天行德。天子更立年、不德、風雨破石。」『索隠』「北辰有光耀、是行德也。」を引き、「即有茀之歳、天已不能行德、是爲德之匿之例、即爲不德、必有災變如〝風雨破石〟之象」とする。その上で、帛書の後文「五正乃明」以下を「五官五佐諸星光明、由於羣神得到合理之祭亯、（縱在）德匿（不德）之際、而羣神仍能代天行德。」と解釈する。

(29) 原文「是月㠯（以）𠭁（數）厤（擬）、爲之正、隹（惟）十又（有）二□（月）。」について、李零氏は「這兩句大約是説、月之恒数只有十二個月。」とする。（注（1）所掲書『長沙子彈庫戰國楚帛書研究』、五八頁。）

(30) 原文「隹（惟）孛□〔德〕匿、出自黄𣶒（淵）、土身亡䶂（翼）、出内（入）□同」について、李學勤氏（注（1）所掲書『簡帛佚籍与学術史』「第二篇　楚帛書研究」、四一頁）は「帛書認爲彗星和側匿都有神。〝惟孛德匿、出自黄淵〟、〝黄淵〟当即黄泉。篇中還形容它們的形貌是〝士身亡須〟、出入相伴、反映古人認爲這兩種異象有相關的關係」（原文簡体字）とし、「士身亡須」を神の姿を描写する言葉と解釈する。李零氏（注（1）所掲『子彈庫帛書　下』五三頁）も、「土身無翼」とし「出黄泉、與土有關、形象是土身而無翼。」と言う。

(31) 原文「恭民未智（知）厝（擬）㠯（以）爲䵼（則）。毋童（動）羣民、㠯（以）□三殀（恒）、斁（廢）四興鼠（竄）、㠯（以）□〔亂〕天尚（常）。」について、高明氏（注（1）所掲論考、三八六頁）は、「恭民本知、慎而勿動。」と解釈する。李零氏（注（1）所掲書『長沙子彈庫戰國楚帛書研究』、六〇頁）は、「慮民不知天變、把已經不可靠的曆法當作定則、死守住不敢加以改易變通。」と解釈する。李學勤氏（注（1）所掲書『簡帛佚籍与学術史』「第二篇　楚帛書研究」、四一頁）は、「有智慧的人能明察災異的原因、据以行動、則禍患可以防止。」（原文簡体字）とする。

(32) 「五正」について、饒宗頤氏（注（1）所掲論考「長沙子彈庫楚帛書研究」、二六三頁）は『左伝』隠公六年「翼九宗五正」に附された杜注「五正、五官之長。」を引く。池澤氏（注（1）所掲論考「書き留められた帝の言葉――子彈庫楚帛書に見る天・神・人の関係――」、六七頁）は「「五正」は群神が五つに分掌されている状態を言うのだと考えられる。」とする。森氏（注（1）所掲論考「子弾庫楚帛書三篇の関係からみた資料的性格について」、九頁）も「「五正」や「四□」は恐らく特定の役割を担う、「群神」より上位の神々をいうのであろう」とする。

(33) 原文「堯（饒）羊（祥）」について、饒宗頤氏（注（1）所掲論考「長沙子彈庫楚帛書研究」、二六三頁）の釈文に従い、「祥を饒《めぐ》み」と訓読する。

(34) この一段の原文「五正乃明、□〔羣〕神是亯（享）。是胃（謂）悳（德）匿、羣神乃悳（德）。帝曰、繇（繇）、□〔敬〕之哉。毋弗或敬。隹（惟）天乍（作）福、神䵼（則）各（格）之。隹（惟）天乍（作）实（妖）、神䵼（則）惠之。」について、この部分は難解であり、先行研究でも解釈が分かれている。今はひとまず、池澤氏（（注（1）所掲論考「子彈庫楚帛書八行文譯註」、五六六頁）に従って解釈するが、詳細は後に本論で論じる。

(35) 原文「□敬隹（惟）備、天像（象）是恖（惻）、成隹（惟）天□、下民之祓（式）。」について、森氏（注（1）所掲論考「子弾庫楚帛書三篇の関係からみた資料的性格について」、七頁）は「□敬、惟れ天象に備えよ。是れ恖成。惟れ天は下民の式を□す」と訓読する。

(36)「穀」について、高明氏は、「瑴通穀」とした上で、『爾雅』釋詁「穀、善也」を引き、「民能順天循善、不則擾亂。」と言う。（注（1）所掲論考、三八七頁。）

(37) 池澤氏、注（1）所掲論考「書き留められた帝の言葉――子彈庫楚帛書に見る天・神・人の関係――」、六七頁。

(38) 森氏、注（1）所掲論考「子弾庫楚帛書三篇の関係からみた資料的性格について」、九頁。

(39) 森氏、注（1）所掲論考「子弾庫楚帛書三篇の関係からみた資料的性格について」、一七頁。

(40) 森氏、注（1）所掲論考「子弾庫楚帛書三篇の関係からみた資料的性格について」、九頁。

(41) 池澤氏、注（1）所掲論考「子彈庫楚帛書八行文譯註」、五六六頁。

(42) 池澤氏、注（1）所掲論考「書き留められた帝の言葉――子彈庫楚帛書に見る天・神・人の関係――」、六七頁。

(43) 惟天賜福於民、則群神謹天命、亦予福於民。惟天降禍於民、群神亦順從天命、賜民以災。（高明氏、注（1）所掲論考、三八七頁。）

(44) 福・妖對文、格・惠對文、意思是説、無論是福是禍、都是上天所加惠。這裏的福・妖也就是上文的德匿。（李零氏、注（1）所掲書『長沙子彈庫戰國楚帛書研究』、六一頁。）

(45)『毛詩』雲漢については、第五章第一節、参照。

(46) 池澤優「宗教学理論における新出土資料――聖俗論と仲介者概念を中心に」（『中国出土資料研究』六、二〇〇二年）六八頁、参照。

(47) 浅野裕一「上天・上帝信仰と砂漠の一神教」（『中国研究集刊』総四〇号、二〇〇六年）二七頁、参照。

第三章　五行説成立以前の四方神と「四神」との関係について

はじめに

古代中国に見られる天地分離神話について、第一章では伝世文献に基づいて、第二章では出土文献である「子弾庫帛書」に基づいて検討してきた。伝世文献では、「地天の通」や天柱などの「中心のシンボル」を絶つことで、天上と地上は物理的に分離されたと考えられていた。「子弾庫帛書」では、「帝」の「九天の則大いに矢《かたむ》くに非ずんば、則ち敢えて天霊を冒すこと毋れ」という言葉によって、天上と地上は心理的あるいは観念的に分離されていた。物理的であれ観念的であれ、春秋戦国時代の中国には、天上と地上との間に断絶があり、至上神と人々とは容易に交流を持つことができないとする認識が存在したことを確認した。

しかし、この至上神と人々との断絶は、第二章「まとめ」で指摘したように、完全なものではなかった。「子弾庫帛書」では、「四神」や「群神」・「五正」などの「神」が、至上神と地上とを繋ぐ媒介として機能していた。これら媒介として機能する「神」のうち「四神」は、第二章で触れたように、五行説との影響関係を看取することができる。

そこで本章では、まず五行説の成立過程について、論じることとする。そのうえで、「四神」と五行説との影響関係について、四方神と五行の神々とを交えて考察していく。

まず、五行は、赤塚忠氏に拠れば「水・火・金・木・土という名で表される、すべての物体・現象を生成させ衰滅させる要因である。すべての物は五行の一またはその複合によって成っており、それぞれ五行による共通性のあるものとして分類される」とされる。(1)つまり、五行説とは、本来無関係なはずの事象を関連づけて考える、分類体系である。それは方位や季節や音階や色などといった本来無関係な区分の系列を、五つの要素に関係づけ分類することで成立している。とりわけ各々の方位と四季との関連は、五行説においては中心的な位置を占めている。(2)

この方位と四季との結びつきは、五行説が形成される前段階あるいは萌芽期にあたると考えられる。それでは、この結びつきは何時どのような仕方によって生じたのだろうか。

第一節　殷代四方風

そもそも五行説の起源については、胡厚宣氏(3)以来、殷代の四方風がその起源の一つと考えられている。胡厚宣氏は、四方とともに、卜辞に中商の語が見えることから、五方の観念があったとし、これが五行説の雛形になったとする。(4)以下が胡厚宣氏が見出した、殷代の四方風を示す甲骨文である。引用文中の（　）は推測される文字を示す。

東方曰析、風曰劦。　東方を析と曰い、風を劦と曰う。

南方曰夾、風曰凱。　南方を夾と曰い、風を凱と曰う。

西方曰𠦪、風曰彝。　西方を𠦪と曰い、風を彝と曰う。

□□□（北方曰）□、風曰隩。　（北方を□と曰い、）風を隩と曰う。(5)

このト辞では、四つの方位とそこから吹く風が記されている。ただし四方位の「析」・「夾」・「𠦝」などが、四方から吹く風を司る神と考えられていたかどうかは分明ではない。この殷代ト辞に見られる四方風について胡厚宣氏は、ほぼ同じものが『山海経』・『尚書』堯典にも見えていることを指摘している。(6)

胡厚宣氏の示唆を受けて赤塚氏は、「『山海経』や『尚書』堯典篇の記述は、殷代の四方風信仰から千年近くも時を経たのちのものであるが、それらは四方風からの継承を示し、これが方位や季節の循環と密着して展開し、かつ五行説中のものとなっていることとさえ示している。(7)」とし、五行説の起源を殷代に求めている。

赤塚氏は四方風が「方位や季節の循環」と結びついて「五行説中のもの」となったとするが、金谷治氏は「時令のそもそもの起源というものを溯って考えてみると、はっきりしないことではあるが、恐らくそこでは五行とは必ずしも結びついてはいなかったであろう。四季の推移と五行の運行との間には、数のうえで合致しにくい不整合があるからである。(8)」とし、「時令思想の源頭に四方風を置くということなら通ずるであろうが、五行説の起源に四方風をおくのは疑問が多いのではなかろうか。」とする。(9)

殷代四方風が直接に五行説の起源となったか否かについては、諸家の間では見解が分かれるが、『山海経』に見える神名と『尚書』堯典の記述が殷代ト辞の四方風の伝承を残しているものであるという見解は、楊樹達氏・陳夢家氏(10)・赤塚忠氏・池田末利氏(11)等多くの研究者の間で一致している。(12)

では、四方と「時令」すなわち四時との関係はどうであろうか。楊樹達氏は、甲骨文に四時の名が見えないことから、四方と四時が互いに配当されるのは、『尚書』堯典に至ってからであるとする。その上で、『礼記』月令・『呂氏春秋』十二紀・『淮南子』時則訓に至ってから、四方に中央を増して五方となったとする。その後に五行五音などと共に、五方は四時に配当されたとする。(13)

さらに、この楊樹達氏の指摘を受けて池田末利氏は「楊氏などがいう如く、卜辞には四時の概念がまだなかったとはいえ、四方が四時に配當された形跡の存することは、方位觀念と季節觀念――更に擴大すれば、古代社會における空間性と時間性との融卽を示唆するものであることを見遁してならぬ。[14]」とする。

四方風と四時を結びつける赤塚氏の所説について、金谷氏は「赤塚氏は東方の析と魯、南方の乖と長、西方の朿と彝などという風名を、農耕を主とする季節の特色によって名づけたものとしてそれぞれの字義を考證しているが、もちろん異説の多い不確定なことで、それを根拠にできる性質のものではなかろう。[15]」とし、さらに「甲骨文では四季の名がそろっていないということも、考慮しておく必要がある。[16]」とする。つまり池田氏所説のように「四方が四時に配当された形跡」が存したとしても、殷代四方風では、四方と四時との結びつきは、確定的な事実としては考えられないとする。筆者もこの金谷氏の説に賛同する。

また本節の冒頭に記した胡厚宣氏の所説のように五方の観念が存在したとしても、五方では四季と結びつき難い。それは金谷治氏が指摘されるように、四と五という数字の上での不一致があるからである。さらに胡厚宣氏と赤塚氏はともに四方風を根拠として、四方と四時とを結びつけている。しかし中央と四方風との結びつきは見いだされていない。つまり、五方の観念と四方風とは結びつかないと思われる。

以上のことから、四方位に中央を加えた五方の観念と、四方風と四季との結びつきの観念は、全く無関係ではないにしても、直接結びつくものではなかったと考えられる。それでは五方観念と、四方と四季の結合した観念は、どの時点で五行説に展開していったのだろうか。

第二節　『山海経』・『尚書』堯典に見える殷代四方風の伝承

胡厚宣氏が指摘した『山海経』に見える殷代卜辞に類似する記述とは、「大荒東経」・「大荒南経」・「大荒西経」の以下の部分である。

大荒之中有山、名曰鞠陵于天東極離瞀、日月所出。名曰折丹。東方曰折、來風曰俊。處東極、以出入風。（大荒の中に山有り、名を鞠陵于天・東極・離瞀と曰い、日月の出づる所なり。名を折丹と曰う。東方を折と曰い、来る風を俊と曰う。東極に処りて、以て風を出入せしむ。）（大荒東経）

有女和月母之國。有人名曰鳧、北方曰鳧、來之風曰狻。是處東極隅以止日月、使無相間出沒、司其短長。[17]（女和月母の国有り。人有り名を鳧と曰い、北方を鳧と曰い、来るの風を狻と曰う。是れ東極の隅に処りて以て日月を止め、相い間《まじ》わりて出没すること無からしめ、其の短長を司る。）（大荒東経）

有神名曰因因乎。南方曰因乎、夸風曰乎民。[18]處南極以出入風。（神有り名を因因乎と曰う。南方を因乎と曰い、夸風を乎民と曰う。南極に処りて以て風を出入せしむ。）（大荒南経）

有人名曰石夷。來風曰韋。處西北隅、以司日月之長短。（人有り名を石夷と曰う。来る風を韋と曰う。西北の隅に処り、以て日月の長短を司る。）（大荒西経）

殷代卜辞と完全に同じものではないが、『山海経』の記述が卜辞の伝承を残したものであることは、前述の通り諸家の間で一致している。

一見して殷代卜辞の「某方を某と曰い、風を某と曰う」という書式が踏襲されていることが分かる。また殷代卜辞においては明確ではなかった神格が、「大荒経」では「人有り名を鳧と曰い」や「神有り名を因因乎と曰う」や「人有り名を石夷と曰う」のように、東方の「折丹」以外は、神人として明記されている。さらに、「東極に処りて、以て風を出入せしむ」や「東極の隅に処りて以て日月を止め、相い間《まじ》わりて出没すること無からしめ、其の短長を司る」や「西北の隅に処り、以て日月の長短を司る」のように、各々の方位に居る神人が司る、風や日月の出入などが記されている。「日月を止め」や「日月の長短を司る」とあり、殷代卜辞に明記されていなかった各方位の神人の職掌が付加されていることから、神人がより重視されていたことが分かる。

しかし上記の『山海経』大荒経の四方風神は、日月の長短や出入を司ってはいても、季節との結びつきはなく、五行説に見られるような木火土金水の要素とも関わりがない。

一方『山海経』と同じく殷代卜辞の伝承を残しているとされる『尚書』堯典には、「析」・「夾」・「[illegible]」のような殷代四方風神の名が、『山海経』のような神人の名としてではなく、民の営みを表す語として記述されている。以下、六つに分段してそれを挙げる。引用文中の（＊）は偽孔伝(19)の付された位置を示し、伝文は後掲する。

乃命羲和、欽若昊天、厤象日月星辰、敬授人時。（乃ち羲和に命じて、欽しみて昊天に若い、日月星辰を厤象し、敬いて人に時を授けしむ。）

分命羲仲、宅嵎夷、曰暘谷。寅賓出日、平秩東作。日中星鳥、以殷仲春。厥民析、鳥獸孳尾（＊1）。（分かちて羲仲に命じて、嵎夷に宅らしめ、暘谷と曰う。寅《つつし》んで出ずる日を賓《みちび》き、東作を平秩せしむ。日は中《ひと》しく星は鳥、以て仲春を殷《ただ》す。厥の民は析《せき》、鳥獣は孳尾す。）

申命羲叔、宅南交、平秩南訛。敬致。日永星火、以正仲夏。厥民因、鳥獸希革（＊2）。（申《かさ》ねて羲叔に命じて、南交に宅り、南訛を平秩せしむ。敬んで致す。日は永く星は火、以て仲夏を正す。厥の民は因《いん》、鳥獣は希革す。）

分命和仲、宅西、曰昧谷。寅餞納日、平秩西成。宵中星虚、以殷仲秋。厥民夷、鳥獸毛毨（＊3）。（分かちて和仲に命じて、西に宅らしめ、昧谷と曰う。寅んで納る日を餞り、西成を平秩せしむ。宵は中しく星は虚、以て仲秋を殷す。厥の民は夷《い》、鳥獣は毛毨《ととの》う。）

申命和叔、宅朔方、曰幽都。平在朔易。日短星昴、以正仲冬。厥民隩、鳥獸氄毛（＊4）。（申ねて和叔に命じて、朔方に宅らしめ、幽都と曰う。朔易を平在せしむ。日は短く星は昴、以て仲冬を正す。厥の民は隩《いく》、鳥獣は氄《じゅう》毛す。）

帝曰、咨汝羲暨和、朞三百有六旬有六日。以閏月定四時成歳。允釐百工、庶績咸熙。（帝曰く、「咨《ああ》汝 羲と和と、朞《き》は三百有六旬有六日。閏月《じゅんげつ》を以て四時を定め歳を成す。允に百工を釐《おさ》め、庶績咸な熙《ひろ》し」と。）

前掲『山海経』大荒東経では「名を折丹と曰う。東方を折と曰う」と記していたが、『尚書』堯典では「厥の民は析」と記述している。[20] 同様に、『山海経』大荒南経の「神有り名を因因乎と曰う。南方を因乎と曰い」は『尚書』では「厥の民は因」、『山海経』大荒西経の「人有り名を石夷と曰う。來る風を韋と曰う」は『尚書』では「厥の民は夷」、また『山海経』大荒東経で「人あり名を鳧と曰い、北方を鳧と曰い」と記していた部分については、『尚書』では「厥の民は隩」と記述している部分が対応すると考えられている。[21]

経文の「析」・「因」・「夷」・「隩」という語について、僞孔伝は以下のように説明している。

＊1「析」：「……春事既起、丁壮就功。……言其民老壮分析。……」（……春の事既に起こり、丁壮は功に就く。……其の民の老と壮と分析するを言う。……）

＊2「因」：「因謂老弱因就在田之丁壮、以助農也。……」（因とは老弱の田に在る丁壮に因り就きて、以て農を助くるを謂うなり。……）

＊3「夷」：「夷平也。老壮在田、與夏平也。……」（夷は平なり。老壮 田に在ること、夏と平《ひと》しきなり。……）

＊4「隩」:「隩室也。民改歳入此室處、以辟風寒。……」（隩は室なり。民改歳には此の室に入りて処り、以て風の寒きを辟く。……）

偽孔伝では、「析」については「丁壮は功に就く。……其の民の老と壮と分析するを言う」、「因」については「老壮田に在ること、夏と冬とは老弱の田に在る丁壮に因り就きて、以て農を助くるを謂うなり」、「夷」については「因」については「平《ひと》しきなり」とあり、老人と若者が分かれて若者が農耕に行くことや、老人と少年が若者と一緒に農耕をすることと説明している。つまり、『山海経』の四方風神の名がそれぞれ「析《わか》れ」・「因《よ》る」・「夷《ひと》しく」・「隩《いく》し」などと人々の生活を描写する語として使われているのである。

「堯典」にはさらに「義仲に命じて、嵎夷に宅らしめ、暘谷と曰う」・「義叔に命じて、南交に宅らしめ」・「和仲に命じて、西に宅らしめ、昧谷と曰う」・「和叔に命じて、朔方に宅らしめ、幽都と曰う」とあり、『山海経』で四方風神が占めていた位置を、羲和の四子が担う形になっている。しかし、「寅《つつし》んで出ずる日を賓《みちび》き」や「寅んで納る日を餞り」とあり太陽の出没に関わってはいるが、風のことは書かれておらず、羲和の四子は風を司ってはいないと考えられる。のみならず羲和の四子は、帝堯に「命じ」られていることから、帝堯に仕えて東南西北のそれぞれを管理・監督する官吏であると考えられているようである。

前述のように『尚書』堯典は殷代卜辞の伝承を伝えるものであると考えられ、金谷氏は「堯典篇の全体の成立は恐らく『孟子』よりも後であろうと思うが、この部分は七月の詩と同様の古い伝承をふまえているとしてよいであろう(22)」とする。しかし『尚書』堯典のこの部分は、もともとの殷代卜辞に見られた伝承が大きく変化している。その上、その変化の度合は、先に挙げた『山海経』大荒経の四方風神の部分よりも大きい。

殷代卜辞を再度挙げると、

東方曰析、風曰𦓐。

南方曰夾、風曰岂。

西方曰𣎵、風曰彝。
□□□（北方曰）□、風曰㲋。

とあり、「某方曰某、風曰某。」という書式で書かれている。『山海経』はこの書式をほぼ踏襲しているが、各文の冒頭に神人について記述した一句が付加されている。

名曰折丹。東方曰折、來風曰俊。（大荒東経）
有人名曰鳧、北方曰鳧、來之風曰狻。（大荒東経）
有神名曰因因乎。南方曰因乎、夸風曰乎民。（大荒南経）
有人名曰石夷。來風曰韋。（大荒西経）

「大荒西経」には方位が欠落しているが、「大荒東経」と「大荒南経」は「有神（人）名曰某、某方曰某、來（之）風曰某」というほぼ共通する書式で書かれている。これらに対して、『尚書』堯典には、

分命羲仲、宅嵎夷、曰暘谷。寅賓出日、平秩東作。日中星鳥、以殷仲春。厥民析、鳥獸孳尾。

申命羲叔、宅南交、平秩南訛。敬致。日永星火、以正仲夏。厥民因、鳥獸希革。

分命和仲、宅西、曰昧谷。寅餞納日、平秩西成。宵中星虛、以殷仲秋。厥民夷、鳥獸毛毨。

申命和叔、宅朔方、曰幽都。平在朔易。日短星昴、以正仲冬。厥民隩、鳥獸氄毛。


とある。殷代卜辞と『山海経』に書かれていた「風」の項目は欠落しており、方位の項目は「厥民某」となっており、方位の名前としては書かれていない。さら書式について見れば、殷代卜辞の「某方曰某、風曰某」や『山海経』の「有

神（人）名曰某、某方曰某、來（之）風曰某」とは、大きく変化している。この点から見て、『山海経』よりも『尚書』堯典のほうが記録された年代が下ると考えてよいのではないだろうか。前掲『山海経』の四方風神に関する部分のほうが、より古い伝承を留めていると考えられるのである[23]。

『尚書』堯典では仲春・仲夏・仲秋・仲冬の各季節が、東南西北の方位に配置されている。例えば東については、「羲仲に命じて、嵎夷に宅らしめ、暘谷と曰う。……東作を平秩せしむ。日は中《ひと》しく星は鳥、以て仲春を殷す」とある。南・西・北についても同様である。さらに帝の言葉として「閏月を以て四時を定め歳を成す」とある。それ故『尚書』堯典からは、『山海経』と異なり、方位と季節との結びつきを読み取ることができる。

とはいうものの、『呂氏春秋』十二紀や『礼記』月令のような秩序立った五行説との間には、なお大きな隔たりがある。その隔たりとは、中央の存在の有無及び完備した時令思想の有無である。時令とは金谷氏によれば「自然界の季節の推移に応じて人として当然守るべき事業があると考え、それを政令として定めたもの[24]」とされる。その意味では『尚書』堯典にも「厥の民は析、鳥獣は孳尾す」・「厥の民は因、鳥獣は希革す」・「厥の民は夷、鳥獣は毛毨う」・「厥の民は隩、鳥獣は氄毛す」とあることから、時令思想の萌芽がないわけではない。しかし、『呂氏春秋』十二紀のような高度に儀礼化されたものではない。それ故、『尚書』堯典の上記の部分は、五行説に直接結びつくものではないと考えられる。

以上をまとめれば、『山海経』から『尚書』に至るまでの間に、四方と四季が結びつけられていったのであり、時令思想と結合したのはその後であろうと推測される。

上述の『尚書』堯典の記述で注目されるのは、四方風神の名が、農業を基盤とした人々の営為を表す語として読まれていることである。この農業にかかわる観念は何に由来するものなのか。筆者はその由来が『毛詩』に見える「方社」の祭に求められるのではないかと思う。次節では、『毛詩』について検討する。

第三節　『毛詩』に見える「方社」

『毛詩』には「方」あるいは「方社」という語が見える。以下にその一つ「小雅・甫田」の第二章を挙げる。なお引用文中の（＊）は毛伝・鄭箋の付された位置を示す。

以我齊明　　我が斉明と
與我犧羊　　我が犧羊とを以て
以社以方（＊）　以て社し以て方す
我田既臧　　我が田既に臧《よ》く
農夫之慶　　農夫の慶なり
琴瑟擊鼓　　琴瑟し鼓を撃ち
以御田祖　　以て田祖を御《むか》え
以祈甘雨　　以て甘雨を祈り
以介我稷黍　以て我が稷黍を介け
以穀我子女　以て我が子女を穀《やしな》わん

［毛伝］……社后土也。方迎四方氣於郊也。（……社は后土なり。方は四方の気を郊に迎えるなり。）
［鄭箋］以絜齊豐盛與我純色之羊、秋祭社與四方、爲五穀成熟、報其功也。（絜斉豊盛と我が純色の羊とを以て、秋に社

と四方とを祭り、五穀成熟する為に、其の功に報いるなり。)

この「甫田」について、毛伝は「甫田は幽王を刺るなり。君子　今を傷みて古を思う[25]」とするが、『詩集伝』には「此の詩　公卿の田禄有る者、農事に力め、以て方社田祖の祭を奉ずるを述ぶ[26]」と言う。家井眞氏は「この詩の詩意は、朱熹が略正しいが、「公卿有田祿者」と言うは餘計で、單に收穫を土地神・四方神・田の神等に感謝する詩と解すべきであろう[27]」とする。『詩集伝』や家井氏の所説のように、鄭箋では「五穀成熟する為に、其の功に報いるなり」とあり、「方社」の祭の意味を収穫に対する感謝であるとしている。

それでは、感謝する対象とは何か。「甫田」の本文「以て社し以て方す」について、毛伝では「社は后土なり。方は四方の気を郊に迎えるなり」とし、鄭箋では「秋に社と四方とを祭り」と敷衍している。つまり、毛伝と鄭箋のいづれもが豊作に報いる対象として、「社」と「四方」とを想定するのである。

「方」の祭りとは、毛伝では「四方の気を郊に迎える」こととされ、鄭箋では「秋に社と四方とを祭り」とあり、「方」とは四方を祭ることであるとする。それでは、毛伝の「四方の気を郊に迎える」ことの意味とは何であったのだろうか。その手掛かりとなる記述が『呂氏春秋』にある。『呂氏春秋』では、以下のように、各々の季節の始めに天子が郊外でその季節を迎えている。引用文中の［　］は高誘注を示す。

立春之日天子親率三公九卿諸侯大夫、以迎春於東郊。［……迎春木氣於東方八里之郊。］(立春の日には天子親ら三公・九卿・諸侯・大夫を率いて、以て春を東郊に迎う。［……春の木気を東方八里の郊に迎う。］)(孟春紀)

立夏之日天子親率三公九卿大夫、以迎夏於南郊。(立夏の日には天子親ら三公・九卿・大夫を率いて、以て夏を南郊に迎う。)(孟夏紀)

立秋之日天子親率三公九卿諸侯大夫、以迎秋於西郊。(立秋の日には天子親ら三公・九卿・諸侯・大夫を率いて、以て

秋を西郊に迎う。）（孟秋紀）

立冬之日天子親率三公九卿大夫、以迎冬於北郊。（立冬の日には天子親ら三公・九卿・大夫を率いて、以て冬を北郊に迎う。）（孟冬紀）

「春を東郊に迎う」・「夏を南郊に迎う」・「秋を西郊に迎う」・「冬を北郊に迎う」とあり、天子が郊外でその季節を迎えている。その際に迎えられる気は、高誘注に「春の木気を東方八里の郊に迎う」とあるように、特定の季節の気のみである。これに対し「小雅・甫田」においては毛伝に拠る限り、秋の「方」において、特定の季節の気ではなく、「四方の気」が迎えられているのである。

また、同じく『毛詩』大雅・雲漢にも「方社」の語が見える。引用文中の（＊）は鄭箋の付された位置を示す。

旱既太甚　　旱既に太甚《はなはだ》し
黽勉畏去　　黽勉して畏を去る
胡寧瘨我以旱　　胡ぞ寧《もっ》て我を瘨《や》ましむるに旱を以てす
憯不知其故　　憯《かつ》て其の故を知らず
祈年孔夙　　年《みのり》を祈ること孔《はなは》だ夙く
方社不莫　　方社も莫《おそ》からず
昊天上帝　　昊天上帝
則不我虞　　則ち我を虞《はか》らず
敬恭明神　　明神を敬恭す
宜無悔怒（＊）　　宜しく悔怒無かるべし

〔鄭箋〕……我祈豊年甚早、祭四方與社又不晩。（……我れ豊年を祈ること甚だ早く、四方と社とを祭ることも又た晩からず。）

「雲漢」の本文「方社も莫からず」について、鄭箋は「四方と社とを祭ることも又た晩からず」と記し、本文の「方社」が鄭箋では「四方と社」と敷衍されている。つまり、「甫田」でも「雲漢」でも「方」と「社」は、いずれも四つの方位と社を祭ることであるとされている。なお、「雲漢」については、第五章でより詳細に検討する。

「方社」の祭りの意味について、「甫田」の鄭箋では、「五穀成熟」したためにその功績に報いるのだとされ、収穫に対する感謝であると考えられた。「雲漢」の本文には「年《みのり》を祈ること孔《はなは》だ夙く　方社も莫《おそ》からず」とあり、豊作を祈ることと「方社」の祭りは同様の意味を持つものとして考えられていたと読み取れる。つまり、「甫田」における「方社」は、前掲の家井氏の所説のように、農耕による収穫を感謝する収穫祭としての性格を持っており、一方「雲漢」における「方社」は、豊作を祈願する予祝儀礼としての性格を持っていたと考えられるのである。すなわち、「甫田」と「雲漢」の「方社」の例からは、四方位と農耕との密接な結びつきを読み取ることができる。

功に報いる祭りとしての「方」は、上に挙げた『毛詩』の二例のほかに、『周礼』夏官・大司馬や『呂氏春秋』季秋紀にも見える。以下に『周礼』夏官・大司馬を挙げる。引用文中の〔 〕は鄭注を示す。

中秋、教兵如振旅之陳。……遂以獮田如蒐田之灋、羅弊致禽、以祀祊。〔……祊當爲方。聲之誤也。秋田主祭四方、報成萬物。〕（中秋には、兵を教えること振旅の陳の如くす。……遂に以て獮田すること蒐田の法の如くし、羅弊し禽を致し、以て祊を祀る。〔……祊は当に方と為すべし。声の誤るなり。秋には田主　四方を祭り、万物を成すに報う。〕）

鄭注に「祊は当に方と為すべし。声の誤るなり。秋には田主　四方を祭」るとある。ここの「祊」は「方」であり、四方が万物を育成したことに対して報いる祭であると考えられるのである。(28)

さらに「甫田」に付された毛伝には「方は四方の気を郊に迎えるなり」とあった。ここより、各方位と農耕を媒介するものとして「四方の気」が考えられていたであろうことを読み取ることができる。前述したように『呂氏春秋』によれば、四方の気は各々の季節の始めに郊外で迎えられる。また以下に述べる「儺」のように、季節の終わりにその季節の気を送る儀礼も行われており、各々の季節の循環を「気」という概念で表現していたと考えられる。

それでは「気」の概念は具体的にどのような体験から生まれたものなのだろうか。「気」について赤塚氏は『管子』四時篇[29]を挙げ、「風を標準にして季節の循環を考え、そこから気という概念も生じて来たことを如実に示している。[30]」とする。

赤塚氏が指摘するように、気の概念が風から発生してきたとすると、風に対してはどのような儀礼が行われていたのだろうか。

まず『爾雅』釈天では、風を祭ることを「磔」としている。

祭風曰磔。（風を祭るを磔と曰う。）

「磔」の習俗は、風の持つ負の側面を禦ぐ儀礼でもあると考えられる。この「磔」については『呂氏春秋』季春紀・季冬紀の条に次のようにある。

國人儺九門、磔攘以畢春氣。（国人　九門に儺し、磔攘し以て春気を畢《つく》す。）（季春紀[31]）

命有司大儺、旁磔出土牛、以送寒氣。（有司に命じて大儺し、旁く磔し土牛を出し、以て寒気を送る。）（季冬紀[32]）

それぞれ季春・季冬に「儺」の儀礼を行い、その儀礼の中で「磔」して各々の季節の気を「畢《つく》す」あるいは「送る」とある。このことから、「磔」は「儺」の儀礼の一部として行われていることが分かる。「儺」の儀礼についてはこの季春・季冬の二条の他に、『呂氏春秋』仲秋紀の条りにも見える。

天子乃儺、禦佐疫、以通秋氣。（天子乃ち儺し、佐疫を禦ぎ、以て秋気を通ぜしむ。）（仲秋紀[33]）

仲秋に「儺」の儀礼を行い、疫病を防ぎ、秋気を通じさせるとされる。以上より、「儺[34]」の儀礼は、夏以外の季節に行われ、「春気を畢《つく》す」・「寒気を送る」・「秋気を通ぜしむ」などとあるところから、その対象はそれぞれの季節の気であると言うことができる。「佐疫を禦」ぐとされる「儺」の儀礼からは、各々の季節の「気」が持つ負の側面を排除し、その災厄から城市を守禦しようとしたことを読み取ることができる。

『爾雅』釈天によれば「磔」の対象は風であった。『呂氏春秋』季春紀・季冬紀によれば、「磔」は「儺」の儀礼の一部として行われ、その対象は各々の季節の気である。また先に挙げた『毛詩』甫田の毛伝によれば、「方」は「四方の気を郊に迎える」こととされており、気は「方」の祭祀の対象あるいは各方位と農耕を媒介するものとなっていた。以上のことから『毛詩』に見える「方」は、四方から到来する気あるいは風を祭る祭祀ではなかったか。つまり、「方」の対象の「四方の気」とは、各々の季節に吹く風ではないかと考えられるのである。

さて、先に挙げた『毛詩』甫田の鄭注に「秋に社と四方とを祭り、五穀成熟する為に、其の功に報いるなり」とあったように、「方」の祭祀は、四方風が持つ正の側面に対して感謝する収穫祭のような意味合いを持っていた。しかし「儺」の儀礼においては、各々の季節の風が持つ負の側面を祓い排除しようとする意図を読み取ることができた。こうした風の持つ二面性について、金谷氏は、「殷代四方風をそのまま四季風と見なすことにも疑問がないわけではない[35]」とし、以下のように言う。

> 甲骨文にあらわれる風は、四方風が「年《みのり》を求《ねが》う」ために禘《まつ》られる（小屯丙編挿圖七）ほか、「風を方に寧《しず》む、雨ありや」（京大人文　一九六七）のように確かに農耕と関係しているが、また「王其れ田《かり》せんに、大風に遘《あ》わざるか」（殷契佚存七三）のように狩猟の天候とかかわるものもあり、「丙午卜して亘貞《と》う、今日、風は禍せんか」（殷虚後編上三一・一四）あるいは「風は禍を爲さず」（鐵雲藏亀一八八、二）と、一般的な禍害を卜するものもある。この

風の禍害は、『史記』封禅書に「狗を邑の四門に磔して、以て蠱菑を禦ぐ(36)」とあるのや『爾雅』釋天に「風を祭るを磔と曰う」とあるのとを考えあわせることを許されるなら、風と共にやってくるとされた邪気の害――『春秋左氏伝(37)』などに見られる疾病や災害をひき起こすような一般的な禍害――をも意味していたと見られる。四方風を農耕の面だけで考えるのにも、問題は残るであろう(38)。

しかし少なくとも『毛詩』の「方社」の例からは、方位と季節との密接な結びつきが確認できた。そこで前述のように「方社」に収穫祭としての側面があり、農耕を基盤とした村落共同体において行われる季節祭的な意味合いを帯びていたとするのならば、『呂氏春秋』十二紀や『礼記』月令のように高度に組織化・儀礼化されてはいないが、農耕を基盤とした比較的素朴な時令思想の萌芽を認めることはできるのではないだろうか。

ところで、胡厚宣氏は「武丁時の四方風が、必ず八風の起源であろうことは疑いない。（武丁時之四方風、必其（八風）濫觴無疑也。）」（原文簡体字(39)）として、四方風から八風へ発展していったと考えている。四方風から八風に発展していったと仮定すると、八風の段階では方位と季節及び、時令思想との結びつきはどうであったのだろうか。

まず比較的整理されて八風が記されていると思われる『淮南子』天文訓を見てみることにしたい。引用文中の〔　〕内は高誘注を示す。

何謂八風。距日冬至四十五日、條風至。〔艮卦之風、一名融。爲笙也。〕條風至四十五日、明庶風至。〔震卦之風也。爲管也。〕明庶風至四十五日、清明風至。〔巽卦之風也。爲柷也。〕清明風至四十五日、景風至。〔離卦之風也。爲弦也。〕景風至四十五日、涼風至。〔坤卦之風也。爲塤也。〕涼風至四十五日、閶闔風至。〔兌卦之風也。爲鐘也。〕閶闔風至四十五日、不周風至。〔乾卦之風也。爲磬也。〕不周風至四十五日、廣莫風至。〔坎卦之風也。爲鼓也。〕條風至、則出輕繫、去稽留。〔立春、故出輕繫。〕明庶風至、則正封疆、脩田疇。〔春分播穀。故正疆界、治田疇也。〕清明風至、則出幣帛、

使諸侯。〔立夏長養、布恩惠。故幣帛聘問諸侯也。〕景風至、爵有位、賞有功。〔夏至陰氣在下、陽盛於上、象陽布施。故嘗有功、封建侯也。〕涼風至、則報地德、祀四郊。〔立秋節農、乃登穀嘗祭。故報地德、祀四方神也。〕閶闔風至、則收懸垂、琴瑟不張。〔秋分殺氣、國君憯愴。故去鐘磬縣垂之樂也。〕不周風至、則脩宮室、繕邊城。〔立冬節士、工其始。故治宮室、繕修邊城、備寇難也。〕廣莫風至、則閉關梁、決刑罰。（何をか八風と謂う。日の冬至を距つること四十五日して、条風至る。〔艮卦の風、一に融と名づく。笙を為すなり。〕条風至りて四十五日、明庶風至る。〔震卦の風なり。管を為すなり。〕明庶風至りて四十五日、清明風至る。〔巽卦の風なり。柷を為すなり。〕清明風至りて四十五日、景風至る。〔離卦の風なり。弦を為すなり。〕景風至りて四十五日、涼風至る。〔坤卦の風なり。塤を為すなり。〕涼風至りて四十五日、閶闔風至る。〔兌卦の風なり。鐘を為すなり。〕閶闔風至りて四十五日、不周風至る。〔乾卦の風なり。磬を為すなり。〕不周風至りて四十五日、広莫風至る。〔坎卦の風なり。鼓を為すなり。〕条風至れば、則ち軽繫を出し、稽留を去る。〔立春、故に軽繫を出す。〕明庶風至れば、則ち封疆を正し、田疇を修む。〔春分には穀を播く。故に疆界を正し、田疇を治むるなり。〕清明風至れば、則ち幣帛を出し、諸侯に使いす。〔立夏には長養し、恩恵を布く。故に幣帛もて諸侯を聘問するなり。〕景風至れば、則ち位有るを爵し、功有るを賞す。〔夏至には陰気は下に在り、陽は上に盛り、陽に象《したが》いて布施す。故に功有るを賞し、侯に封建するなり。〕涼風至れば、則ち地徳に報い、四郊を祀る。〔立秋には農を節し、乃ち穀を登せて嘗祭す。故に地徳に報いて、四方神を祀るなり。〕閶闔風至れば、則ち懸垂を収め、琴瑟張らず。〔秋分は殺気、国君憯愴す。故に鐘磬縣垂の楽を去るなり。〕不周風至れば、則ち宮室を修め、辺城を繕う。〔立冬には士を節し、工其れ始む。故に宮室を治め、辺城を繕修し、寇難に備えるなり。〕広莫風至れば、則ち関梁を閉じ、刑罰を決す。）

冬至を起点として四十五日ごとに吹いてくる風を、それぞれ条風・明庶風・清明風・景風・涼風・閶闔風・不周風・広莫風と言い、八つの風で一巡するサイクルで一年を分割している。この八風は、各々の節気を表示する基準であると考えられていたのである。また「条風至れば、則ち軽繋を出し、稽留を去る」や「明庶風至れば、則ち封疆を正し、田疇を修む」などとあるように、各々の八風で分割された節気について行うべき時令が設定されている。『淮南子』天文訓のこの八風に関する部分は、ほぼ同じ文が『太平御覧』巻九天部所引『易緯通卦験』にも見えている。(40)

さらに『淮南子』墬形訓には、八風が吹いてくる八つの方向が記されている。引用文中の〔　〕内は高誘注を示す。

何謂八風。東北曰炎風。〔艮氣所生、一曰融風也。〕東方曰條風。〔震氣所生也。一曰明庶風。〕東南曰景風。〔巽氣所生也。一曰清明風。〕南方曰巨風。〔離氣所生也。一曰愷風。〕西南曰涼風。〔坤氣所生也。〕西方曰飂風。〔兌氣所生也。〕西北曰麗風。〔乾氣所生也。一曰閶闔風。〕北方曰寒風。〔坎氣所生也。一曰廣莫風。〕（何をか八風と謂う。東北は炎風と曰う。〔艮気の生ずる所、一に融風と曰うなり。〕東方は条風と曰う。〔震気の生ずる所なり。一に明庶風と曰う。〕東南は景風と曰う。〔巽気の生ずる所なり。一に清明風と曰う。〕南方は巨風と曰う。〔離気の生ずる所なり。一に愷風と曰う。〕西南は涼風と曰う。〔坤気の生ずる所なり。〕西方は飂風と曰う。〔兌気の生ずる所なり。〕西北は麗風と曰う。〔乾気の生ずる所なり。一に閶闔風と曰う。〕北方は寒風と曰う。〔坎気の生ずる所なり。一に広莫風と曰う。〕）

ここでは八風の名前を、炎風・条風・景風・巨風・涼風・飂風・麗風・寒風とする。「天文訓」の八風とは、五ヶ所において名称を異にしている。以下に対照表を示す。（　）内は高誘注に見えるものである。

	東北（艮）	東（震）	東南（巽）	南（離）	西南（坤）	西（兌）	西北（乾）	北（坎）
墬形訓	炎風（融風）	条風（明庶風）	景風（清明風）	巨風（愷風）	涼風	飂風	麗風（閶闔風）	寒風（広莫風）
天文訓	条風（融風）	明庶風	清明風	景風	涼風	閶闔風	不周風	広莫風

南風が「天文訓」では「景風」とされ、「墬形訓」では「巨風」とされている点、西風が「天文訓」では「閶闔風」とされるが、「墬形訓」の高誘注では「閶闔風」は西北とされる点、「墬形訓」の西風は「飂風」とされている点が異なる。しかし、「融風」・「明庶風」・「清明風」・「涼風」・「広莫風」の六つの風については、高誘注を参照する限りでは一致している。

「天文訓」では各々の季節に行うべき時令が設定されており、一方、「墬形訓」では方位が特定されている。つまり『淮南子』の八風の段階では、方位と季節と時令とが結びつけられているのである。また、政治と八風との関わりを示す記載は『易緯通卦験』に「王当に八風に順いて、八政を行い、八卦に当つべきなり。（王當順八風、行八政、當八卦也。）」とある。四方風から八風に発展していったと仮定した場合、八風の段階では既に方位と季節との配当関係は確定しており、時令思想までもが結合していたことが分かる。

さて「四方の気」と関わる「方社」について、先に挙げた『毛詩』においては「方社」に季節祭的な意味合いが認められた。では『淮南子』ではどうか。『淮南子』天文訓に「涼風至れば、則ち地徳に報い、四郊を祀る」とある。その高誘注に「立秋には農を節し、乃ち穀を登せて嘗祭す。故に地徳に報いて、四方神を祀るなり」という。すなわち高誘注は地徳に報いる祭祀として「嘗祭」を挙げている。これは『毛詩』の「方社」と同じ性格のものなのだろうか。『毛詩』「魯頌・閟宮」・「小雅・楚茨」・「小雅・天保」等にはこの嘗祭に関わる記述が見える。ここでは、『毛詩』「魯頌・閟宮」の当該部分を挙げる。(41)

周公皇祖　亦其福女　　周公皇祖も　亦た其れ女《なんじ》に福す

秋而載嘗　夏而楅衡　　秋にして載ち嘗し　夏にして楅衡す

「秋にして載ち嘗し」とあり、秋に嘗祭を行うことが確認できる。また同じく『毛詩』の「周頌・豊年」の毛伝「豊

年は秋冬の報なり。（豊年秋冬報也。）」に付された鄭箋に、

報者謂嘗也烝也。（報は謂えらく嘗なり烝なり。）

とあり、報いるための祭祀は嘗と烝との二祭であることが説かれている。これは四季折々の祭祀のうちの、秋と冬に行われる二種の祭祀である。『周礼』春官「大宗伯」に以下のようにある。

以祠春享先王、以禴夏享先王、以嘗秋享先王、以烝冬享先王。（祠を以て春には先王に享《すす》め、禴《やく》を以て夏には先王に享め、嘗を以て秋には先王に享め、烝を以て冬には先王に享む。）

四季折々に祠・禴・嘗・烝の祭祀を行うとされている。四季折々の祭祀のことは、以下に挙げる『礼記』祭統にも記されている。引用文中の（＊）は鄭玄注の付された位置を示す。

凡祭有四時。春祭曰礿、夏祭曰禘、秋祭曰嘗、冬祭曰烝（＊）。（凡そ祭には四時有り。春祭は礿と曰い、夏祭は禘と曰い、秋祭は嘗と曰い、冬祭は烝と曰う。）

春祭と夏祭が、『周礼』では「祠」と「禴」、『礼記』では「礿」と「禘」に変わっている。鄭玄は「夏殷の時の礼を謂うなり。（謂夏殷時禮也。）」と、「祭統」の記述は周代の儀礼である『周礼』と異なり、夏殷のことを言うとしている。また、四季折々の祭祀は庶人も行ったことが『礼記』王制に見える。

庶人春薦韭、夏薦麥、秋薦黍、冬薦稻。（庶人は春には韭を薦め、夏には麦を薦め、秋には黍を薦め、冬には稲を薦む。）

四季折々にその季節の収穫物を薦めていることが確認できる。天子が四季折々に行う祀・禴・嘗・烝の祭祀と同じの意味合いの祭りを、庶人も行っていたことが分かる。

秋祭の嘗は、天子のみではなく、庶人も関与して行われていたようである。『呂氏春秋』孟秋紀に以下のようにある。

是月也、農乃升穀、天子嘗新、先薦寝廟。（是の月や、農は乃ち穀を升し、天子は新を嘗め、先に寝廟に薦む。）

嘗祭の場に農民が参加したかどうかは分明ではないが、農民の献じた新穀を天子が「寝廟に薦」めていることから、一連の嘗祭の儀礼に農民も関与していたと考えられる。

以上のことから嘗とは、農耕による収穫に対して四方や地や祖先に報いるため、収穫物を捧げて祭ることであると考えられる。それは天子のみが行う宮廷の儀礼としてだけではなく、農耕を主とする村落共同体においても行われる収穫後の秋祭としての側面を持っているのである。

そこで『毛詩』に戻り、先に挙げた「小雅・甫田」の二章に続く三章を見てみる。引用文中の（＊）は鄭箋の付された位置を示す。

曾孫來止　　曾孫来る
以其婦子　　其の婦子と以《とも》にす
饁彼南畝　　彼の南畝に饁《おく》る
田畯至喜　　田畯至れば喜《しょく》し
攘其左右　　其の左右を攘し
嘗其旨否（＊）　　其の旨否を嘗む
禾易長畝　　禾易《おさ》まり畝を長《お》う
終善且有　　終に善く且つ有《おお》し
曾孫不怒　　曾孫怒らず
農夫克敏　　農夫克《よ》く敏なり

［鄭箋］……成王親爲嘗其饋之美否。（……成王親ら為に其の饋の美否を嘗む。）

先に挙げた「甫田」の二章とこの三章からは、農耕を主とする村落共同体において、秋の季節祭として収穫祭を催し、収穫した穀物を四方と地と祖先とに捧げて感謝する祭祀の場を読み取れるのではないかと思う。「其の旨否を嘗む」についてははっきりと嘗祭であるかどうかは分からないが、鄭箋に「成王親ら為に其の饋の美否を嘗む」とある。少なくとも鄭玄の認識では、成王自らが出来た作物を食べてその善し悪しを判断するということであり、関連はあると考えられる。

以上のことから、先に挙げた『毛詩』の「方社」の祭祀には四方風と農耕との結びつきを見て取ることができ、さらに嘗祭との関連から周期的に行われる農耕儀礼としての収穫祭の性格もより明確に読み取ることができる。

第四節　祭祀を受ける対象

『毛詩』に見える「方社」の祭は、四方と社とに感謝を捧げる収穫祭としての側面をもっており、それ故に四方風は農耕と密接に関わっていたと言うことができる。

「方社」の語について、「甫田」と「雲漢」のいずれもが、「方」と「社」を併せて祭ることに注目したい。「方」の祭祀対象とは、前節で検討したように、四方の気あるいは四方風である。この四方風が殷代卜辞の四方風神と同一のものかどうかは断言できないが、『尚書』堯典や『山海経』に殷代卜辞の伝承が残されていることから考えると、殷代卜辞の四方風神かそれに近いものである可能性もあるのではないだろうか。

一方「社」とは、「小雅・甫田」の毛伝によれば「后土」であるとされていた。「后土」とは五官神の一柱とされる。このことは『左伝』昭公二十九年の条に見え、魏献子の問いに対する蔡墨の答えの中で言及される。

（蔡墨）曰、……故有五行之官、是謂五官。實列受氏姓、封爲上公。祀爲貴神、社稷五祀是尊是奉。木正曰句芒、火正曰祝融、金正曰蓐收、水正曰玄冥、土正曰后土。……（蔡墨）曰く、「……故《むかし》五行の官有り、是れを五官と謂う。実に氏姓を列受し、封じて上公と為す。祀りて貴神と為し、社稷の五祀是れ尊び是れ奉ず。木正を句芒と曰い、火正を祝融と曰い、金正を蓐收と曰い、水正を玄冥と曰い、土正を后土と曰う。……」と。）

（魏）獻子曰、社稷五祀、誰氏之五官也。（魏）献子曰く、「社稷の五祀は、誰氏の五官なるや」と。）

（蔡墨）對曰、少皞氏有四叔、曰重、曰該、曰脩、曰熙。實能金木及水。使重爲句芒木正、該爲蓐收金正、脩及熙爲玄冥。世不失職、遂濟窮桑。此其三祀也。顓頊氏有子曰犂、爲祝融。共工氏有子曰句龍、爲后土。此其二祀也。后土爲社、稷田正也。有烈山氏之子曰柱、爲稷。自夏以上祀之、周棄亦爲稷、自商以來祀之。（蔡墨）対えて曰く、「少皞氏に四叔有りて、重と曰い、該と曰い、脩と曰い、熙と曰う。実に金・木及び水を能くす。重をして句芒木正為らしめ、該をして蓐收金正為らしめ、脩及び熙をして玄冥為らしむ。世職を失わず、遂に窮桑に済る。此れ其の三祀なり。顓頊氏に子有りて犂と曰い、祝融と為る。共工氏に子有りて句龍と曰い、后土と為る。此れ其の二祀なり。后土は社と為る。稷とは田の正なり。烈山氏の子有りて柱と曰い、稷と為る。夏自り以上之を祀る。周棄も亦た稷と為り、商自り以来之を祀る」と。）（『春秋左氏伝』昭公二十九年）

「共工氏に子有り句龍と曰い、后土と為る」とあり、「后土」は共工の子の句龍であるとされる。「夏自り以上之を祀る」とあるが、この伝承が夏以来の伝承をそのまま伝えているとは考えがたい。しかし、この蔡墨の語る伝承と、同じ伝承に根ざしていると考えられる記述が『国語』魯語上に見える。

（展禽曰）……昔、烈山氏之有天下也、其子曰柱、能殖百穀百蔬。夏之興也、周棄繼之、故祀以爲稷。共工氏之伯九有也、其子曰后土、能平九土。故祀以爲社。……凡禘郊祖宗報、此五者、國之典祀也。加之以社稷山川之神。

……（展禽曰く）「……昔、烈山氏の天下を有つや、其の子は柱と曰い、能く百穀・百蔬を殖う。夏の興るや、周棄　之を継ぐ、故に祀りて以て稷と為す。共工氏の九有に伯たるや、其の子は后土と曰い、能く九土を平らぐ。故に祀りて以て社と為す。……凡そ禘・郊・祖・宗・報、此の五者は、国の典祀なり。之に加うるに社稷山川の神を以てす。……」と。）（『国語』魯語上）

「共工氏の九有に伯たるや、其の子は后土と曰い、能く九土を平らぐ。故に祀りて以て社と為す」とあり、共工の子が「后土」であり「社」神となったとある。こちらの『国語』の記述には「句龍」という名は出てこないが、共工の子が「后土」であるという点は、『左伝』と一致している。

さらに、『左伝』では「后土は社と為る」とし、『国語』でも「其の子は后土と曰い、能く九土を平らぐ。故に祀りて以て社と為す」として、「后土」を「社」としている。加えて『左伝』と『国語』のいずれもが、この「社」の神に「稷」の神を連ねて記述している。つまり「后土」と「稷」とは、密接な関係をもっていたことが窺われるのである。また、「稷」は『国語』に「能く百穀・百蔬を殖う」とあるように、農耕の始祖とも思われる。この稷と一組にされていることは、「社」と農耕との関係を示唆するものと言えるのではないだろうか。

「社」の起源について、池田末利氏は「土地神（earth God）がその実体であるが、更に遡源的に考えると、この土地神は祖神崇拝に始源する」[42]とし、「思うに、句龍伝説の生ずる所以は、その原始的形態において祖神的性格を有する社が具象化されて、治水に功ある句龍が部族神として、これに充当されるに到ったのではないか」とする。[43]

「社」が「后土」・「句龍」であるかどうかは措くとしても、『毛詩』甫田の鄭箋に「秋に社と四方とを祭り、五穀成熟する為に、其の功に報いるなり」とあること、『淮南子』天文訓に「涼風至れば、則ち地徳に報い、四郊を祀る」と言い高誘注に「立秋には農を節し、乃ち穀を登せて嘗祭す。故に地徳に報いて、四方神を祀るなり」とあることから考えると、「社」祭の対象となる社神は、農耕による収穫をもたらす土地神であると言うことができる。

前節で検討した「方社」の祭では、四方と季節とは風を媒介として結びつけられていた。また、『呂氏春秋』ほど完備していなかったのであろうが、「方社」の祭が周期的に行われる農耕儀礼としての側面を持つことから、素朴な時令思想の萌芽も認められる。

さらに「方社」の祭では、本節で示したように、四方位と土地神が祭祀を受ける対象となっている。未だ木火土金水の要素は見られないにしても、五行説の基本的な枠組みは認められるのではないだろうか。そしてこの枠組みが、四方から五行説へと発展していく際の、一つの契機になったと考えられるのである。

第五節　『山海経』に見える三組の四方神と「子弾庫帛書」の「四神」

前節まで殷代四方風に起源を持つとされた五行説が、方位と季節の結びつきを基礎として、どのように形成されてきたのかを考察してきた。殷代四方風の伝承を残していると考えられている『尚書』堯典と『山海経』について言えば、『尚書』堯典には時令思想の萌芽は認められるが、五行説への直接的な継承関係は認められなかった。一方『山海経』には殷代四方風神が記されていたが、四方と季節との結びつきは確認できず、時令思想との関係も認められなかった。そこで『毛詩』に見える「方社」の祭の分析から、「方社」が周期的に行われる農耕儀礼としての側面を持つこと、その祭祀を受ける対象として、四方風あるいはその神格化された風神と、農耕による収穫をもたらす土地神とが、考えられていたことを明らかにした。

そもそも五行説では、各々の方位と季節を司る「帝」と「神」あるいは「佐」が設定されている。『淮南子』天文訓に以下のようにある。

何謂五星。東方、木也。其帝太皞、其佐句芒、執規而治春。其神爲歳星、其獸蒼龍、其音角、其日甲乙。南方、火也。其帝炎帝、其佐朱明、執衡而治夏。其神爲熒惑、其獸朱鳥、其音徵、其日丙丁。中央、土也。其帝黄帝、其佐后土、執繩而制四方。其神爲鎭星、其獸黄龍、其音宮、其日戊己。西方、金也。其帝少昊、其佐蓐收、執矩而治秋。其神爲太白、其獸白虎、其音商、其日庚辛。北方、水也。其帝顓頊、其佐玄冥、執權而治冬。其神爲辰星、其獸玄武、其音羽、其日壬癸。（何をか五星と謂う。東方は、木なり。其の帝は太皞、其の佐は句芒、規を執りて春を治む。其の神は歳星為《た》り、其の獣は蒼龍、其の音は角、其の日は甲乙。南方は、火なり。其の帝は炎帝、其の佐は朱明、衡を執りて夏を治む。其の神は熒惑為り、其の獣は朱鳥、其の音は徵、其の日は丙丁。中央は、土なり。其の帝は黄帝、其の佐は后土、縄を執りて四方を制す。其の神は鎮星為り、其の獣は黄龍、其の音は宮、其の日は戊己。西方は、金なり。其の帝は少昊、其の佐は蓐收、矩を執りて秋を治む。其の神は太白為り、其の獣は白虎、其の音は商、其の日は庚辛。北方は、水なり。其の帝は顓頊、其の佐は玄冥、権を執りて冬を治む。其の神は辰星為り、其の獣は玄武、其の音は羽、其の日は壬癸。）

木火土金水の五行・方位・季節及びそれらを司る「帝」と「佐」の配当関係が示されている。この方位や季節と「帝」・「神」あるいは「佐」の配当関係が確定するのは、『淮南子』に先行する『呂氏春秋』十二紀や、『礼記』月令からである。今、『呂氏春秋』十二紀から、季節・「帝」・「神」の配当関係に関する記述を抜き出せば、以下の如くである。

孟春之月、……其帝太皞。其神句芒。（孟春紀）
孟夏之月、……其帝炎帝。其神祝融。（孟夏紀）
中央土。其日戊巳。其帝黄帝。其神后土。（季夏紀）
孟秋之月、……其帝少皞。其神蓐收。（孟秋紀）
孟冬之月、……其帝顓頊。其神玄冥。（孟冬紀）

夏を司る神（佐）が「祝融」とされる点以外は、『淮南子』天文訓に記される配当関係と同じである。また、本章第三節で挙げたように、『呂氏春秋』では各季節の始めに、天子が郊外でその季節を迎えていた。以下に、原文のみ再掲する。

立春之日天子親率三公九卿諸侯大夫、以迎春於東郊。（孟春紀）

立夏之日天子親率三公九卿大夫、以迎夏於南郊。（孟夏紀）

立秋之日天子親率三公九卿諸侯大夫、以迎秋於西郊。（孟秋紀）

立冬之日天子親率三公九卿大夫、以迎冬於北郊。（孟冬紀）

春には東郊で、夏には南郊で、秋には西郊で、冬には北郊で、それぞれの季節を迎えている。これは季節の気がその方向からやって来ると考えられていたからと推測され、季節と方位が関連付けられている。第三節では、この季節の気が風であると考えられることを指摘した。この『呂氏春秋』十二紀とほぼ同じ文は、『礼記』月令に引き継がれ、五行説に見られる季節・方位・帝・神の配当関係が確定していく。

本節では、五行説に見られる配当関係が形成される過程を見ていくこととする。五行説に見られる「句芒」・「祝融」・「后土」・「蓐收」・「玄冥」の五柱の神々は、右に引用した『呂氏春秋』十二紀や『礼記』月令で、東・南・中央・西・北の各々の方位に配当され最終的に確定する。これら五柱の神々と方位との配当関係が確定していく過程で、それまで伝承されてきた神々の多くは淘汰・整理されていったと思われる。

前節まで、『毛詩』に見える「方社」の祭祀の枠組みが、四方から五行説に発展していく際の、一つの契機となったと推測し得た。この「方社」の祭祀対象としては、本節冒頭で述べたように、四方風あるいは四方風が神格化された風神及び農耕による収穫をもたらす土地神とが考えられる。この「方社」の祭祀対象ついて、「社」の祭祀対象は、前節で論じたように、農耕による収穫をもたらす土地神であると考えられる。それでは、「方」の祭祀対象であり、四方から吹き寄せる風を司る四方神とは、どのような神々であると考えられていたのだろうか。

四方神について、本章第二節に挙げた『山海経』の「折丹」・「㒵」・「因因乎」・「石夷」の四方風神では、風の出入や日月の出入・長短を司ってはいても、四時や季節との関係は述べられていなかった。しかし『山海経』には、殷代卜辞の伝承を伝えるこの四方風神の他に、「海外経」と「大荒経」とに一種類ずつ計二種類の四方神が記されている。

まず「海外経」に記載されている四方神を挙げる。

東方句芒、鳥身人面、乗兩龍。（東方は句芒、鳥の身にして人の面《おもて》、両龍に乗る。）（海外東経）

南方祝融、獣身人面、乗兩龍。（南方は祝融、獣の身にして人の面、両龍に乗る。）（海外南経）

西方蓐收、左耳有蛇、乗兩龍。（西方は蓐收、左の耳に蛇有り、両龍に乗る。）（海外西経）

北方禺彊、人面鳥身、珥兩青蛇、践兩青蛇。（北方は禺彊、人の面にして鳥の身、両青蛇を珥《みみかざり》とし、両青蛇を践む。）（海外北経）

これら四柱の神々は、『山海経』「海外東経」・「海外南経」・「海外西経」・「海外北経」の各々の末尾に、「方位・神名・容姿」という順に、ほぼ決まった書式で描写されている。それ故これらの神々は、四柱で一組の四方神であると考えられていたのであろう。また、南方に「祝融」が、西方に「蓐收」が、東方に「句芒」がそれぞれ配当されている。北方の「禺彊」以外の、この配当関係は、『山海経』のみならず、先に挙げた『呂氏春秋』十二紀や『礼記』月令にも見出すことができる配当関係である。この配当関係は、五行説で確定される、それぞれの方位とそれを主宰する神々の配当関係と同じものである。それ故、『山海経』の各「海外経」末尾にあるこの条は、五行説の影響下に記録されたか、五行説が成立する直前の記録であると考えられる。ただ、この「海外経」四方神にも、四時や季節との関係は述べられていない。

次に「大荒経」に記載されている四方神を挙げる。

東海之渚中有神。人面鳥身、珥兩黄蛇、踐兩黄蛇。名曰禺䝞。黄帝生禺䝞、禺䝞生禺京。禺京處北海、禺䝞處東海。是惟海神。（東海の渚中に神有り。人の面にして鳥の身、両黄蛇を珥とし、両黄蛇を践む。名を禺䝞と曰う。黄帝は禺䝞を生み、禺䝞は禺京を生む。禺京は北海に処り、禺䝞は東海に処る。是惟れ海神なり。）（大荒東経）

南海渚中有神。人面珥兩青蛇、踐兩赤蛇。曰不廷胡余。（南海の渚中に神有り。人の面にして両青蛇を珥とし、両赤蛇を践む。不廷胡余と曰う。）（大荒南経）

西海陼中有神。人面鳥身、珥兩青蛇、踐兩赤蛇。名曰弇茲。（西海の陼中に神有り。人の面にして鳥の身、両青蛇を珥とし、両赤蛇を践む。名づけて弇茲と曰う。）（大荒西経）

禺䝞子食穀。北海之渚中有神。人面鳥身、珥兩青蛇、踐兩赤蛇。名曰禺彊。（禺䝞の子　穀を食らう。北海の渚中に神有り。人の面にして鳥の身、両青蛇を珥とし、両赤蛇を践む。名づけて禺彊と曰う。）（大荒北経）

これら四柱の神々は、「大荒東経」・「大荒南経」・「大荒西経」・「大荒北経」の各々の半ばあたりに、「某海之渚中有神・容姿・名曰某」というように、やはり決まった書式で描写されている。これら四柱の神々は、大陸を囲繞する東南西北の各々の海におり「是惟《こ》れ海神なり」ともされる。そのため、四方神としてよりも、海神としての観念の方が強かった可能性もある。しかし各々ばらばらではなく、「人の面《おもて》にして鳥の身、両黄蛇を珥とし、両黄蛇を践む」や「人の面にして両青蛇を珥とし、両赤蛇を践む」などと相互に類似した容姿を持っている。このことから、四柱で一揃いの神々として考えられていたようである。この点は「海外経」の四方神に共通している。

さらに、「海外経」の四方神と「大荒経」の四方海神の類似点として、どちらも類似した容姿を持っていること、漠然とした方位か海かの違いはあるが、どちらも方位と密接に関係していること、「海外経」四方神と「大荒経」四方海神の両方に「禺彊」の名が見えていること、の三点が挙げられる。それ故、「大荒経」に記される「禺虢」・「不廷胡余」・「弇茲」・「禺彊」の四方海神も、「海外経」に記される「句芒」・「祝融」・「蓐收」・「禺彊」と同様に、世界の果てにいる四方神として考えられていたと思われる。「大荒経」四方海神の「禺虢」・「不廷胡余」・「弇茲」・「禺彊」は、ほぼ『山海経』にだけ見出される四方神であるが、(44) いずれにせよ「大荒経」四方海神にも、四時や季節との関係は述べられていない。

『山海経』という書物には、「折丹」・「鳧」・「因因乎」・「石夷」のような殷代の伝承を受け継いでいると考えられる四方風神が記録されている一方で、五行説の影響下か五行説成立直前に記録されたと思しき四方神も記され、さらにはほぼ『山海経』にだけ見出される四方海神も記されており、計三組の四方神が記されていることになる。しかし『山海経』には、これら四方神と四時や季節との配当関係が見られず、また時令思想との結合も見出すことができない。以上のことから、これら三組の四方神に関する記述は、殷代の四方風神から、五行説によって各々の方位を主宰する神々が定着する間の、過渡的なものと考えられるのではないだろうか。

それでは、『山海経』以外には、どのような四方神が考えられていたのだろうか。第二章で触れたように、「子弾庫帛書」八行文には、「四神」という四柱で一組の神々が登場しており、この「四神」には、五行説との影響関係が見出される。以下、この「四神」について検討していく。

以下に、「子弾庫帛書」八行文から、「四神」に関わる箇所を原文のみ再掲する。

四神相戈（代）、乃歩㠯爲戢（歳）、是隹（惟）四寺（時）。

倀（長）曰青棹（榦）、二曰朱四罩（單）、三曰翏黃難、四曰□墨棹（榦）。

四神□□至于逡（復）。天旁（方）違（動）攼（斁）、敷（畀）之青木赤木黄木白木墨木之棈（精）。炎帝乃命祝𩁹（融）、
㠯四神降、奠三天、□思敦（保）、奠四亟（極）。

まず「四神相い代わり、乃ち歩みて以て歳を為す、是惟れ四時なり」とあり、四柱の神々が、交代で季節を作り循環させ、一年という時間を作ったとされている。ここで「四神」は交代で「四時」を担当しており、「四神」のうち一柱が一つの季節を司っていたと考えられる。

次に、「四神」の名前について、それぞれ「長は青榦と曰い、二は朱四單と曰い、三は翏黄難と曰い、四は□墨榦」と言った。これらの名前には、それぞれ青・朱・黄・墨といった色が含まれている。ただ、五行説では、青・赤・黒の方位と季節は、それぞれ東と春、南と夏、北と冬であり、黄色は中央の色である。つまり、「子弾庫帛書」の「四神」では、西に当たる色である白が欠け、中央の色である黄色が入っていることになる。

さらに「四神」は、「炎帝」から「青木・赤木・黄木・白木・墨木の精」を与えられている。これら五木の精は、帛書の各々の四隅に描かれている樹木に対応すると考えられている。「四神」のうち誰がどの色の木の精を与えられたのか記されていないが、五木の精の色は、五行説の色と一致している。

右の「四神」と五行説の色との齟齬を解消するため、饒宗頤氏は、「翏」を「翟」と釈文し、「翟はおそらく白部皠字の別体であろう。（翟殆是白部皠字之別體。）」、「黄は読みて皇と為す、大なり。（黄讀為皇、大也。）」と言い、「翏黄難」を「白大䕼」と解釈する。さらに氏は、『周礼』司爟の注[45]「鄭司農説くに鄹子を以て曰く、「春には楡柳の火を取り、夏には棗杏の火を取り、季夏には桑柘の火を取り、秋には柞楢の火を取り、冬には槐檀の火を取る」と。（鄭司農説以鄹子曰、春取楡柳之火、夏取棗杏之火、季夏取桑柘之火、秋取柞楢之火、冬取槐檀之火。）」を引用し、「四神」が改火の木に相当する、と言う[46]。

饒宗頤氏の「四神」を改火の木に当てはめる説の当否は措くとしても、第二章「はじめに」で述べたように、「子弾庫帛書」の四隅には樹木の絵が画かれており、この樹木はそれぞれ青・赤・白・黒で彩色されている。「子弾庫帛書」八行文の「四神」は、各々の名前に色を含み、先述のように、「炎帝」から「五木の精」を与えられている。さらに、「四神」の長である「青幹」と四番目の「□墨幹」は、「幹」字を含んでいる。以上のことから、池澤氏も指摘するように、(47)「四神」が、「子弾庫帛書」の四隅の樹木に対応しており、方位とも結び着けられていることは確かである。

これらを総合すると、「子弾庫帛書」では各々の方位・季節・色が結びつけられており、先に挙げた『山海経』や『尚書』よりも五行説に近づいていると考えられる。ここで、これまで検討した四方神を表にまとめると以下のようになる。なお、「子弾庫帛書」の「四神」は、どの神がどの方位か明確でないため、一応、五行説の色と方位の配当関係に従って配列し、（　）付きで示す。

	東	南	中央	西	北
殷代卜辭	析	夾		𢆉	宛(48)
『尚書』	析	因		夷	隩
『山海経』	折丹	因因乎		石夷	鳬
「大荒經」	禺虢	不廷胡余		弇茲	禺彊
「海外經」	句芒	祝融		蓐收	禺彊
子弾庫帛書	（青榦）	（朱四單）	（翏黄難(49)）		（□墨榦）
『呂氏春秋』	句芒	祝融	后土	蓐收	玄冥

「子弾庫帛書」八行文の「四神」は、他の文献には見ることができない、当該帛書独自の四方神である。ただし「八行文」には、「四神」の他に、「祝融」が登場していた。この「祝融」は、右の『山海経』の「海外経」と『呂氏春秋』においては、南方を司る「神」とされている。前章に掲げた「子弾庫帛書」八行文の第二段落では、「炎帝は祝融に命じて、四神を率いて地上に降らせ、三天を定め、四極を建てて天を支えさせた」とあった。「祝融」は、「四神」とは別の、「炎帝」から命を受ける神とされているのである。「祝融」は「炎帝」から直接に命令を受けて「四神」を率いるのであるから、「四神」よりは上位の神であると考えられる。「祝融」が「四神」の上位であることについては、先行研究にも指摘があるように、[50]「祝融」が楚の祖先と考えられていたことと、関係があると思われる。「祝融」と楚との関わりを示す記述を、まず『史記』楚世家から引用する。

楚之先祖出自帝顓頊高陽。高陽者、黃帝之孫、昌意之子也。高陽生稱、稱生巻章、巻章生重黎。重黎爲帝嚳高辛居火正、甚有功、能光融天下。帝嚳命曰祝融。共工氏作亂。帝嚳使重黎誅之而不盡。帝乃以庚寅日誅重黎、而以其弟吳回爲重黎後、復居火正、爲祝融。吳回生陸終。陸終生子六人、坼剖而產焉。其長一曰昆吾、二曰參胡、三曰彭祖、四曰會人、五曰曹姓、六曰季連、羋姓、楚其後也。（楚の先祖は帝顓頊高陽自り出づ。高陽は、黄帝の孫、昌意の子なり。高陽は称を生み、称は巻章を生み、巻章は重黎を生む。重黎は帝嚳高辛の為に火正に居り、甚だ功有りて、能く天下を光融す。帝嚳命じて祝融と曰う。共工氏　乱を作す。帝嚳　重黎をして之を誅せしむるも尽くさず。帝乃ち庚寅の日を以て重黎を誅して、其の弟呉回を以て重黎の後と為し、復た火正に居らしめ、祝融と為す。呉回は陸終を生む。陸終は子六人を生むに、坼剖して焉を産む。其の長一は昆吾と曰い、二は参胡と曰い、三は彭祖と曰い、四は会人と曰い、五は曹姓と曰い、六は季連と曰い、羋姓にして、楚は其の後なり。）

「楚世家」に拠れば、楚の先祖は「帝顓頊」の曾孫の重黎から出ている。重黎は、帝嚳の時に「祝融」になるが、共工の反乱を鎮圧できず誅殺されてしまう。次いで、重黎の弟の呉回が「祝融」になる。楚は、この呉回「祝融」の孫で六人兄弟の末子「季連」の後裔である、とされる。

また『左伝』は、楚と祖を同じくする夔が「祝融」を祭らないため、楚が滅ぼしたことを記録している。

夔子不祀祝融與鬻熊。楚人讓之。對曰、我先王熊摯有疾。鬼神弗赦、而自竄于夔。吾是以失楚。又何祀焉。秋、楚成得臣鬬宜申、帥師滅夔、以夔子歸。（夔子　祝融と鬻熊とを祀らず。楚人　之を譲《せ》む。（夔子）対えて曰く、「我が先王熊摯　疾有り。鬼神赦さずして、自ら夔に竄《のが》る。吾是を以て楚を失う。又た何ぞ焉を祀らん」と。秋、楚の成得臣・鬬宜申、師を帥いて夔を滅ぼし夔子を以《い》て帰る。）（『春秋左氏伝』僖公二十六年）

楚は、「祝融」を祭らないことを理由に、一つの国を攻め滅ぼしている。それほど、楚にとって「祝融」は重視されていた、ということであろう。前章「はじめに」で述べたように、「子弾庫帛書」は戦国楚墓から盗掘された文献である。それ故、「子弾庫帛書」では、楚王室の祖先神である「祝融」を「四神」より上位の神として、記述していると考えられるのである。

まとめ

文献の成立年代を踏まえここまでの論をまとめると、殷代四方風から始まった思考は、風を媒介として、『尚書』堯典の段階で方位と季節とを結びつけた。さらに、「子弾庫帛書」の段階で四方位・季節と色とが配当されたと推測される。一方で、それぞれの方位に配当される神の名に関しては、幾つかの組み合わせが平行していたと思われる。恐らくは、方位・季節・色が互いに配当された後、最終段階で『呂氏春秋』に見られるように「句芒」・「祝融」・「蓐収」・「玄冥」に固定されたものと考えられる。

ただ森氏は、「子弾庫帛書」の五行説について、その偏頗さを指摘している。「楚帛書における五行説の在り方、すなわち神話的世界観に必要な四時・四方・四色の五行配当を選び取り、その一方で十三行文や辺文には五行配当も循環理論も全く受け付けなかった」とし、湖北省隨州市出土の孔家坡漢簡「日書」に言及して「前漢初期の「日書」においてもまだこのような不安定な五行説が存在したことを考えるならば、小論で結論したように、五行説の在り方は時代差よりも各資料の背後にいる宗教的職能者の相違から解釈するのが妥当であるように思われる(51)」と記す。

しかし金谷氏は、「子弾庫帛書」について、「要するに、ここでは五色と五木と季節との配合があり、さらに方角への配当もあって、五行説と関係した時令であることはほぼ明らかである。ただ、その関係がまだそれほど精密なものでないことも、またはっきりしている。五木の名と色はあっても、中央がはっきりあらわれていないことが第一である」とし、『管子』幼官篇との類似した点として、「その五行体系と四時体系との連繫が十分でなく、とくに中央土徳の働きが四時のなかで安定していない」ことを指摘する。そのうえで氏は、「「楚帛書」は幼官図と同類の時令であって、さらに素朴な様相を伝えているとしてよいであろう(52)」と結論づける。

本書では先に、「方社」の祭の枠組みが四方から五行説へ至る契機の一つになったと推測した。四方から五行説へ至る際に、四と五の体系が摺り合わされるのは、方位や季節の結びつきよりも後のことであると考えられた。この点から、小論は金谷氏の、「子弾庫帛書」では「五行体系と四時体系との連繫が十分でない」との指摘に賛同する。

いずれにせよ、ここまでの四方神の検討から注意しておきたいのは、四方神は天（上帝）の代理として四季を司り世界の秩序を維持しているという観念が、少なくとも戦国時代にはあったことである。このことは、前章で確認した「子弾庫帛書」に見られた「神」の観念とも一致する。

また、この四方神の組み合わせは、いくつものパターンが同時並行的に行われていた。このことは、「句芒」・「蓐收」・「祝融」などの神々も、五行説によって固定化される以前には、別の性格を持っていたらしいことを示唆する。「子弾庫帛書」に、「四神」とは別の存在として「祝融」が登場していたことも、その傍証となろう。

次章では、四方神のように、天や「帝」の代理として地上を管理し、天と地上の人々との媒介として機能する「神」の性格について検討してゆく。

注

（1）赤塚忠「中国古代における風の信仰と五行説」（『赤塚忠著作集第一巻中国古代文化史』所収、研文社、一九八八年）三九〇頁、参照。初出は、「中国古代における風の信仰と五行説」（創立百周年記念『二松学舎大学』（中国文学編）一九七七年）。

（2）金谷治氏は「時令は四季の気の推移に対応して作られ、四季を四方に配する形で構成されると、そこに中央ができて五行説と結びつきやすい形になる。」（「陰陽五行説の成立」『金谷治中国思想論集　上巻　中国古代の自然観と人間観』平河出版社、一九九七年、一二三頁参照。初出は、『東方学会創立四十周年記念東方學論集』一九八七年）とする。

（3）胡厚宣「甲骨文四方風名考證」（『二十世紀中国史学名著　甲骨學商史論叢初集（外一種）上』河北教育出版社、二〇〇二年。初版は、斉魯大学国学研究所専刊、一九四四年）。

（4）胡厚宣「論五方觀念及中國稱謂之起源」（注（3）所掲書）。

（5）胡厚宣編『戦後京津新獲甲骨集』、五二〇号、二六頁、参照。

（6）胡厚宣氏（注（3）所掲書、二七〇頁、参照）は「在甲骨文僅為四方名某風名某、《山海経》文略同、惟已将四方之名神人化。至《堯典》則演為堯命羲和四子、掌四時星歴教民耕作之事、開《夏小正》与《月令》之先声矣。」（原文簡体字）とする。

（7）赤塚氏、注（1）所掲書四〇八頁、参照。

（8）金谷治『管子の研究』（岩波書店、一九八七年）二二五頁、参照。初出は、「『管子』中の時令思想」（『集刊東洋学』第五十号、一九八三年）。

（9）金谷治「五行説の起源」（注（2）所掲書、九五頁。初出は、『東方学報』七八、一九八九年）参照。

（10）楊樹達「甲骨文中之四方風名與神名」（『積微居甲骨文説』上海古籍出版社、一九八六年）七八頁、参照。初版は、中国科学院出版、一九五四年。

（11）陳夢家『殷墟卜辭綜述』「第十七章宗教　第五節土地諸祇」（科学出版社、一九五六年）五八九頁、参照。

（12）池田末利「四方百物考」（『中國古代宗教史研究――制度と思想――』東海大学出版会、一九八一年）一二八頁、参照。初出は、「四方百物考」（『大東文化大學漢學會誌』三号、一九六〇年）。

（13）楊樹達氏、注（10）所掲書、八一頁、参照。

（14）池田末利氏、注（12）所掲書、一三二頁、参照。

（15）金谷氏、注（9）所掲書、九五頁、参照。

（16）金谷氏、注（9）所掲書、九五頁、参照。

（17）袁珂氏（『山海經校注』巴蜀書社、一九九三年、四一三頁）、松田稔氏（『『山海経』の基礎的研究』笠間書院、一九九五年、三〇七頁）ともに「處東北隅」に作るべきであるとする。

（18）袁珂氏（『山海經校注』、四二六頁参照）は、「夸風則來風之譌也。」とする。

（19）偽孔伝については、吉川幸次郎「尚書孔氏伝解題」（『吉川幸次郎全集』七、筑摩書房、一九六八年。初出は、『東方学報京都』第十一冊第一分、一九四〇年）・池田末利『全釈漢文大系　尚書』「解説」（集英社、一九七六年）参照。

（20）胡厚宣氏は「《説文》〝析、破木也、一曰折也。〟《広雅》：〝析、折、分也。〟蓋析折義同、且形亦近也。」（原文簡体字）（胡厚宣氏、注（3）所掲書、二六七頁、参照）とする。

（21）胡厚宣氏は「鳧」を宛と読み、「《説文》：〝奥、宛也。〟宛奥双声。朱駿声曰：〝奥古音読如隩、亦読如宛。……是甲骨文之〝北方曰宛〟、即《大荒東経》之〝北方曰鳧〟、亦即《堯典》〝宅朔方〟之〝厥民隩〟也。」（原文簡体字）（胡厚宣氏、注（3）所掲書、二六九頁、参照）とする。

(22) 金谷氏、注(8)所掲書、二二八頁、参照。
(23) 陳夢家氏も「堯典雖然保存了卜辭四方名之名、而因爲它已雜入了四星之説、是較晩的。反之、山海經還保存了卜辭四方神名的最樸質的遺傳。」(注(11)所掲書、五九四頁)とする。
(24) 金谷氏、注(2)所掲書、一一四頁、参照。
(25) 甫田刺幽王也。君子傷今而思古焉。(『毛詩』小雅・甫田)
(26) 此詩述公卿有田祿者、力於農事、以奉方社田祖之祭。(四部叢刊本『詩集伝』巻十三)
(27) 家井眞『『詩経』の原義的研究』(研文出版、二〇〇四年)一四五頁、参照。初出は、「『詩経』甫田之什の構成に就いて」(『二松学舎大学論集』第四五集、二〇〇二年)。
(28) 『呂氏春秋』季秋紀には「命主祠祭禽於四方。(高誘注：……祭始設禽獸者於四方報其功也。)」とある。
(29) 東方曰星。其時曰春、其氣曰風。風生木與骨。其德喜嬴而發出節時。……此謂星德。星者掌發爲風。……南方曰日。其時曰夏、其氣曰陽。陽生火與氣。其德施舍修樂。……此謂日德。中央曰土。土德實輔四時、入出以風雨。節土益力、土生皮肌膚。其德和平用均、中正無私、實輔四時。……此謂歲德。……西方曰辰。其時曰秋、其氣曰陰。陰生金與甲。其德憂哀、靜正嚴順。……此謂辰德。……北方曰月。其時曰冬、其氣曰寒。寒生水與血。其德淳越、溫怒周密。……此謂月德。(『管子』四時)
(30) 赤塚氏、注(1)所掲書、四二三頁、参照。
(31) 『礼記』月令は「命國難九門、磔攘以畢春氣。」に作る。
(32) 『礼記』月令は「命有司大難、旁磔出土牛、以送寒氣。」に作る。
(33) 『礼記』月令は「天子乃難、以達秋氣。」に作る。
(34) 儺について坂出祥伸氏は、『礼記』月令の「命國難九門、磔攘以畢春氣。」の経文に付せられた鄭玄注に「又磔牲以攘於四方之神、所以畢止。」とあることを挙げ、「これを風神の意と解すれば、殷代の風祭の名残りをとどめているものとして注意をひく。」(坂出祥伸「中国古代における風の観念とその展開」『関西大学中国文学紀要』第九号、一九八五年、三三頁の注(1)参照)とする。

(35) 金谷氏、注（2）所掲書「五行説の起源」、九五頁、参照。

(36) 磔狗邑四門、以禦蠱菑。（『史記』封禅書）

(37) 金谷氏は『春秋左氏伝』の以下の二例を挙げる。

（醫和）對曰、……天有六氣。……六氣曰陰陽風雨晦明也。分爲四時、序爲五節。過則爲菑。陰淫寒疾、陽淫熱疾、晦淫惑疾、明淫心疾。女陽物而晦時淫、則生內熱惑蠱之疾。（昭公元年）

夏五月火始昏見。丙子風梓愼曰、是謂融風火之始也。七日其火作乎。戊寅風甚。壬午大甚。宋・衞・陳・鄭皆火。（昭公十八年）

(38) 金谷氏、注（2）所掲書、九五頁、参照。

(39) 胡厚宣氏、注（3）所掲書、二七三頁、参照。

(40) 易緯通卦驗曰、冬至廣莫風至、誅有罪、斷大刑。立春條風至、赦小罪、出稽留。春分朙庶風、正封疆、修田疇。立夏清朙風至、出幣帛、禮諸侯。夏至景風至、辯大將、封有功。立秋涼風至、報土功、祀四鄕。秋分閶闔風至、解懸垂、琴瑟不張。立冬不周風至、修宮室、完邊城。八風以時、則陰陽變化、道成萬物、得以育生。王當順八風、行八政、當八卦也。（『太平御覽』巻九天部所引『易緯通卦験』）

(41) 「小雅・楚茨」と「小雅・天保」の該当詩句は以下の通りである。「濟濟蹌蹌　絜爾牛羊　以往烝嘗　或剝或亨　或肆或將　祝祭于祊　祀事孔明　先祖是皇　神保是饗　孝孫有慶　報以介福　萬壽無疆」。「吉蠲爲饎　是用孝享　禴祠烝嘗　于公先王　君曰卜爾　萬壽無疆」。

(42) 池田末利「社の起源とその変遷——句龍伝説批判——」（注（12）所掲書、一〇八頁参照。初出は、「社の起源とその変遷——句龍伝説批判——」（『哲学』一三輯、一九六一年）。

(43) 池田氏、注（12）所掲書、一一三頁、参照。

(44) ただし「禺彊」は、『莊子』や『淮南子』にも見える。『莊子』（郭慶藩撰『新編諸子集成　莊子集釋』中華書局、一九六一年）大宗師篇に「禺强得之、立乎北極。」とあり、『淮南子』墬形訓に「隅强、不周風之所生也。［高誘注：隅强天神也。］」とある。また、阪谷昭弘氏は「「大荒四經」の四神は、風神の性格をもち、辟邪・呪禁の役割をも兼ね備えていたことからわかるように、方位神の原初的神格をとどめたものと考えられた。一方、「海外四經」の四神は、他書にも習見する固定的な方位神であった。」（「『山海經』四方神考」『学林』二八、一九九八年、三六頁）とする。

(45) 司爟、掌行火之政令、四時變國火、以救時疾。（『周礼』夏官・司爟）

(46) 饒宗頤「長沙子弾庫楚帛書研究」（第二章注（1）所掲書）二四一頁、参照。

(47) 第二章注（17）、参照。

(48) 李學勤氏は、『甲骨文合集』一四二九五号から「夗」字と解釈する。「申論四方風名卜甲」（『中國古代文明研究』華東師範大学出版社、二〇〇五年。初出は、『華学』第六輯、紫禁城出版社、二〇〇三年）三〇頁、参照。

(49) 「翏黄難」を「白大樵」と解釈する饒氏の説に拠れば、「西」の位置になる。

(50) 「祝融」を楚の祖先とみることは、先行研究でも一致している。例えば、第二章注（1）所掲池澤氏論考「子弾庫帛書八行文訳注」五五一頁、参照。

(51) 森和「子弾庫楚帛書における五行説と宗教的職能者」（『史観』一五七冊、二〇〇七年）三六～三七頁、参照。

(52) 金谷氏注（2）所掲書、一二二頁参照。

第四章　山川の「神」の性格について

――「其の為《おこない》を蠲《いさぎよ》く」しない「間行」ある神々――

はじめに

第二章では、出土文献である「子弾庫帛書」を分析した。当該帛書「八行文」では、世界の創造が一段落し安定した後、「炎帝」が積極的には地上に介入しないことを宣言することで、地上の管理は「祝融」と「四神」に委任されていた。また「十三行文」では、「惟れ天は福を作さば、神は則ち之を格す。惟れ天は妖を作さば、神は則ち之を恵す」と言われており、「五正」や「群神」などの「神」が、「天」や「帝」に代わって、地上に禍福を降すとされていた。

至上神に代わり地上を管理し、至上神と地上の人々との媒介として機能する、このような神々は、先秦文献にもしばしば見られる。そこで本章第一節では、伝世文献に見られるこのような「神」について、まずは確認することとする。

ところで、本来、古代中国では祭るべき対象である「神」が、各々の身分や地位に応じて、理念的にではあるが、定められ秩序付けられていた。それ故、それ以外の「神」は祭るべきでないとされ、祖先神に関しても、同族の祭祀でなければ「神」は受けないともされた。

しかし、古代文献には、理念的に祭るべき対象ではないはずの「神」が、祭祀を受けている例が散見される。そのうえ、上帝の下位に位置し、その意向に沿って動くはずの「神」が、独断とも思える仕方で祭祀を要求する例も見られる。さらに、『国語』及び『左伝』に見える記述からは、「民」と「神」が密接な関係を持っているとする認識を読み取ることができる。

第二節では、このような理念的な規範を確認する。そして、第三節以降で、理念的な規範に外れる「神」の祭祀及びそのような「神」の性格について考察していく。

第一節　上帝の下位に位置し禍福を降す「神」

本節では、まず『毛詩』に見える神観念について確認する。以下「伐木」・「天保」・「小明」を挙げよう。

伐木丁丁　　木を伐ること丁丁《とうとう》たり
鳥鳴嚶嚶　　鳥鳴くこと嚶嚶《おうおう》たり
出自幽谷　　幽谷自り出でて
遷于喬木　　喬木に遷る
嚶其鳴矣　　嚶として其れ鳴き
求其友聲　　其の友を求むる声
相彼鳥矣　　彼の鳥を相《み》ば
猶求友聲　　猶お友を求むる声

矧伊人矣　　矧《いわん》や伊《こ》れ人は
不求友生　　友生を求めざらんや
神之聽之　　神の之を聴かば
終和且平　　終に和らぎ且つ平らか

（『毛詩』小雅・鹿鳴之什・伐木・第一章）

神之弔矣　　神の弔《いた》る
詒爾多福　　爾に多福を詒《おく》れり
民之質矣　　民の質なる
日用飲食　　日に用て飲食す
羣黎百姓　　群黎百姓
徧爲爾德　　徧《あまね》く爾の徳を為せり

嗟爾君子　　嗟《ああ》爾君子よ
無恒安息　　恒に安息する無かれ
靖共爾位　　爾の位に靖共し
好是正直　　是の正直を好め
神之聽之　　神の之を聴かば
介爾景福　　爾の景福を介《おお》いにせん

（『毛詩』小雅・鹿鳴之什・天保・第五章）

（『毛詩』小雅・谷風之什・小明・第五章）

「伐木」には、「神の之を聴かば　終に和らぎ且つ平らか」とあり、「神」が人々に和平を与えるとされている。さらに、「天保」では「神の弔《いた》る　爾に多福を詒《おく》らん」と言い、「小明」でも「神の之を聴かば　爾の景福を介《おお》いにせん」とある。「天保」・「小明」いずれの詩でも、「神」が人々に「多福」や「景福」を授けるとされている。これら三篇の詩に見える「神」は、地上に福をもたらす存在として描かれている。

また、大雅「雲漢」では、神々に禍を止めてくれるよう祈る言葉が見える。まず「雲漢」の第一・二章を挙げよう。

倬彼雲漢　倬《しゃく》たる彼の雲漢
昭回于天　昭らかに天に回る
王曰於乎　王曰く於乎《ああ》
何辜今之人　何の辜ならん今の人
天降喪亂　天　喪乱を降し
饑饉薦臻　饑饉薦《しき》りに臻《いた》る
靡神不舉　神として挙げざる靡《な》く
靡愛斯牲　斯の牲を愛《お》しむ靡し
圭璧既卒　圭璧既に卒《つ》く
寧莫我聽　寧ぞ我に聴く莫し

（第一章）

旱既大甚　旱既に大甚《はなはだ》し

蘊隆蟲蟲　蘊隆《うんりゆう》たり蟲蟲《ちゆうちゆう》たり
不殄禋祀　禋祀殄《た》たず
自郊徂宮　郊自り宮に徂き
上下奠瘞　上下奠瘞《てんえい》す
靡神不宗　神として宗《とうと》ばざる靡し
后稷不克　后稷克《し》らず
上帝不臨　上帝臨まず
耗斁下土　下土を耗斁《こうと》し
寧丁我躬　寧ぞ我が躬に丁《あた》るや
（第二章）

第一章に「神として挙げざる靡く」と言い、第二章でも「神として宗《とうと》ばざる靡し」と詠う。天が降した「喪乱」である干魃に直面した際、王はあらゆる神々に対して干魃を止めてくれるように祈っている。

続いて第六章では、

旱既太甚　旱既に太甚し
黽勉畏去　黽勉して畏を去らん
胡寧瘨我以旱　胡寧ぞ我を瘨《や》ましむるに旱を以てす
憯不知其故　憯《かつ》て其の故を知らず
祈年孔夙　年を祈ること孔だ夙く

方社不莫　　　方社も莫《おそ》からず
昊天上帝　　　昊天上帝
則不我虞　　　則ち我を虞らず
敬恭明神　　　明神を敬恭す
宜無悔怒　　　宜しく悔怒無かるべし　（第六章）

とある。「明神を敬恭す　宜しく悔怒無かるべし」と言い、「明神」を敬っているのだからお怒りではないはずなのに、と詠う。

この詩句は、「明神」が怒っていると雨が降らない、すなわち災いがあるとする認識を前提としていよう。

ここまでの『毛詩』に見える神観念をまとめると、「神」は福を降す存在でもあるが、その機嫌を損ねると福が得られない、すなわち災いがある、とされていたと考えられる。

一方『国語』では、「神」がより積極的に地上に禍福を降すとする認識が見られる。この認識は、周の恵王の十五年に神が莘の地に降ったことに対して、王の下問に「内史過」が答えた言葉から窺うことができる。以下に「内史過」の言葉を挙げよう。

十五年、有神降于莘。王問於内史過曰、是何故。固有之乎。對曰、有之。國之將興、其君齊明衷正、精潔惠和、其德足以昭其馨香、其惠足以同其民人。神饗而民聽、民神無怨。故明神降之、觀其政德、而均布福焉。國之將亡、其君貪冒辟邪、淫佚荒怠、麤穢暴虐、其政腥臊、馨香不登、其刑矯誣、百姓攜貳。明神不蠲、而民有遠志、民神怨痛、無所依懷。故神亦往焉、觀其苛慝、而降之禍。是以或見神以興、亦或以亡。……。（十五年、神の莘に降る

こと有り。王　内史過に問いて曰く、「是れ何故《なにごと》ぞ。固より之有るか」と。対えて曰く、「之有り。国の将に興らんとするや、其の君斉《ひと》しく明らかに正しきに衷《あた》り、精く潔く恵み和やかにして、其の徳は以て其の馨《よ》き香を昭らかにするに足り、其の恵《めぐみ》は以て其の民人を同じくするに足る。神は饗《う》けて民は聴《おさ》まり、民神怨むこと無し。故に明神　之に降りて、其の政徳を観て、均しく福を焉に布く。国の将に亡びんとするや、其の君貪冒《むさぼ》り邪辟《よこしま》にして、佚《たの》しみに淫《ふけ》り荒《すさ》み怠け、麤穢《けが》れ暴虐にして、其の政は腥臊《なまぐさ》く、馨《よ》き香登らず、其の刑は矯《た》め誣《いつわ》り、百姓は携《はな》れ貳《たが》う。明神は蠲《いさぎよ》しとせずして、民に遠ざかる志有り、民神怨み痛み、依懐《よりつ》く所無し。故に神も亦た焉に往き、其の苛慝を観て、之に禍を降す。是を以て或いは神を見て以て興り、亦た或いは以て亡ぶ。……」と。）（『国語』周語上）

国家が興隆しようとするとき、為政者が徳に勤め、「神は饗《う》けて民は聴《おさ》まり、民神怨むこと無し」と、国家がよく治まった状態になり、「故に明神　之に降りて、其の政徳を観て、均しく福を焉に布」くとされる。反対に、国家が亡びようとするとき、「明神は蠲《いさぎよ》しとせずして、民に遠ざかる志有り、民神怨み痛み、依懐く所無し。故に神も亦た焉に往き、其の苛慝を観て、之に禍を降す」とされる。

すなわち、「内史過」の言葉に拠れば、「神」は君主の統治状況の如何によって福や禍を降すとされるのである。

次に、「神」が天や帝の使いとして現れる例を挙げてみよう。『左伝』成公五年に記される所では、晋から斉に追放される趙嬰の夢に、文字通り天の使い「天使」が現れる。趙嬰は、甥・趙朔の妻である荘姫と、以前から通じていた。そのため、趙嬰の兄である趙同と趙括は、趙嬰を追放しようとする。

五年春、原屏放諸齊。嬰曰、我在、故欒氏不作。我亡、吾二昆其憂哉。且人各有能、有不能。舍我何害。弗聽。嬰夢天使謂己、祭余、余福女。使問諸士貞伯。貞伯曰、不識也。既而告其人曰、神福仁而禍淫。淫而無罰、福也。祭其得亡乎。祭之之明日而亡。（五年春、原（趙同）・屏（趙括）諸《これ》（趙嬰）を斉に放つ。嬰曰く、「我在り、故に欒氏作

さず。我亡くんば、吾が二昆其れ憂えんかな。且つ人各おの能うこと有り、能わざること有り。我を舍くも何ぞ害せん」と。聴かず。嬰　天使の己に、「余を祭れ、余　女《なんじ》に福さん」と謂うを夢む。諸を士貞伯に問わしむ。貞伯曰く、「識らざるなり」と。既にして其の人に告げて曰く、「神は仁に福して淫に禍《わざわい》す。淫にして罰無きは、福なり。其れを祭らば亡ぐるを得んか」と。之を祭るの明日にして亡ぐ。）（『春秋左氏伝』成公五年）

趙嬰は晋から去るが、趙嬰は二人の兄に対して「私が居るので、欒氏は事を起こさないのです」と言って、説得しようとする。欒氏は晋の名族で、当主の欒書は、晋軍の元帥を勤めたこともある、晋の卿大夫である。趙嬰と通じていた荘姫は、先代晋君・成公の娘である。つまり先の趙嬰の言葉は、荘姫が現晋君・景公に対して持っている影響力を利用して趙氏を守らせよう、ということであると推測される。二年後（魯の成公八年）、荘姫は、景公に趙同と趙括が乱を起こそうとしていると讒言する。欒氏は、この荘姫の言葉を証明する。その結果、趙同と趙括は誅殺されてしまう。

「天使」は、趙嬰に「私を祭れ、そうすれば私はお前に福を降すだろう」と言う。趙嬰は、この夢の意味を「士貞伯」に尋ねる。一度は「識らざるなり」と答えた「士貞伯」だが、後に人を使わして「神は仁に福《さいわい》して淫に禍す」と答えさせる。

「天使」は、天の使いとして趙嬰の夢に現れ、福を降そうというのであり、さらに「士貞伯」に拠れば、この「天使」は「神」であるとされてもいる。

続いて、『墨子』(1)に見える、「句芒」の例を挙げよう。墨子は、昼間鄭の穆公の元に「句芒」が現れたと語る。

子墨子曰、……昔者、鄭穆公當晝日中處乎廟。有神入門而左、鳥身素服三絕、面狀正方。鄭穆公見之、乃恐懼犇。神曰、無懼。帝享女明德、使予錫女壽十年有九、使若國家蕃昌、子孫茂毋失。鄭穆公再拜稽首曰、敢問神名。曰、

予爲句芒。……。（子墨子曰く、「……昔者、鄭の穆公当《かつ》て昼日中に廟に処り。神有り門より入りて左す、鳥の身にして素服三絶し、面の状は正方なり。鄭の穆公　之を見、乃ち恐懼して犇《に》ぐ。神曰く、『懼るる無かれ。帝　女の明徳を享《う》け、予をして女に寿十年有九を錫《たまわ》わしめ、若《なんじ》の国家をして蕃昌し、子孫をして茂《さか》んにして失う毋からしめん』と。鄭の穆公再拝し稽首して曰く、『敢えて神名を問わん』と。曰く、『予は句芒為り』と。……」と。）（『墨子』明鬼下）

「句芒」は鄭の穆公に、「上帝におかれてはあなたの明徳を受け入れ、私に命じてあなたの寿命を十九年延ばさせ、あなたの国家を繁栄させ、子孫も盛んに幸福を失わないようにさせ給います」と言い、「帝」の意志を伝えている。「帝」が、「神」である「句芒」を使者として遣わして、人である穆公に福を降しているのである。

「句芒」が福を授けていたのに対して、次は、禍を降す「神」の例を『国語』から挙げてみよう。ある日、虢公の夢に「蓐收」が現れて「帝」の命を伝える。

虢公夢在廟、有神人面白毛虎爪、執鉞立於西阿。公懼而走。神曰、無走。帝命曰、使晉襲于爾門。公拜稽首、覺。召史嚚占之、對曰、如君之言、則蓐收也、天之刑神也、天事官成。公使囚之、且使國人賀夢。……六年、虢乃亡。（虢公　廟に在り、神の人面《ひとのおもて》にして白毛虎爪、鉞を執り西阿に立つ有るを夢む。公懼れて走《に》ぐ。神曰く、「走ぐる無かれ。帝命じて曰く、『晋をして爾の門を襲わしめん』と。」と。公拝して稽首し、覚む。史嚚《ぎん》を召し之を占わしむるに、対えて曰く、「君の言の如くんば、則ち蓐收なり、天の刑神なり、天の事は官成す」と。公　之を囚えしめ、且つ国人をして夢を賀《いわ》わしむ。……六年して、虢乃ち亡ぶ）（『国語』晋語二）

虢公の夢に現れた「蓐收」は、「帝は命令して、『晋にお前の国の門を襲わせよう』とおっしゃった。」と、やはり「帝」の意志を伝える。

虢公の夢を占った「史嚚」は、「我が君のお言葉の通りでしたら、それは蓐收でしょう、天の刑神です。天の降す禍福は官によって成就されます」と答える。「蓐收」は刑罰を司る「神」であり、天の意志は、こうした「神」が司る官職によって、成し遂げられるとされているのである。

『毛詩』では、人々に福をもたらす「神」が記されており、その「神」が与える福の欠乏によって禍がもたらされる、とされていた。『国語』周語上では、「神」は、為政者の統治状況によって、より積極的に地上に禍福をもたらす存在として認識されていた。地上に禍福をもたらすこうした「神」の例として、『墨子』に見える「句芒」や『国語』晋語二に見える「蓐收」を挙げることができる。

以上の神観念をまとめるならば、いみじくも「史嚚」が「天の事は官成す」と言うように、「神」は、「天」や「帝」の下位に位置し、その使いとして現れ、その意志を遂行すると考えられていた、と言うことができるであろう。また、「句芒」や「蓐收」については、前章で確認したように、四方神としても認識されていた。彼らは、風を司り、世界の果てと人間世界を媒介すると同時に、「帝」と地上という上下軸の媒介としても機能していたと言うことができる。

以上の伝世文献に見られる「神」の観念は、第二章に挙げた「子弾庫帛書」の「祝融」・「四神」・「五正」・「群神」に見られる神観念と、軌を一にするものであると考えられる。

本節では、出土文献に見られた至上神と地上の人々との媒介として機能する「神」の観念が、伝世文献にも見られることを確認した。

第二節　祭るべき神々

ところで、古代中国では身分や地位によって、祭るべき神々が、理念的にではあるが定められていた。『礼記』は、天子から士に至るまで、祭祀すべき対象を規定している。

天子祭天地、祭四方、祭山川、祭五祀、歳徧。諸侯方祀、祭山川、祭五祀、歳徧。大夫祭五祀、歳徧。士祭其先。（天子は天地を祭り、四方を祭り、山川を祭り、五祀を祭り、歳に徧《あまね》し。諸侯は方祀し、山川を祭り、五祀を祭り、歳に徧し。大夫は五祀を祭り、歳に徧し。士は其の先を祭る。）（『礼記』曲礼下）

『礼記』に拠れば、天子は天地・四方・山川・五祀を、諸侯は各々の地方・山川・五祀を、大夫は五祀を、士はその祖先のみを、それぞれ祭るとされる。

『国語』では、「祀典」という言葉を使って祭祀対象を規定する。魯の僖侯の時、爰居という海鳥が魯の東門の外に止まった。臧文仲が国人にこの鳥を祭らせたところ、「展禽」は以下のように言い、臧文仲（臧孫）を批難する。

展禽曰、越哉、臧孫之爲政也。夫祀、國之大節也。而節、政之所成也。故愼制祀以爲國典。今無故而加典、非政之宜也。夫聖王之制祀也、法施於民則祀之、以死勤事則祀之、以勞定國則祀之、能禦大災則祀之、能扞大患則祀之。非是族也、不在祀典。……。（展禽曰く、「越なるかな、臧孫の政を為すや。夫れ祀は、国の大節なり。而して節は、政の成る所なり。故に慎みて祀を制《さだ》めて以て国典と為す。今故無くして典に加うるは、政の宜しきに非ざるなり。夫れ聖王の祀を制むるや、法の民に施さば則ち之を祀り、死を以て事に勤めば則ち之を祀り、労を以て国を定めば則ち之を祀り、能く大災を禦がば則ち之を祀り、能く大患を捍《ふせ》がば則ち之を祀る。是の族に非ざるや、祀典に在らず。……」と。）（『国語』魯語上）

「展禽」は、「そもそも祭祀は、国家の大切な制度である。そして制度は、政治が成立する根本である。それ故に、慎んで祭祀を制定して国典とするのである」と、「祀」の重要性を強調した上で、祭るべき者は「法の民に施」した者や「死を以て事に勤め」た者等とする。それ故「是の族に非ざるや、祀典に在らず」と、「祀典」に載る神々以外は祭るべきでないと言う。

また、祖先神はその同族でなければ祭祀を受けないという認識を、『左伝』に見ることができる。魯の僖公三十一年、狄の圧迫を受けた衛は、国都を帝丘に移す。その時、衛の成公は衛の始祖・康叔を夢に見る。

冬、狄圍衞。衞遷于帝丘。卜曰、三百年。衞成公夢康叔曰相奪予享。公命祀相。甯武子不可曰、鬼神非其族類、不歆其祀。杞鄫何事。相之不享於此久矣。非衞之罪也。不可以閒成王周公之命祀。請改祀命。（冬、狄　衛を囲む。衛　帝丘に遷る。卜して曰く、「三百年」と。衛の成公　康叔の「相　予が享を奪う」と曰うを夢む。公命じて相を祀らしむ。甯武子不可として曰く、「鬼神は其の族類に非ずんば、其の祀を歆《う》けず。杞・鄫《しょう》は何事ぞ。相の此に享けざること久し。衛の罪に非ざるなり。以て成王・周公の命祀に間《そむ》くべからず。請うらくは祀の命を改めよ」と。）（『春秋左氏伝』僖公三十一年）

成公の夢に現れた「康叔」は、「夏后啓の孫である相が、自分への供物を奪った」と言う。そこで成公が「相」を祭らせようとしたところ、「甯武子」は「鬼神は同族の祭祀でなければ、その供物を受けません」と言い反対する。「相」は夏の祖先神であるのに対して、衛は姫姓の国である。そのため、衛の祖先ではない「相」は、衛の祭祀を受けないということであろう。

このように「祀典」により祭るべき対象は理念的に定められており、また身分や族類によって祭る側の人間も定められていたのである。

しかし、古代文献には、理念的に祭るべき対象ではないはずの「神」を祭る例が散見される。それどころか、第一節で確認したように、上帝の下位に位置しその意志を遂行するはずの「神」が、独断とも思える仕方で祭祀を要求する例も見られるのである。このことは、前節で挙げた『国語』晋語二で「史嚚」が「天の事は官成す」と述べていたような、天・上帝と神々が明確な命令系統と階層性を持っているとする認識とは、相反するように思われる。「神」は、祭祀を求める際旱魃や水害や疾病などの祟りを起こすことで、祭祀を得ようとする。次節ではまず、このような「神」が起こす祟りについて検討していく。そのうえで、次節以降で理念的な規範に外れる「神」の祭祀の事例を挙げることとする。

第三節　祟りを降す山川の神々と「民神」

前節では、祭るべき対象は理念的に定められており、祭る側の人間も身分や族類によって定められていたことを確認した。本節ではまず、神が祭祀を求めるために起こした祟りについて検討していくこととする。

まず、『史記』から一例を挙げよう。晋の献公の十六年、晋が趙夙を将として霍・魏・耿を攻めた。晋の侵攻を受けた霍公は、斉に亡命してしまう。すると、晋は干魃になり、作物が実らなくなってしまう。

趙夙、獻公之十六年、伐霍魏耿、而趙夙爲將伐霍。霍公求犇齊。晉大旱、卜之曰、霍太山爲祟。使趙夙召霍君於齊、復之、以奉霍太山之祀。晉復穰。晉獻公賜趙夙耿。（趙夙、献公の十六年、霍・魏・耿を伐つに、趙夙　将為《た》りて霍を伐つ。霍公　斉に犇《はし》らんことを求む。晋大いに旱し、之を卜すに曰く、「霍の太山　祟を為す」と。趙夙をして霍君《かくのきみ》を斉より召し、之を復し、以て霍の太山の祀を奉ぜしむ。晋復び穰《みの》る。晋の献公　趙夙に耿を賜う。）（『史記』趙世家）

晋が干魃に陥った理由を卜うと、「霍の太山　祟を為す」とされる。そこで晋が、霍君を斉から召し、霍の太山を祭らせると、晋は再び作物が実るようになった、というのである。この「趙世家」の例からは、霍の太山が、祟りとして旱魃を起こすことで、祭祀の存続を求めていたことを読み取ることができる。

次に、『左伝』から一例を挙げる。魯の昭公元年、叔向が鄭の子産に、晋の平公の病気について問うた。

晉侯有疾。鄭伯使公孫僑如晉聘、且問疾。叔向問焉曰、寡君之疾病、卜人曰、實沈臺駘爲祟。史莫之知。敢問此何神也。子産曰、昔、高辛氏有二子、伯曰閼伯、季曰實沈。居于曠林、不相能也。日尋干戈、以相征討。后帝不臧、遷閼伯于商丘、主辰。商人是因。故辰爲商星。遷實沈于大夏、主參。唐人是因、以服事夏商。其季世曰唐叔虞。當武王邑姜、方震大叔。夢帝謂已、余命而子曰虞、將與之唐、屬諸參、而蕃育其子孫。及生有文在其手、曰虞。遂以命之。及成王滅唐、而封大叔焉。故參爲晉星。由是觀之、則實沈參神也。昔、金天氏有裔子曰昧、爲玄冥師、生允格臺駘。臺駘能業其官、宣汾洮、障大澤、以處大原。帝用嘉之、封諸汾川。沈姒蓐黄、實守其祀。今、晉主汾、而滅之矣。由是觀之、則臺駘汾神也。抑此二者、不及君身。山川之神、則水旱癘疫之災。於是乎禜之。日月星辰之神、則雪霜風雨之不時。於是乎禜之。若君身、則亦出入飲食哀樂之事也。山川星辰之神、又何爲焉。

……。（晋侯　疾有り。鄭伯　公孫僑をして晋に如《ゆ》き聘し、且つ疾を問わしむ。叔向　焉に問いて曰く、「寡君の疾病は、卜人曰く、『実沈・臺駘　祟を為す』と。史　之を知る莫し。敢えて問う此れ何の神ぞや」と。子産曰く、「昔、高辛氏に二子有り、伯を閼伯と曰い、季を実沈と曰う。曠林に居りて、相い能《したし》まざるなり。日に干戈を尋《もち》い、以て相い征討す。后帝臧《よ》みせず、閼伯を商丘に遷し、辰を主らしむ。商人是に因る。故に辰は商星為り。実沈を大夏に遷し、参を主らしむ。唐人是に因り、以て夏・商に服事す。其の季世は唐叔虞と曰う。武王の邑姜、方に大叔を震《はら》むに当たる。夢みるに帝の己に、『余　而の子に命づけて虞と曰う、将に之に唐を与え、諸に参を属けて、其の子孫を蕃育せんとす』と謂う。生まるるに及び文其の手に在りて、虞と曰う有り。遂に以て之に命づく。成王の唐を滅ぼすに及びて、大叔を焉に封ず。故に参は晋星為り。是に由りて之を観れば、則ち実沈は参の神なり。昔、金天氏に裔子有り昧と曰い、玄冥の師と為り、允格・臺駘を生む。臺駘は能く其の官を業《つ》ぎ、汾・洮を宣《とお》し、大沢を障ぎ、以て大原に処り。帝用て之を嘉し、諸を汾川に封ず。沈・姒・蓐・黄、実に其の祀を守る。今、晋は汾を主りて、之を滅す。是に由りて之を観れば、則ち臺駘は汾の神なり。抑そも此の二者は、君の身に及ばず。山川の神は、則ち水旱癘疫の災あり。是に於いて之を禜《はら》う。日月星辰の神は、則ち雪霜風雨の時ならず。是に於いて之を禜《はら》う。君の身の若

きは、則ち亦た出入飲食哀楽の事なり。山川星辰の神、又た何ぞ焉を為さん。……」と。）（『春秋左氏伝』昭公元年）

叔向の言葉に「卜人曰く、『実沈・臺駘　祟を為す』」とあり、晋侯の病の原因は「実沈」・「臺駘」の祟りとされる。続く「子産」の発言によって、「実沈」は「参」すなわち星の神、「臺駘」は「汾」すなわち川の神と、それぞれ特定される。「子産」に拠れば、「山川の神は、則ち水旱癘疫の災あり。是に於いて之を禜う」とされており、山や川の神は水害や旱魃・疫病などといった祟りを降すと考えられていたのである。結局、「子産」によって、晋侯の病は不摂生によるものであるとされるのであるが。

祟りを降すこのような山川の「神」について、浅野裕一氏・好並隆司氏は、それぞれ以下のように述べる。

まず、浅野氏は、「以前から代々その土地に居住してきた土着の人々にとって、自分たちの守護神は依然として祖先神たる鬼神と山川の鬼神であった。……拠るべき祖廟を失った鬼神は、なお天鬼・天神となって天地の間に出没する。またたとえ征服者であっても、故郷の山河まで破壊はできない。……上天・上帝信仰を奉ずる新たな支配者が苛酷な統治で民衆を抑圧するとき、民衆は天鬼・天神や山川の鬼神が悪政に怒り、君主に禍をもたらすとの論理を武器に、支配者に抵抗することとなる(2)」とした上で、本章第一節で挙げた『国語』周語上「神の莘に降ること有り」の説話を分析し、「民衆が在地の神々の霊力を盾に取って呪詛し、民衆と神が連携する構図によって統治者の圧政に対抗せんとした様子が窺える(3)」とされる。

また、好並氏は、『晏子春秋』内篇問上「景公問欲令祝史求福、晏子對以當辭罪而無求　第十(4)」を引き、「百姓の咎怨と山川の神・疾病とが一つの連鎖をなしている」とした上で、「君主による共同体財産の私占化（山川藪沢の開発）は民衆の入会地利用を排除し、神の住居を破壊することにつながり、両者の怨みが天を介して、君主に天罰（引用例では病、干魃）を降すのである(5)」とされる。

確かに、民が呪詛する例は『尚書』無逸や『左伝』(6)に見ることができる。『尚書』無逸には次のようにある。

周公曰、嗚呼、我聞曰、古之人猶胥訓告、胥保恵、胥教誨。民無或胥譸張爲幻。此厥不聴、人乃訓之、乃變亂先王之正刑、至于小大。民否則厥心違怨、否則厥口詛祝。（周公曰く、「嗚呼、我聞くに曰く、『古の人は猶お胥《あ》い訓告し、胥い保恵し、胥い教誨す』と。民は胥い譸張して幻《いつわり》を為す或《あ》る無し。此れ厥の聴かざるは、人乃ち之に訓えば、乃ち先王の正刑を変乱して、小大に至る。民否《しからざ》れば則ち厥の心に違怨し、否れば則ち厥の口に詛祝す」と。）（『尚書』無逸）

経文「否れば則ち厥の口に詛祝す」について、孔穎達疏は、「詛祝は、神明に告げ、殃咎を加えしむるを謂うなり。言を以て神に告ぐるは、之を祝と謂い、神に請うて殃を加うるは、之を詛と謂う。（詛祝、謂告神明、令加殃咎也。以言告神、謂之祝、請神加殃、謂之詛。）」と解釈する。すなわち「詛祝」とは、ただ怨嗟の言葉を吐くのではなく、神に禍を降すよう呪うこととされている。

浅野氏(7)・好並氏(8)、両氏とも言及する『晏子春秋』内篇諫上「景公病久不愈欲誅祝史以謝晏子諫　第十二」に、

晏子免冠曰、……今、自聊攝以東、姑尤以西者、此其人民衆矣。百姓之咎怨誹謗、詛君于上帝者多矣。……」。（晏子　冠を免ぎて曰く、「……今、聊攝自り以東、姑尤以西の者、此れ其の人民衆《おお》し。百姓の咎怨し誹謗して、君を上帝に詛う者多し。……」と。）

とある。いずれも「民」が君主を相手取って、神に禍を降すよう呪っている。

浅野・好並両氏の説に拠れば、祟りの発動は以下のようにまとめることができる。まず、民が為政者に対して怨みを抱き、天に呪詛する。この呪詛を天が受納し、在地の山川の神々に命令を下す。すると、在地の山川の神々は、為政者に祟りを降す。かくして、この祟りを鎮めんがため、為政者は徳に務め祟りを降した山川を祭る、と。祟りが発動するこの経路においても、「神」は至上神と地上の人々との間の媒介として機能している。

さて、前述の祟りが発動する経路の背景として、浅野氏は、「『左伝』や『国語』には、「民神」なる特異な語や、民と神を連携させる特徴的な表現が頻出する」とし、「そこでは民と神を離反させぬよう警告される」と指摘する。(9)そのうえで、氏は、統治者が「「民神」への恐怖と嫌悪を露わにする」例として、『国語』楚語下を挙げる。以下に、浅野氏も引用する「楚語下」を挙げるが、第一章第四節でも引用しているため、本文のみ部分的に再掲する。

對曰、非此之謂也。古者民神不雜。……如是則明神降之、在男曰覡、在女曰巫。……民是以能有忠信。神是以能有明德。民神異業、敬而不瀆。故神降之嘉生、民以物享、禍災不至、求用不匱。及少皞之衰也、九黎亂德。民神雜糅、不可方物、夫人作享、家爲巫史、無有要質、民匱于祀、而不知其福、烝享無度、民神同位、民瀆齊盟、無有嚴威、神狎民則、不蠲其爲、嘉生不降、無物以享、禍災荐臻、莫盡其氣。顓頊受之、乃命南正重、司天以屬神、命火正黎、司地以屬民、使復舊常、無相侵瀆。是謂絶地天通。……。（『国語』楚語下）

楚の昭王の「『周書』に『重黎は天と地を通じなくさせた』とあるが、もしそういうことがなかったら、人間は天に登ることができたのか」という問いに答えた「観射父」によれば、「古は民神雑らず」「是くの如くんば則ち明神之に降り、男に在りては覡と曰い、女に在りては巫と曰う」と、古は「民」と「神」は雑居しておらず、その中で巫覡に「明神」が降る。その上で、「民神は業を異にし、敬いて瀆《けが》さず」と、「神」と「民」とが截然と区別されており互いに侵犯することがなかった。しかし、九黎が徳を乱した結果、「民神雑糅し」、「民神　位を同じうして」、「民は斉盟を瀆し」、「神は民則《たみののり》に狎れ、其の為《おこない》を蠲《いさぎよ》くせず」と、「民」と「神」との関係が密接になりすぎた、と言う。この後、比喩的な意味で「地天の通」が絶たれたのである。

浅野氏は、楚語下のこの説話から「民衆が我々には特殊な通路から天に登って君主の罪過を在地の神々に直訴し、禍殃を降せる神通力があると喧伝して、支配者側を強力に牽制した情況が窺える。また統治者側が民衆の動きを封じ込めるため、淫祠を禁じて祭祀呪術を国家管理の下に統制せんとした情況も読み取れる」[10]と指摘する。

浅野氏が指摘する通り、「観射父」の言葉からは、為政者に失政があった場合など、ともすると「民」と「神」の関係が近くなり勝ちであること、また為政者の側にそのことを警戒する思考が存することを、読み取ることができる。何となれば、「神」と「民」の関係が近くなりすぎ「家《いえいえ》に巫史を為し」て正しい祭祀が行われないと、「禍災荐《しき》りに臻《いた》」るからである。

右の「楚語下」の他にも、『国語』には、「民」と「神」とが互いに関連を有するものであるとする認識が存在する。第一節に挙げた「周語上」「神の莘に降ること有り」の、後半部分を次に挙げる。「内史過」は、周の恵王の命を受け虢に赴き、帰って王に復命し、以下のように言う。

内史過帰以告王曰、虢必亡矣。不禋於神、而求福焉、神必禍之。不親於民、而求用焉、人必違之。精意以享、禋也。慈保庶民、親也。今、虢公動匱百姓、以逞其違、離民怒神、而求利焉。不亦難乎。十九年、晉取虢。（内史過帰り以て王に告げて曰く、「虢は必ず亡びん。神に禋せずして、福を求まば、神必ず之に禍せん。民に親しまずして、用いんことを求まば、人必ず違う。精意以て享《すす》むは、禋なり。庶民を慈《いつくし》保《みやす》んずるは、親なり。今、虢公動きて百姓を匱しくし、以て其の違《よこしま》を逞《たくま》しくし、民を離し神を怒らせて、利を求む。亦た難からずや」と。十九年、晋　虢を取る。）（『国語』周語上）

「内史過」は恵王に向かい、「虢はきっと滅びるでしょう。神に清潔な禋祭もしないで、福ばかり願えば、神は必ず禍を降します。民に親しみもしないで、民を使役しようとすれば、人は必ず逆らいます」とし、今の虢の君は「民を離し神を怒ら」せていると言う。

右の「内史過」の言葉では、「神」と「民」が対になるものとして扱われている。「神」と「民」の両方とも蔑ろにしているので、虢は滅ぶだろうとの論理が展開される。つまり、「神」と「民」の二者が国家存亡の鍵を握っている、との認識が示されていると考えられる。

次に、「周語下」に見える例を挙げよう。霊王の二十二年、穀水と洛水が氾濫し、王宮に迫った。そこで、霊王は河を塞ごうとするが、「太子晋」は反対する。その時の「太子晋」の言葉の中にも、「神」と「民」との関係を看取することができる。

太子晉諫曰、不可。……共之従孫四嶽佐之、高高下下、疏川道滯、鍾水豐物、封崇九山、決汨九川、陂鄣九澤、豐殖九穀、汨越九原、宅居九隩、合通四海。故天無伏陰、地無散陽、水無沈氣、火無災燀、神無間行、民無淫心、時無逆數、物無害生。……夫亡者豈繄無寵、皆黃炎之後也。唯不帥天地之度、不順四時之序、不度民神之義、不儀生物之則、以殄滅無胤、至于今不祀。及其得之也、必有忠信之心間之。度於天地而順於時動、龢於民神而儀於物則、故高朗令終、顯融昭明、命姓受氏、而附之以令名。……。（太子晋諫めて曰く、「不可なり。……共の従孫四嶽之（伯禹）を佐け、高きを高くし下《ひく》きを下くし、川を疏《とお》し滞《とどこお》れるを道き、水を鍾《あつ》め物を豊かにし、九山を封崇し、九川を決汨《おさ》め、九澤を陂鄣《せきと》め、九穀を豊殖し、九原を汨越《おさ》め、九隩に宅居せしめ、四海を合通《あわせつう》ぜしむ。故に天に伏陰無く、地に散陽無く、水に沈気無く、火に災燀《さいせん》無く、神に間行無く、民に淫心無く、時に逆数無く、物に生を害う無し。……夫れ亡ぶ者は、豈に繄《こ》れ寵無からんや、皆な黄炎の後なり。唯だ天地の度に帥《したが》わず、四時の序に順わず、民神の義に度《のっと》らず、生物の則に儀《のっと》らず、以て殄滅して胤無く、今に至るまで祀られず。其の之を得るに及ぶや、必ず忠信の心の之に間《かわ》ること有り。天地に度《のっと》りて時に順い動き、民神に和して物の則に儀《のっと》り、故に高朗にして令《よ》く終え、顕融昭明、姓を命づけ氏を受けて、之に附《したが》うに令名を以てす。……）（『国語』周語下）

「太子晋」は、その昔「四嶽」が「禹」を補佐した結果として、「それ故に天には伏在する陰気がなく、地には散乱する陽気がなく、水には淀み滞る気がなく、火には突発する火災がなく、神には邪なものが悪事を行うことがなく、民には邪に乱れる心がなく、四季が逆行することはなく、害虫が穀物を損なうこともありませんでした」と、世界が安定したことを言う。

「太子晋」のこの言葉でも、「神に間行無く、民に淫心無く」と、「神」と「民」は対になるものとして配されている。「神に間行無く」に付された韋昭注は、「間行は、姦神淫厲の属。（間行、姦神淫厲之屬。）」とし、邪な神が悪いことを行うと解釈する。つまり、「神に間行無く、民に淫心無く」は、裏を返せば、君主に失政があり世の中が乱れると、「神」の方でも、「民」と同じく、悪事を行うとする認識があったことを示す表現である。これは、先に挙げた「楚語下」で言われていた、「神は民則《たみののり》に狎れ、其の為を蠲《いさぎよ》くせず」という言葉とも重なるものと考えられる。

加えて、「太子晋」の言葉では、国家が亡びる場合には「民神の義に度《のっと》らず」と言い、興隆する場合には「民神に和して物の則に儀《のっと》り」と言うように、「民」と「神」とを連続させて、あたかも一体のように、「民神」という語で言い表している。

「民」と「神」が対をなすものであり、なおかつその一体性をも示唆するこのような表現は、本章にこれまでに挙げた『国語』の引用文にも見ることができる。以下に原文のみ再掲するならば、

「神饗而民聽、民神無怨」（周語上）
「明神不蠲、而民有遠志、民神怨痛」（周語上）
「古者民神不雜」（楚語下）
「民是以能有忠信。神是以能有明德。民神異業、敬而不瀆」（楚語下）
「民神雜糅」（楚語下）
「民神同位、民瀆齊盟、無有嚴威、神狎民則、不蠲其爲」（楚語下）

の如くである。

さらに、「魯語上」では、より直接的に「神」と「民」との持つ密接な関係を述べている。魯の荘公十年、魯は斉の侵攻を受ける。これを迎撃しようとした荘公に対して、「曹劌《けい》」は拝謁してその所存を問い糾す。

長勺之役、曹劌問所以戰於莊公。(11)公曰、余不愛衣食於民、不愛牲玉於神。對曰、夫惠大而後民歸之志、(12)民和而後神降之福。若布德于民而平均其政事、君子務治而小人務力、動不違時、器不過用、財用不匱、莫不共祀。是以用民無不聽、求福無不豐。今、將惠以小賜、祀以獨恭。小賜不咸、獨恭不優。不咸、民弗歸也、不優、神弗福也、將何以戰。夫民求不匱於財、而神求優裕於享者也。故不可以不大。(13)……（長勺の役、曹劌《けい》戦う所以を荘公に問う。公曰く、「余　衣食を民に愛まず、牲玉を神に愛まず」と。対えて曰く、「夫れ恵むこと大にして而る後に民は之に志を帰し、民和して而る後に神は之に福を降す。若し徳を民に布きて、其の政事を平均にし、君子は治に務めて小人は力に務め、動かすに時に違わず、器は用に過ぎざれば、財用匱《とぼ》しからず、祀に共せざる莫し。是を以て民を用うるも聴かざる無く、福を求むるも豊かならざる無し。今、将に恵むに小賜を以てし、祀るに独恭を以てせんとす。小賜は咸《あまね》からず、独恭は優《ゆた》かならず。咸からずんば、民は帰せざるなり、優かならずんば、神は福さざるなり、将《は》た何を以てか戦わん。夫れ民は財に匱しからざるを求め、神は享に優裕《ゆたか》なるを求むる者なり。故に以て大ならざるべからず」と。……）（『国語』魯語上）

「曹劌」は、「そもそも民に恵むことが大きければこそ、民は我が君に心服し、民が平和であってこそ、神は福を降されます」と、民が和平してはじめて神は福を降すとする。その前提に立って、「もし徳を民に布き、政治を公平にすれば、「財源は欠乏せず、祭祀にお供えしないものはありません。そこで民を用いれば、命令を聞かない者はなく、神に福を求めても豊かでないことはありません」と、「民」が豊かになり、祭祀も充実するので、「神」も福を降すと述べる。

「曹劌」のこの言葉は、祭祀を通じて「民」と「神」が直接的な関係を持つとする認識を示している。

加えて、『左伝』では、民こそが神の祭り手であるとする認識が見られる。以下に『左伝』から一例挙げよう。魯の桓公六年、楚の武王は随を攻め、講和のために瑕に帯陣した。武王は、大夫・鬬伯比の献策に従い、わざと軍を乱して随の少師を誘い込もうとした。果たして少師は、自軍に戻り楚を追撃することを請うた。随侯が追撃を許可しようとしたところ、随の賢臣・「季梁」は以下のように言い、追撃を制止する。

季梁止之曰、天方授楚。楚之羸、其誘我也。君何急。臣聞、小之能敵大也、小道大淫。所謂道、忠於民而信於神也。上思利民、忠也。祝史正辭、信也。今、民餒而君逞欲、祝史矯擧以祭。臣不知其可也。（季梁 之を止めて曰く、「天方に楚に授けんとす。楚の羸《よわ》きは、其れ我を誘うなり。君何ぞ急がんや。臣聞く、『小の能く大に敵するや、小道《おさ》まり大淫《みだ》る』と。所謂道まるとは、民に忠にして神に信なり。上の民を利するを思うは、忠なり。祝史の辞を正しくするは、信なり。今、民は餒《う》えて君は欲を逞しくし、祝史は矯挙《いつわ》りて以て祭る。臣其の可なるを知らざるなり」と。）

この「季梁」の諫止に対して、随侯は、「私がお供えする犠牲は、毛色に混じりけなく肥え太っており、穀物も器に充ち満ちている。どうして信なしと言えよう。（吾牲牷肥腯、粢盛豐備。何則不信。）」と反論する。しかし「季梁」は、さらに以下のように反駁する。

對曰、夫民、神之主也。是以聖王先成民、而後致力於神。……故務其三時、脩其五教、親其九族、以致其禋祀。於是乎民和、而神降之福。故動則有成。今、民各有心、而鬼神乏主。君雖獨豐、其何福之有。君姑脩政、而親兄弟之國、庶免於難。（対えて曰く、「夫れ民は、神の主なり。是を以て聖王は先に民を成《たい》らかにして、後に力を神に致す。……故に其の三時に務め、其の五教を修め、其の九族に親しみ、以て其の禋祀を致す。是に於いて民は和して、神は之に福を降す。故に動けば則ち成ること有り。今、民は各おの心有りて、鬼神は主乏し。君独り豊かなりと雖も、其れ何ぞ之に福する

有らん。君姑く政を修めて、兄弟の国に親しまば、難より免るるに庶し」と。）（『春秋左氏伝』桓公六年）

「季梁」は、「夫れ民は、神の主なり」と言い、「民」こそが「神」の祭り手であるとする。そのうえで、君主は「民」を治めてから「神」を祭るべきであり、君主ひとりが豊かであっても、神は福を降さない。「神」は「民」が和してこそ福を降すのである、と言う。「季梁」のこの認識は、前掲の「曹劌」の認識とも合致している。

ここで『国語』・『左伝』に見られた「民神」観をまとめるならば、「民」と「神」は、祭祀を通じて、直接的な関係をもっていた。「民」としては、君主が失政を犯し、自分たちを虐げるなら、君主を怨み呪詛することで、「神」をして君主に祟りや災いを降さしめようとする。君主としては、「神の主」たる「民」を安定させることで、「神」から祟りや災いが降されるのを回避する一方、「民」と「神」が接近しすぎることを警戒しなければならなかった。さらに「神」の側でも、君主が失政を犯し世が乱れると、「民則《たみののり》に狎れ、其の為《おこない》を黷《いさぎよ》く」しない者や「間行」ある者が出てくる、と言うことができる。

「民則《たみののり》に狎れ、其の為《おこない》を黷《いさぎよ》く」しない「神」が、祭祀を求めて祟ることがあるという認識は、出土文献にも見ることができる。それは、『上海博物館戦国楚竹書』[14]に収録される「柬大王泊旱」である。以下の引用文中の（　）は推測される文字を表し、『上海博物館戦国楚竹書（四）』上の竹簡排列番号を［　］で示す。

柬（簡）大王泊[15]（迫）澣（旱）、命龜尹羅貞於大頙（夏）、王自臨卜。王𠙶（嚮）日而立、王滄[16]（汗）至［1］繻（帯）。龜尹智（知）王之庶[17]（炙）於日而㾊（病）、疥（疥）、愁（儀）愈迗（突）。贅（鼇）尹智（知）王之㾊（病）乘（勝）、龜尹速卜［2］高山深溪。王𠯑（以）䎽（問）贅（鼇）尹高。■「不穀𤺺甚㾊（病）聚（驟）、夢高山深溪。虗（吾）所旻（得）［8］城（成）於膚中者、無又（有）名山名溪、欲祭於楚邦者虐（乎）。尚（當）謐而卜之於［3］大頙（夏）、女（如）㥶[18]（慶）䣵（將）祭之」。贅（鼇）尹許諾、謐而卜之㥶（慶）。贅（鼇）尹至（致）命於君王、「既謐［4］而

卜之慶（慶）」。王曰、「女（如）慶（慶）、速祭之。虐（吾）瘵鼠疠（病）」。〔5〕……（簡大王　旱に迫られ、亀尹羅に命じて大夏に貞《と》わしめ、王自ら卜に臨む。王　日に嚮いて立ち、王汗して帯に至る。亀尹　王の日に炙られて疥を病み、儀《ようす》愈いよ突《ふか》きを知る。鼇尹　王の病勝《さかん》なるを知る、亀尹速やかに高山深渓に卜す。王以て鼇尹高に問う。「不穀　瘵甚だ病むこと驟《すみ》やかにして、高山深渓を夢む。吾が膚中に成すを得る所の者は、名山名渓の、楚邦に祭られんことを欲する者有ること無からんか。当に謐みて之を大夏に卜し、如し慶あらば将に之を祭るべし」と。鼇尹許諾し、謐みて之を卜すに慶あり。鼇尹命を君王に致し、「既に謐しみて之を卜すに慶あり」と。王曰く、「如し慶あらば、速やかに之を祭れ。吾れ瘵にして病を鼠う」と。……）（柬大王泊旱）

楚国が干魃に見舞われた際、「簡大王」は「亀尹羅」にその原因を卜わせ、自身もその卜いの場に立ち会う。日に炙られて皮膚病に罹患した「簡大王」は、「私は突然皮膚病に罹ったが、高山深溪を夢に見た。私の皮膚に巣食う病は、楚の国で祭られることを求める名山名渓の祟りではないか。崇っている神を楚で祭ることの吉凶を、大夏で謹んで卜い、もし吉兆があればすぐにその神を祭れ」と言う。

高山深渓を夢見た「簡大王」は、皮膚病の原因が楚の国で祭祀を求める名山名渓の祟りではないかと推測している。注意すべきは、この推測が、卜う前に、王自身の口から出ていることである。

本節冒頭に挙げた『史記』趙世家の「霍の太山」や『左伝』昭公元年の「実沈」・「臺駘」の事例のように、君主に病気や国に災害があった場合には、まず卜いをし、その結果、某の「神」の祟りであると判断されるはずである。現にこの「柬大王泊旱」でも、干魃の原因を卜いによって求めている。そして、本来であれば、卜った結果、どこそこの「神」の祟りである、とする判断を待つはずであろう。

しかし、卜いの結果を待つことなく、そうした推測をしたということは、「簡大王」は始めから「神」が祭祀を求めて祟ることがあり得ると思っていた、ということになるのではないだろうか。「簡大王」は「高山深渓を夢」みたことから、自らの病の原因を「名山名渓の、楚邦に祭られんことを欲する者」の祟りではないかと推測している。この記述も、「神」が祭祀を求めて祟ることがあるとする認識があったことを物語っていよう。

右の想定が大過ないとするなら、「神」が祭祀を求めて祟ることがあるとする発想は、突飛なものではなく、むしろ誰しもが考え得ることであったと思われるのである。

以上、出土文献である「柬大王泊旱」からも、「神」が祭祀を求めて祟るとする認識を確認することができた。それでは、君主の側では、「民」の怨みに起因する山川の「神」の祟りを待つばかりであったのだろうか。「民則《たみののり》に狎れ、其の為《おこない》を蠲《いさぎよく》く」しない「間行」ある「神」は、「民」にばかり狎れるものと考えられていたのだろうか。

古代文献には、君主の側でも、祭祀を通じて、山川の「神」に働きかけようとしたこと、また「民則《たみののり》に狎れ、其の為《おこない》を蠲《いさぎよ》く」しない「間行」ある「神」も、祭祀を求めて君主に交渉を持ちかけていたことが記録されている。このような祭祀は、本章第二節で確認したような、理念的な規範に外れる神の祭祀の事例であると思われる。次節では、そのような理念的な規範に外れる神の祭祀について見ていく。

第四節　君主と「神」の関係について

前節では、「民」と「神」が密接な関係を持っており、「民」の怨みに端を発して、「神」から君主に祟りが降されることを確認した。本節では、まず理念的な規範に外れる「神」の祭祀を検討することで、君主の側も「神」に対して働きかけようとしたことを示そう。

『左伝』には、諸侯が淫祠を祭る例が見える。魯の僖公十九年春、宋の襄公は、滕《とう》の宣公を捕らえ、同年の夏には邾子に鄫子を捕らえさせた。そこで襄公は、鄫子を祭祀の犠牲にしようとする。

夏、宋公使邾文公、用鄫子于次睢之社、欲以屬東夷。司馬子魚曰、古者、六畜不相爲用。小事不用大牲、而況敢用人乎。祭祀以爲人也。民、神之主也。用人、其誰饗之。齊桓公存三亡國、以屬諸侯、義士猶曰薄德。今、一會而虐二國之君、又用諸淫昏之鬼。將以求霸、不亦難乎。得死爲幸。（夏、宋公　邾の文公をして、鄫子を次睢の社に用いしめ、以て東夷を屬《あつ》めんと欲す。司馬子魚曰く、「古は六畜相い為に用いず。小事には大牲を用いず、而るに況んや敢えて人を用いるをや。祭祀は以て人の為《ため》にするなり。民は、神の主なり。人を用いば、其れ誰か之を饗《う》けん。斉の桓公は三亡国を存し、以て諸侯を屬《あつ》むるも、義士は猶お『徳薄し』と曰う。今、一たび会して二国（滕・鄫）の君を虐げ、又た諸を淫昏の鬼に用う。将に以て霸を求めんとするも、亦た難からざらんや。死するを得ば幸い為り」と。）（『春秋左氏伝』僖公十九年）

宋の襄公は、鄫子を犠牲として「次睢の社」を祭り、東夷を服属させようとした。これに対して、襄公の庶兄で左師の官に就いている「司馬子魚」は、そもそも「祭祀は人のために行うものであり、民は神の祭り手である。人を犠牲に用いても、それを受ける神がいるだろうか」と言い、襄公を批難する。さらには「司馬子魚」は、「宋の国が亡ばずに、自身が死ぬ程度ですめば、まだましだ」とまで言い放つ。

ここで注目すべきは、襄公が祭らせた「次睢の社」が、「司馬子魚」の言葉で「淫昏の鬼」と表現されていることである。「次睢の社」について、杜預注では「睢水は汴を受け、東のかた陳留・梁・譙・沛・彭城県を経て泗に入る。此の水の次《ほとり》に妖神有り。東夷は皆な社として之を祠る。蓋し人を殺して祭に用う。（睢水受汴、東經陳留梁譙沛彭城縣入泗。此水次有妖神。東夷皆社祠之。蓋殺人而用祭。）」として、「妖神」とする。さらに孔穎達疏では、杜注を受け、「言うこころは汴は河従り出で、睢は汴従り出づるなり。次は水旁を謂うなり。下に『諸を淫昏の鬼に用う』と云えば、則ち此の祀は祀典に在らず。故に『此の水の次に妖神有り』と云う。（言汴從河出、睢從汴出也。次謂水旁也。下云用諸淫昏之鬼、則此祀不在祀典。故云此水次有妖神。）」と解釈して、「次睢の社」は「祀典」には記載されない神であるとする。

本章第二節で確認した通り、古代中国では、身分や地位によって祭るべき神々が定められていた。『礼記』では諸侯は「方祀し、山川を祭り、五祀を祭り、歳に徧し」とされ、『国語』では「祀典」によって祭祀対象は規定されているとされた。

つまり、宋の襄公は、理念的な規範に外れる「神」を祭ることで、斉の桓公の後を襲い、「覇を求めん」としたのである。

宋の襄公の例は、為政者が理念的な規範に外れる「神」に対して働きかけるものであった。次に、「神」が為政者に対して、祭祀を求めて交渉を持ちかける例を挙げていく。

まず、『左伝』から例を挙げよう。魯の僖公二十八年、城濮の戦いに先だって、楚の「子玉得臣」は、黄河の神の夢を見る。

初楚子玉自爲瓊辨玉纓。未之服也、先戰夢河神謂己曰、畀余。余賜女孟諸之麋。弗致也。大心與子西、使榮黃諫。弗聽。榮季曰、死而利國、猶或爲之、況瓊玉乎。是糞土也。而可以濟師、將何愛焉。弗聽。出告二子曰、非神敗令尹、令尹其不勤民、實自敗也。既敗。王使謂之曰、大夫若入、其君申息之老何。子西孫伯曰、得臣將死、二臣止之、曰、君其將以爲戮。及連穀而死。（初め楚の子玉自ら瓊弁玉纓を為る。未だ之を服さざるや、戦に先だちて夢みるに河神　己に謂いて曰く「余に畀《あた》えよ。余　女に孟諸の麋を賜わん」と。致さざるなり。大心と子西と、栄黄をして諫めしむ。聴かず。栄季（栄黄）曰く、「死して国を利さば、猶お或いは之を為す、況んや瓊玉をや。是れ糞土なり。而して以て師を済うべきに、将《は》た何をか愛《おし》まん」と。聴かず。出でて二子に告げて曰く、「神の令尹（子玉）を敗るに非ず、令尹其れ民に勤めず、実に自ら敗るなり」と。既に敗る。王使　之に謂いて曰く、「大夫（子玉）若し入れば、其れ申・息の老を若何せん」と。子西・孫伯（大心）曰く、「得臣（子玉）将に死せんとす、二臣　之を止めて、曰く、『君（王）其れ将に以て戮を為さんとす』」と。連穀に及びて死す。）（『春秋左氏伝』僖公二十八年）

「子玉得臣」の夢に現れた黄河の神は、「子玉得臣」の持つ玉で飾った冠を求めて、「余《われ》に畀《あた》えよ。余　女に孟諸の麋《び》を賜わん」と言う。「子玉得臣」がこの要求を飲まなかったため、結局、楚は城濮の戦いで晋に敗れるのである。

ここでは、黄河の神が自ら、戦勝を見返りに、「子玉得臣」に玉を求めている。しかし、この『左伝』の記事には、黄河の神の行為が、天や上帝の意志によるものとは書かれていない。また、黄河の神と「子玉得臣」の間には、祖先神とその子孫というような、血族関係もない。言わば、黄河の神は自らの独断によって玉を求め、戦局をも左右した、と読み取ることができよう。「子玉得臣」自身は楚の君主ではないが、「民」と対置した場合には、為政者の側と言える。つまり、黄河の神の、天や上帝の意志とは関係のない、独断とも思えるこうした行為は、為政者に対して神が狎れ「其の為《おこない》を蠲《いさぎよ》く」しない行為と言えるのではないだろうか。

「神」が戦局を左右したとされる例は、『史記』にもある。趙襄子が、知伯に攻められ、晋陽に退却する時、趙襄子の臣下の原過という者が後れ、王沢に至る。

原過従、後、至於王澤、見三人、自帶以上可見、自帶以下不可見。與原過竹二節莫通。曰、爲我以是遺趙毋卹。原過既至、以告襄子。襄子齊三日、親自剖竹、有朱書曰、趙毋卹、余霍泰山山陽侯天使也。三月丙戌、余將使女反滅知氏。女亦立我百邑、余將賜女林胡之地。……。襄子再拜、受三神之令。……於是趙北有代、南并知氏、彊於韓魏。遂祠三神於百邑、使原過主霍泰山祠祀。（原過従いて、後れ、王沢に至り、三人を見、帯自り以上は見るべきも、帯自り以下は見るべからず。原過に竹二節の通ずる莫きを与う。曰く、「我が為めに是を以て趙毋卹（趙襄子）に遺れ」と。

原過既に至り、以て襄子に告ぐ。襄子斉《ものいみ》すること三日、親《みずか》ら竹を剖くに、朱書有りて曰く、「趙毋卹、余は霍の泰山山陽侯の天使なり。三月丙戌、余将に女をして反て知氏を滅ぼさしめんとす。女も亦た我に百邑を立てよ、余将に女に林胡の地を賜わんとす。……」と。襄子再拝して、三神の令を受く。……是に於いて趙　北のかた代を有《たも》ち、南のかた知氏を併せ、韓・魏より彊し。遂に三神を百邑に祠り、原過をして霍の泰山の祠を主り祀らしむ。）（『史記』趙世家）

「原過」は、霍の泰山の使者に出会い、両端の節が開いていない竹を受け取る。「原過」からこの竹を受け取った「趙襄子」が開けてみると、朱書があり、以下のように言う、「趙毋卹よ、私達は霍の泰山山陽侯の天使である。三月丙戌の日に、私達は、お前が逆襲して知氏を滅ぼすようにさせよう。お前も私達に百邑を献上せよ、私達はお前に林胡の地を与えるだろう」と。霍の泰山に百邑を献上すれば、趙氏をして知氏に勝たせよう、と言うのである。再拝して神のお告げを受けた「趙襄子」は、韓・魏と協力して、知氏を滅ぼすことができた。その後、約束通り霍の泰山の神に百邑を捧げ、「原過」に祭祀をさせる。

この「趙襄子」の説話も、先に挙げた「子玉得臣」と黄河の神の例と同様、神が戦勝の見返りに、祭祀を求める例である。「趙襄子」は、「再拝して、三神の令を受」けており、約束通り百邑をも捧げているので、神の加護があり勝つことができた、と読み取ることができる。「子玉得臣」の例でも、この「趙襄子」の例でも、神が戦局を左右した、と考えられているのである。

ところで、「趙襄子」と霍の泰山の間に、血族関係はない。このことも、「子玉得臣」と黄河の神との間と同様である。ただ、趙氏が霍の泰山に関わる事例は見られるが[19]、趙氏が直接祭祀を行ったわけでもなく、趙氏と霍の泰山との間に血縁や地縁といった、特別な関係があったことは管見の限り見当たらない。その限りでは、この霍の泰山の神の行為も、「神は民則に狎れ、其の為を蠲く」しない行為であると言うことができるであろう。

続いて、黄河の神が、今度は祟ることによって祭祀を求める例を、『左伝』から挙げてみよう。哀公六年、呉が陳を攻めた。楚の「昭王」は、先君平王が結んだ陳との同盟に遵い、陳を救援するべく出兵した。しかし、「昭王」は途中で病没してしまう。「昭王」は、これ以前から病を患っていたのだった。

> 初昭王有疾。卜曰、河爲祟。王弗祭。大夫請祭諸郊。王曰、三代命祀、祭不越望。江漢睢漳、楚之望也。禍福之至、不是過也。不穀雖不德、河非所獲罪也。遂弗祭。孔子曰、楚昭王知大道矣。其不失國也宜哉。夏書曰、「惟彼陶唐、帥彼天常、有此冀方。今失其行、亂其紀綱、乃滅而亡」。又曰、「允出茲在茲」。由己率常可矣。（初め昭王　疾有り。卜して曰く、「河　祟を為す」と。王祭らず。大夫　諸を郊に祭らんことを請う。王曰く、「三代の命祀は、祭るに望を越えず。江・漢・睢・漳は、楚の望なり。禍福の至るは、是に過ぎざるなり。不穀　不徳なりと雖も、河は罪を獲る所に非ざるなり」と。遂に祭らず。孔子曰く、「楚の昭王は大道を知れり。其の国を失わざるや宜なるかな。夏書に曰く、『惟れ彼の陶唐、彼の天常に帥《したが》い、此の冀方を有つ。今其の行いを失い、其の紀綱を乱し、乃ち滅びて亡ぶ』と。又た曰く、『允《まこと》に茲《これ》を出すは茲に在り』と。己に由り常に率いて可なり」と。）（『春秋左氏傳』哀公六年）

楚の「昭王」は以前から患っていたが、その原因を卜ったところ「河　祟を為す」と出た。先に挙げた「子玉得臣」の例と違い、黄河の神が直接現れたわけではないが、占いの結果、「昭王」の病は黄河の神の祟りであるとされている。だが、「昭王」は、黄河の神を祭って祟りを除こうとしない。楚の大夫は黄河を郊で祭るよう具申するが、「昭王」は以下のように言い、大夫の意見を退ける。「夏・殷・周ともに天子の命によって祀るのに、領地のうちの山川を越えては祭らぬものだ。長江・漢水・睢水・漳水は、楚が祭る川である。禍福が降されるのは、これらの川の神々によるのである。私は不徳ではあるが、黄河に罪を得るわけがない」。天子の命に拠って祭るべきは国中の山川であって、もし禍福を降すとしてもこれら国中の山川の所為である。楚の国内ではない黄河の神から譴責される謂われはない、と言うのである。

「昭王」のこうした態度を、『左伝』は「孔子曰く」として、「楚の昭王は大道を知れり。其の国を失わざるや宜なるかな」と賞賛する。さらに、夏書「惟れ彼の陶唐、彼の天常に帥《したが》い」の句を引用して楚の「昭王」を帝堯に擬えた上で、「已に由り常に率いて可なり」と結ぶ。結果的に、「昭王」は病を得て亡くなってしまうが、その行為は賞賛されているのである。(20)

本章第二節で確認したように、古代中国では理念的に祀るべき対象が定められていた。ここでは、楚の「昭王」自身が「三代の命祀は、祭るに望を越えず」と述べるように、黄河は本来楚の祭るべき対象ではない。「昭王」のその判断と行為は、『左伝』でも賞賛されている。理念的な規範に照らして、間違っていないとされたからであろう。にもかかわらず、「昭王」は病を得て亡くなってしまうのである。

この説話においては、卜いの結果自体は否定されていない。そうとするなら、「昭王」は黄河の神の祟りを受けて死んだ、と読み取るのが自然であろう。つまり、この説話からは、理念的な規範に外れる、言い換えるなら本来祭るべきでない「神」が、祟りを通して祭祀を求め、あまつさえ従わない者を死に至らしめることがあり得る、と考えられていたことが窺えるのである。

ところで、前節で確認したように、「民」と「神」は祭祀を通じて直接的な関係を持っていた。浅野氏や好並氏に拠れば、山川の「神」が君主に譴責として祟りを降す際、民衆の呪詛を天が受納すると、「在地」の山川の神々が君主に祟りを降すとされた。

しかし、楚の「昭王」の場合、その病は、楚の「在地」の山川ではない黄河の神の祟りが原因であるとされていた。仮に楚の民衆が「昭王」を呪詛し、その呪詛を天が受納したのなら、「昭王」に譴責を降すのは楚の「在地」の山川である「江・漢・睢・漳」の神々のはずであろう。だからこそ、「昭王」は黄河の神を祭らなかったのであり、その「昭王」の判断は『左伝』でも賞賛されていた。つまり「昭王」の例は、浅野氏や好並氏が指摘する、民衆の呪詛を天が受納して「在地」の山川の神々が君主に祟りを降すという経路からは外れる事例と考えられるのである。山川の神々には、浅野氏や好並氏の指摘する以外の、別の側面もあったのではないだろうか。

山川の「神」が降す祟りを考える際、「民神」と並称される「神」の検討からだけでは、説明しきれない余地があるように思われる。先述した「昭王」は、楚国外の黄河の神の祟りを受けて命を落としていた。また、前節冒頭に挙げた「霍の太山」は、やはり国外の晋に旱魃を降していた。つまり、祟りは国外の山川の「神」から降されることもある、と認識されていたのである。

「民」の呪詛を受けて、為政者に祟りを降す「神」は、あくまで当該の国の山川の「神」であり、「民神」と並称される際の「神」である。これに対して、楚の「昭王」や「霍の太山」の事例のように、国外の山川の「神」が為政者に祟る際には、当該の国の「民」やその呪詛は介在していない。為政者と「民」、及びその国内の山川の「神」、という三者の関係から見た場合は、浅野氏や好並氏の説の通りだが、為政者と国外の山川の「神」という視点で見た場合、別の関係が浮かび上がってくるのである。

それでは、為政者と国外の山川の「神」の関係とは、どのようなものと考えられていたのだろうか。本節で確認した山川の「神」は、卿大夫である「子玉得臣」や「趙襄子」に、譴責を降すのではなく、交渉を持ちかけている。「河神」は「子玉得臣」に「余《われ》に畀《あた》えよ。(畀《あた》えば) 余　女に孟諸の麋《び》を賜わん」と言い、「霍の泰山山陽侯の天使」は「趙襄子」に「女《なんじ》も亦た我に百邑を立てよ、余将に女に林胡の地を賜わんとす」と告げている。交渉が山川の神に有利に運べば、彼らは君主に禍どころか大きな利益を与えようというのである。加えて、本節冒頭に挙げた宋の襄公の事例からは、為政者の側からも国外の山川の「神」に対して、祭祀を通じ、自己の利益を図ろうと働きかけたことが看取できる。

如上の為政者と国外の山川の「神」の関係を示す事例において注意すべきは、祭祀を求める「神」あるいは祭祀を受ける「神」が、本章第二節で確認した理念的な規範に外れる「神」であるということである。為政者から見た場合、自国の山川の「神」は、「民」と直接的な関係を持つ故に、警戒しなければならない存在であった。しかし、国外の山川の「神」に関しては、理念的な規範に外れても祭祀を受ける可能性があると思われていたと推測できる。つまり、為政者と国外の山川の「神」との関係は、互いの利益のために、利用し合う余地のあるものであったと言うことができる。

まとめ

本章では、天や上帝の下位に位置し、その意志を伝えたり、地上に禍福をもたらす「神」について検討した。第一節で確認したように、こうした「神」は、天（上帝）と地上（人）を繋ぐ仲介者的な性格をもっていると考えられる。しかし、この「神」は、必ずしも天（上帝）の命令を待って行動するだけではなく、時には独断とも思える仕方で祭祀を求めてもいた。その際、「神」は祟りという方法を用い、為政者に祭祀を迫るものと、当時の人々に認識されていたと推測できた。このように、「神」にも「間行」ある者や人に狎れる者がいると認識されていたがために、為政者の側でも理念的な規範に外れる「神」を祭ることで、自己の利益を図ろうとすることがあったものと思われる。

ところで、本章第四節で検討した「民則《たみののり》に狎れ、其の為《おこない》を蠲《いさぎよ》く」しない「神」は、いずれも山川の神々であった。これに対して、第一節で挙げた、「帝」の意志を伝える「神」である「蓐收」や「句芒」は、第三章で確認したように、

「天の刑神」等であり、山川の神々ではない。

それでは、山川の「神」でない者はどう考えられていたのであろうか。「神」は、「民」や為政者に狎れるばかりと思われていたのだろうか。次章では、このような人に狎れ「其の為《おこない》を蠲《いさぎよ》く」しない「神」とは、正反対の「神」の姿を見ていくこととする。

注

(1)『墨子』からの引用は、孫詒讓撰『新編諸子集成　墨子間詁』（中華書局、二〇〇一年）に拠る。

(2)浅野裕一「上博楚簡『柬大王泊旱』の災異思想」（『集刊東洋学』一〇〇号、二〇〇八年）一四頁、参照。

(3)浅野氏、注(2)所掲論考一六頁、参照。

(4)景公問晏子曰、寡人意氣衰、身病甚。今吾欲具珪璋犧牲、令祝宗薦之乎。上帝宗廟、意者禮可以干福乎。晏子對曰、嬰聞之。古者先君之干福也、政必合乎民、行必順乎神。節宮室不敢大。斬伐以無偪山林、節飲食、無多畋漁。以無偪川澤。祝宗用事、辭罪而不敢有所求也。是以神民俱順、而山川納祿。今君政反乎民、而行悖乎神。大宮室、多斬伐、以偪山林。羨飲食、多畋漁、以偪川澤。是以民神俱怨、而山川收祿、司過薦罪、而祝宗祈福。意者逆乎。公曰、寡人非夫子無所聞此、請革心易行。于是廢公阜之遊、止海食之獻、斬伐者以時、畋漁者有數、居處飲食、節之勿羨。祝宗用事、辭罪而不敢有所求也。故鄰國忌之、百姓親之。晏子沒而後衰。

(5)好並隆司「中国古代祭天思想の展開」（『秦漢帝国史研究』未来社、一九七八年。初出は、「中国古代祭天思想の展開——巫祝と医術——」『思想』六〇八、一九七五年）三〇三～三〇四頁、参照。

(6)昭公二十年、疥を病む斉の景公が、「公の病が治らないのは、祝史の祓う能力が足りないからです」との讒言を信じ、祝史を殺そうとする。それを諫めた晏子の言葉に「民人苦病、夫婦皆詛。祝有益也、詛亦有損。聊攝以東、姑尤以西、其爲人也多矣。雖其善祝、豈能勝億兆人之詛。君若欲誅於祝史、脩德而後可。」とある。なおこの『左伝』の説話は、後掲する『晏子春秋』の例と同じ説話である。

（7）浅野裕一「上博楚簡『景公瘧』における為政と祭祀呪術」（『中国研究集刊』四五、二〇〇七年）、参照。

（8）好並氏、注（5）所掲書三〇二頁、参照。

（9）浅野氏、注（2）所掲論考一五頁、参照。

（10）浅野氏、注（2）所掲論考一七頁、参照。

（11）『宋本國語』では「嚴」に作るが、『國語集解』に従い「莊」に改める。

（12）『宋本國語』では「本」に作るが、『國語集解』に従い「大」に改める。

（13）『宋本國語』では「本」に作るが、『國語集解』に従い「大」に改める。

（14）『上海博物館戦国楚竹書（四）』（上海古籍出版社、二〇〇四年）「柬大王泊旱」の釈文は、濮茅左氏が担当された。なお竹簡の排列については、陳斯鵬氏「《柬大王泊旱》編聯補議」（簡帛研究網站、二〇〇五年三月一〇日公開、二〇一〇年二月五日アクセス。）及び浅野氏（注（2）所掲論考）の説に従い改めた。

（15）季旭昇「《柬大王泊旱》解題」（簡帛研究網站、二〇〇七年二月三日公開、二〇一〇年二月一〇日アクセス。）に従い、「迫」と解釈する。

（16）陳剣「上博竹書《昭王與龔之脽》和《柬大王泊旱》讀後記」（簡帛研究網站、二〇〇五年二月一五日公開、二〇一〇年二月九日アクセス。）に従い、「汗」字と解釈する。

（17）陳剣氏、注（16）所掲論考に従い「炙」と解釈する。

（18）濮茅左氏は「表」字とするが、范常喜氏「読《上博四》札記四則」（簡帛研究網站、二〇〇五年三月三一日公開、二〇一〇年二月一〇日アクセス。）に従い、「慶」字と解釈する。

（19）本章第三節冒頭に挙げた『史記』趙世家の「趙夙」と「霍泰山」の事例。

（20）『史記』楚世家でも同じ説話を引いた後、「孔子在陳、聞是言、曰、楚昭王通大道矣。其不失國、宜哉。」とあり、やはり「昭王」を賞賛している。

第五章　「明神」の役割と性格について

はじめに

前章では、山川の神々の性格について検討した。山川の「神」は、「民則に狎れ」、独断で為政者たちと交渉するような、「間行」があり「其の為《おこない》を蠲《いさぎよ》く」しない性格を持っていた。それでは、天や上帝の下位に位置し、その意志を伝えたり、地上に禍福をもたらす「神」のうち、山川の神々以外の「神」はどのような性格を持っていると考えられていたのだろうか。「神」は、「民」や為政者に「狎れる」ばかりの存在と思われていたのだろうか。

本章では、如上の疑問に答えるため、古代文献に散見される「明神」に焦点を絞り考察していく。何となれば、「明神」は、人に「狎れる」神々とは正反対の性格を持っていたと思われるからである。

「明神」とは、盟誓の載書(1)に見られるところでは、盟誓を結ぶ際その確かさを保証し背く者には罰を下すとされる神である。しかしその一方で、盟誓のみならず国家の興亡に関わって現れることが『左伝』・『国語』に見えている。その際、現れる神々の属性は異なるが、いずれも共通して「明神」と称されている。

それぞれ属性が異なるにも関わらず共通して「明神」と称されるからには、「明神」と言う語は、それぞれの神々には如何なる役割が期待されていたのであろうか。

が持つ差異を超えた、役割の意を内包するものと考えられよう。それでは、人々がある神を「明神」と呼ぶ時、そこ

第一節　『毛詩』大雅・蕩之什「雲漢」に見える「明神」

「明神」については、前章に挙げた『毛詩』雲漢に見えていた。ここではより詳細に「雲漢」の詩を見ていくこととする。

まず「雲漢」については、小序が以下のように説明している。

雲漢、仍叔美宣王也。宣王承厲王之烈、内有撥亂之志、遇烖而懼、側身脩行、欲銷去之。天下喜於王化復行、百姓見憂。故作是詩也。（雲漢は、仍叔　宣王を美すなり。宣王　厲王の烈を承け、内に撥乱の志有り、烖に遇いて懼れ、身を側《そばだ》て行いを修め、之を銷去せんと欲す。天下　王化の復び行われ、百姓の憂えらるるを喜ぶ。故に是の詩を作るなり。）

「雲漢は、仍叔　宣王を美すなり」と、宣王をほめる歌としている。しかし目加田誠氏は、「これは大旱に雨をいのる歌である。「序」に宣王を美する詩というけれども、実は全く雨を祈ることばである」(2)とする。以下で「雲漢」の詩を検討するが、「雲漢」の内容は、目加田氏が言うように、干魃に見舞われた王がその心情を吐露し、天に対して雨を祈るものであるように思われる。本論では目加田氏の説に基づいて考察していく。

「雲漢」の詩は以下の通りである。なお、引用文中に、（　）で毛伝・鄭箋・孔穎達疏の附された位置を示し、［　］で章数を表す。

［1］倬彼雲漢　　倬《しゃく》たる彼の雲漢

昭回于天　　昭らかに天に回る
王曰於乎　　王曰く於乎《ああ》
何辜今之人　　何の辜かある今の人
天降喪亂　　天　喪乱を降し
饑饉薦臻　　饑饉薦《しき》りに臻《いた》る
靡神不舉　　神として挙げざる靡く
靡愛斯牲　　斯の牲を愛《おし》む靡し
圭璧既卒　　圭璧既に卒《つ》く
寧莫我聽（＊1）　寧ぞ我に聴く莫きや

＊1［孔穎達疏］……又言己爲旱之故、祈禱明神。……（……又た言う己　旱を為すの故に、明神に祈禱す。……）

「雲漢」第一章で「天　喪乱を降し　饑饉薦《しき》りに臻《いた》る」と詠じている。「天」すなわち詩の第三章にいう「昊天上帝」が、この干魃を下しているのである。王としてはその理由が分からない。「神として挙げざる靡く　斯の牲を愛《おし》む靡し　圭璧既に卒《つ》く　寧ぞ我に聴く莫きや」と、祭祀を充実させても雨は降らないと嘆く。

［2］旱既大甚　　旱既に大甚し
蘊隆蟲蟲　　蘊隆《うんりゅう》たり蟲蟲《ちゅうちゅう》たり
不殄禋祀　　禋祀殄《た》たず
自郊徂宮　　郊自り宮に徂く
上下奠瘞　　上下奠瘞し

靡神不宗（＊2）　神として宗《とうと》ばざる靡し
后稷不克　后稷克《し》らず
上帝不臨　上帝臨まず
耗斁下土　下土を耗斁《こうど》す
寧丁我躬　寧ぞ我が躬に丁《あた》るや

＊2［毛伝］上祭天、下祭地、奠其禮、瘞其物。宗尊也。國有凶荒、則索鬼神而祭之。（上は天を祭り、下は地を祭る、其の礼を奠《すす》め、其の物を瘞《うず》む。宗は尊なり。国に凶荒有らば、則ち鬼神を索めて之を祭る。）

先に掲げた第一章で「神として挙げざる靡く」と言い、こちらの第二章でも「神として宗《とうと》ばざる靡し」と詠う。天が降した干魃に直面した際、王はあらゆる神々に対して干魃を止めてくれるように祈っている。

［3］旱既太甚　旱既に太甚し
則不可推　則ち推《さ》るべからず
兢兢業業　兢兢たり業業たり
如霆如雷　霆の如く雷の如し
周餘黎民　周余の黎民
靡有孑遺　孑《げっ》遺有る靡し
昊天上帝　昊天上帝
則不我遺　則ち我を遺さず
胡不相畏　胡ぞ相い畏れざる

先祖于摧　先祖于《ここ》に摧《くだ》けん

［4］旱既太甚　旱既に太甚し
則不可沮　則ち沮むべからず
赫赫炎炎　赫赫《かく》たり炎炎たり
云我無所　云《ここ》に我　所無し
大命近止　大命止むに近し
靡瞻靡顧（＊3）　瞻《み》る靡く顧《み》る靡し
羣公先正　群公先正
則不我助　則ち我を助けず
父母先祖　父母先祖
胡寧忍豫（＊4）　胡寧ぞ予を忍ぶや

＊3［鄭箋］旱既不可却止、熱氣大盛、人皆不堪。言我無所庇陰處、衆民之命近將死亡。天曾無所視、無所顧於此國中、而哀閔之。（旱既に却止すべからず、熱気大いに盛んにして、人皆な堪えず。言うこころは我庇陰する所の処《ところ》無く、衆民の命、将に死亡せんとするに近し。天曾て視る所無く、此の国中を顧みる所無し、而して之を哀しみ閔む。）

＊4［孔穎達疏］……既言怨天不顧念、又復廣訴明神。……（……既に天の顧念せざるを怨むを言い、又た復び広く明神に訴う。……）

［5］旱既太甚　旱既に太甚し
滌滌山川　滌滌たり山川

旱魃爲虐　旱魃　虐を為し
如惔如焚　惔《や》くが如く焚くが如し
我心憚暑　我が心　暑を憚《おそれ》れ
憂心如薫　憂心薫《や》くが如し
羣公先正　群公先正
則不我聞　則ち我を聞かず
昊天上帝　昊天上帝
寧俾我遯（＊5）　寧ぞ我をして遯《のが》れしめん

＊5［孔穎達疏］……又告訴明神羣公先正、曾不於我有所聞察、而告知其精誠邪。……（……又た明神・群公・先正に告訴するも、曾て我に聞察する所有らず、而るに其の精誠を告知せんか。……）

［6］旱既太甚　旱既に太甚し
黽勉畏去　黽勉して畏を去らん
胡寧瘨我以旱　胡寧ぞ我を瘨《や》ましむるに旱を以てす
憯不知其故　憯《かつ》て其の故を知らず
祈年孔夙　年《みのり》を祈ること孔だ夙く
方社不莫　方社も莫からず
昊天上帝　昊天上帝
則不我虞　則ち我を虞《はか》らず

敬恭明神　　　　明神を敬恭す
宜無悔怒　　　　宜しく悔怒無かるべし

詩の第六章にも「年《みのり》を祈ること孔だ夙く　方社も莫からず　昊天上帝　則ち我を虞《はか》らず　明神を敬恭す　宜しく悔怒無かるべし」とある。祈年《としごい》の祭りもし、四方の神々もお祭りしたのに、昊天上帝は雨を降らせてはくださらない、慎み敬っているのだから、「明神」もお怒りではないはずなのに、と歌う。前章第一節で指摘したように、この言葉は、「明神」が「悔怒」していると災いがあるとする認識が前提となっている。

ただ、ここで干魃を下しているのは「昊天上帝」である。ところが、詩の第一章本文「寧ぞ我に聴く莫きや」や「瞻《み》る靡く顧《み》る靡し」や、また、それに附された鄭箋に「天曾て視る所無く、此の国中を顧みる所無し」と言うように、「昊天上帝」にいくら祈りを捧げても願いを聞き届けてはくれないのである。

それ故に、あらゆる神々に対して祈り、第三章で検討した四方神に対しても「方社」の祭を遅れずに行い、「明神」をも慎み敬っているのである。詩の第二章に附された毛伝には「国に凶荒有らば、則ち鬼神を索めて之を祭る」とある。干魃を下している当の「昊天上帝」だけでなく、「鬼神」すなわち祖先神に対しても祈りを捧げている。

また、詩の第一章に附された孔穎達疏に「又た言う己　旱を為すの故に、明神に祈禱す」とあり、第四章に附された孔穎達疏にも「既に天の顧念せざるを怨むを言い、又た復び広く明神に訴う」とある。「昊天上帝」が願いを聞き届けて下さらないので、「明神」に対して祈禱したり訴えたりしていると、孔穎達疏は解釈している。

恐らくこれは、「鬼神」や「明神」を通じて、間接的に「昊天上帝」に訴える行為であると推測される。つまり、「昊天上帝」が干魃を降しているのにも関わらず「鬼神を索めて之を祭」ったり「広く明神に訴」えるのは、「明神」も含むあらゆる神々に「昊天上帝」への仲立ち役を期待してのことと考えられるのである。

それでは「明神」とは、どのような性格の神であると考えられていたのだろうか。

第二節　伝世文献の載書に見える盟誓の神

「明神」という語は、『左伝』に多く見られ、とりわけ盟誓の載書でしばしば言及される語である。盟誓は、春秋時代においてあらゆる社会階層で、集団の結合を強化維持するために行われた(3)。その際、載書の文言で言及される神格が「明神」である。『左伝』に記される「明神」について、以下に検討する。

魯の僖公二十八年、晋の文公は、城濮の戦いで楚の子玉得臣を破った後、践土で会盟した。その時、文公を中心とした諸侯が尊王を誓った言葉を以下に挙げる。

癸亥、王子虎盟諸侯于王庭。要言曰、皆奨王室、無相害也。有渝此盟、明神殛之、俾隊其師、無克祚國、及其玄孫、無有老幼。（癸亥、王子虎　諸侯に王庭に盟《ちか》う。要言《ちかいのことば》に曰く、「皆王室を奨《たす》け、相い害う無かれ。此の盟に渝《そむ》くこと有らば、明神　之を殛《ころ》し、其の師を隊《おと》し、克《よ》く国に祚《さいわい》ある無く、其の玄孫に及ぶまで、老幼有る無からしめよ」と。）

諸侯が協力して周王室を助けることが言われた後、「此の盟に渝《そむ》くこと有らば、明神　之を殛《ころ》し、其の師を隊《おと》し、克《よ》く国に祚《さいわい》ある無く、其の玄孫に及ぶまで、老幼有る無からしめよ」と誓う。もし盟誓の言葉に背けば、「明神」が背いた者に罰を与えるとされている。

同じく僖公二十八年、楚に出奔していた衛の成侯が帰国するにあたり、衛公に随行していた甯武子と国人が盟誓を交わしている。

六月、晉人復衞侯。甯武子與衞人盟于宛濮。曰、天禍衞國、君臣不協、以及此憂也。今、天誘其衷、使皆降心、

以相従也。不有居者、誰守社稷。不有行者、誰扞牧圉。不協之故、用昭乞盟于爾大神、以誘天衷。自今日以往、既盟之後、行者無保其力、居者無懼其罪。有渝此盟、以相及也。明神先君、是糾是殛。國人聞此盟也、而後不貳。（六月、晋人　衛侯を復す。甯武子　衛人と宛濮に盟う。曰く、「天　衛国に禍し、君臣は協《やわらが》ず、以て此の憂いに及べり。今、天其の衷を誘《みちび》き、皆な心を降して、以て相い従わしむるなり。居る者有らずんば、誰か社稷を守らん。行く者有らずんば、誰か牧圉を扞《まも》らん。協《やわら》がざるの故《むかし》あるも、用て昭《あきら》かに盟を爾の大神に乞い、以て天の衷を誘《みちび》く。今日自り以往、既に盟うの後、行く者は其の力を保《たの》む無く、居る者は其の罪を懼るる無かれ。此の盟に渝く有らば、以て相い及ばん。明神・先君、是れ糾《ただ》し是れ殛《ころ》せ」と。国人此の盟を聞くや、而る後貳《そむ》かず。）（僖公二十八年）

この年の春、衛の成侯が晋より離れ楚に近づこうとしたため、衛の国人は成侯を国外に追放していた。如上の盟誓は、この罪に問われることを恐れていた衛の国人を、安心させるために結ばれたのである。

この盟誓は国君の代理である大夫甯武子と国人との盟である。先に挙げた践土の盟のような、諸侯同士の盟誓ではない。それでも「此の盟に渝《そむ》く有らば、以て相い及ばん。明神・先君、是れ糾《ただ》し是れ殛《ころ》せ」と言い、践土の盟と同様に、盟誓の場に「明神」が来臨し、盟約に背いた者に罰を降すとされている。

「明神」が盟誓の場に臨むとする観念を、端的に表現した言葉が、『左伝』に残されている。晋人が「馬陵の盟」を再確認しようとした時、その効果を疑う季文子に対して、范文子が応えた言葉である。

爲歸汶陽之田故、諸侯貳於晉。晉人懼會於蒲、以尋馬陵之盟。季文子謂范文子曰、德則不競、尋盟何爲。范文子曰、勤以撫之、寛以待之、堅彊以御之、明神以要之。柔服而伐貳、德之次也。是行也、將始會吳。吳人不至。（汶陽の田を帰す為の故に、諸侯　晋に貳《そむ》く。晋人懼れ蒲に会し、以て馬陵の盟を尋《あたた》む。季文子　范文子に謂いて曰く、「徳は則ち競わず、盟を尋むるも何をか為さん」と。范文子曰く、「勤めて以て之を撫し、寛にして以て之に待し、堅彊にして以て之を御し、明神以て之を要《ちか》う。服するを柔《なつ》けて貳《そむ》くを伐つは、徳の次なり」と。是の行や、将に始めて呉に会せんとす。呉人至らず。）（成公九年）

右の季文子と范文子の会談の前年（成公八年）、晋は魯に命令して汶陽の田を斉に返させた。このことが原因となり、諸侯は晋から離反していた。そこで晋は、一昨年（成公七年）に行われた「馬陵の盟」を温め直し、今一度諸侯の結束を固めようとしたのである。

ここで范文子は「諸侯に対しては、勤めて慰撫し、寛大にして待遇し、きびしく統御し」と言い諸侯に対しての接し方を述べ、「明神以て之を要《ちか》う」と続けている。「明神以て之を要う」は「明神を証として誓いを立てる」と訳すことができるが、ここでは諸侯に対しての具体的な接し方が述べられているので、より具体的には「盟誓を紐帯として諸侯を統べる」という意味であると考えられる。つまり、范文子の言葉では、「明神」は盟誓の比喩として用いられており、「明神」が盟誓に臨むとする通念は、それほど強く自明なものであったと思われる。

「明神以要之」という言葉は哀公十二年にも見えている。魯の哀公が呉王夫差の名代である伯嚭に向かい、子貢に答えさせた言葉の中にある。

公會呉于橐皐。呉子使大宰嚭請尋盟。公不欲、使子貢對曰、盟所以周信也。故心以制之、玉帛以奉之、言以結之、明神以要之。寡君以爲、苟有盟焉、弗可改也已。若猶可改、日盟、何益。今、吾子曰、必尋盟。若可尋也、亦可寒也。乃不尋盟。（公　呉に橐皐に会す。呉子　大宰嚭をして盟を尋《あたた》めんことを請わしむ。公欲せず、子貢をして対えしめて曰く、「盟は信を周《かた》むる所以なり。故に心以て之を制《さだ》め、玉帛以て之を奉じ、言以て之を結び、明神以て之を要《ちか》う。寡君以爲えらく、苟しくも盟有らば、改むべからざるのみ。若し猶お改むべくんば、日に盟うも、何の益あらん。今、吾子曰く、『必ず盟を尋《あたた》めん』と。若し尋むべくんば、亦た寒《さま》すべきなり」と。乃ち盟を尋《あたた》めず。）（哀公十二年）

哀公の代理として答えた子貢は、「盟誓は信頼を固めるために行うものです。それ故、心に基づいて盟誓の内容を定め、玉帛をささげ、言葉でもって約束を結び、明神を証として誓うものです」と言う。信頼を固めるために盟誓を行い、盟誓は「明神」にかけて誓い証とすると考えられていたのである。

ところで、盟誓の場に臨み監視すると考えられていたのは「明神」ばかりではない。以下に挙げる亳の盟では、多くの神々に網羅的に言及している。魯の襄公十一年、鄭が宋を攻めたことが発端となり、晋を中心とした諸侯は鄭を攻めた。このため鄭は晋と、亳において盟約を交わしたのである。引用文中の［　］は杜預注を示す。

秋七月、同盟于亳。范宣子曰、不愼必失諸侯。諸侯道敝、而無成、能無貳乎。乃盟。載書曰、凡我同盟、毋蘊年、毋壅利、毋保姦、毋留慝。救災患、恤禍亂、同好惡、奬王室。或閒茲命、司愼司盟［二司、天神。……］、名山名川、羣神羣祀、先王先公、七姓十二國之祖、明神殛之、俾失其民、隊命亡氏、踣其國家。（秋七月、亳に同盟す。范宣子曰く、「慎しまずんば必ず諸侯を失わん。諸侯　道に敝《つか》れて、成る無くんば、能く貳《そむ》くこと無からんか」と。乃ち盟う。載書に曰く、「凡そ我が同盟、年《みのり》を蘊《つ》む毋かれ、利を壅ぐ毋かれ、姦を保つ毋かれ、慝を留むる毋かれ。災患を救い、禍乱を恤み、好悪を同じうし、王室を奬けよ。或《も》し茲の命に間《たが》わば、司慎司盟、名山名川、群神群祀、先王先公、七姓十二国の祖、明神之を殛し、其の民を失い、命を隊《おと》し氏を亡ぼし、其の国家を踣《たお》さしめよ」と。）（襄公十一年）

亳の盟の載書には、盟誓に背いた者に罰を与える神々として「司慎司盟、名山名川、群神群祀、先王先公、七姓十二国の祖」及び「明神」が挙げられている。このことから盟誓の際には、「明神」のみならず祖先神や山川の神等の神々にも誓いを立てていたと思われる。

これら「明神」以外の神々のうち、「司慎司盟」について杜預は、「二司は、天神なり」と注する。孔穎達疏では「盟は諸神に告ぐるに、先に二司を称す。其れ是れ天神なるを知るなり。（盟告諸神、而先稱二司。知其是天神也。）」として、杜預の注を肯定している。

また「司盟」については、同名の官職が『周礼』に記されている。

司盟、掌盟載之灋。凡邦國有疑會同、則掌其盟約之載、及其禮儀。北面詔明神、既盟則貳之。（司盟、盟載の法を掌《つかさど》る。凡そ邦国　会同に疑い有らば、則ち其の盟約の載《さい》、及び其の礼儀を掌る。北面して明神に詔《つ》げ、既に盟わば則ち之を貳《うつ》す。）（秋官・司盟）

「司盟」は亳盟の載書では「神」とされていたが、『周礼』では、官職の一つとされている。「司盟」が「天神」であるか官職であるかはともかく、『周礼』においても、盟誓の際には「北面して明神に詔げ」と「明神」に誓いを立てている。

以上の用例からは、「明神」とはもっぱら盟誓に関与する神であるように思われる。

しかし、第一節で挙げた「雲漢」第六章にあらわれる「明神」のように、盟誓に関与していない例も存在する。この用例については第四節以下で検討するとして、次節では、実際に見られる出土載書に「明神」という語が見えるかどうかについて、まず確認しておきたい。

第三節　出土載書

実際に出土した載書に「明神」という言葉は見えるのであろうか。以下、「侯馬盟書」と「温県盟書」について検討する。

「侯馬盟書」(4)とは、一九六五年山西省侯馬市晋国遺址から出土した玉石片である。その数は五千点余りだが、文字が判読できたものは僅か一割強の六百五十点余りである。盟誓の文字は多くが毛筆で朱書されているが、少数だが墨書もある。材質は、石質のものと玉質のものがある。石質のものは、灰黒色・黒緑色・赤褐色の粘板岩で、全盟書の三分の二を占め、圭形のものが主である。大きさは、最大のもので長さ三十二cm×幅三cm×厚さ〇・九cmだが、多くは長さ十八cm×幅二cm足らず×厚さ〇・二cmである。玉質のものは、透閃石や蛇紋岩で、圭形のものもあるが、ほとんどは玉器作成の際の余りを利用しており形状は不規則、大きさは多くは掌よりも小さい。

その内容は、以下の六種類に分類されている。すなわち、晋の趙鞅を盟主として宗族の団結を図るためのもの（宗盟類）、趙氏に敵対する陣営から趙氏側に付いた者達の誓い（委質類）、卿大夫が土地・財産・奴隷といった搾取単位を勝手に占有しないことをちかったもの（納室類）、趙鞅の敵対者である中行寅等を譴責呪詛するもの（呪詛類）、この盟誓に関する卜筮記録（卜筮類）、その他の残片、である。

「温県盟書」(5)は、一九七九年三月一二日に河南省温県武徳鎮で発見され、翌一九八〇年三月から一九八二年六月にかけて発掘調査が行われた。この盟誓遺址は温県城の東北十二・五kmの沁河の南岸にある。州城遺址の東墻の北端、城河を隔てた外側にあたる。発掘調査では一二四箇所の土坑が発掘され、うち一六坑から石質の載書が発見された。

これらの中に「明神」の語を直接に記す例は見当たらない。試みに、代表的な文例を、「侯馬盟書」の宗盟類と委質類から一例ずつ、及び「温県盟書」から一例を、以下に挙げてみる。なお、釈文は注（4）所掲『侯馬盟書』及び注（5）所掲「河南温県東周盟誓遺址一号坎発掘簡報」に従う。□は判読不能を、（　）は推測される文字を、〓は重文・合文記号を示す。

（A）趚、敢不閛（半）其腹心以事其宗。而敢不盡從嘉之明定宮平時之命、而敢或専改助及奐、卑不守二宮者、而敢又（有）志復趙尼及其孫〓（子孫）先痜之孫〓（子孫）兟直及其孫〓（子孫）𧺻䬇之孫〓（子孫）史醜及其孫〓（子

孫）于晉邦之地者、及群虜明者、虞（吾）君其明亟覘之、麻臺非是。（趠、敢て其の腹心を半《ひら》き以て其の宗に事えざらんや。而《も》し敢て尽く嘉の明・定宮平時の命に従わず、而し敢て助及び偽を専改して、二宮を守らざら卑《し》むこと或《あ》らば、而し敢て趙尼及び其の子孫・先痃の子孫・兟直及び其の子孫・𧼈餟の子孫・史醜及び其の子孫を晋邦の地に復せしむることを志すこと有らば、及び群虜明せば、吾が君其れ明亟して之を覘、麻臺して是れを非とせん。）（侯馬盟書・宗盟類一五六―一）

（B）盦章、自質于君所〓（所。所）敢兪出入于趙尼之所〓及孫〓（所及子孫所）兟痃及其子乙及其白父叔父□（兄弟孫〓（子孫）兟直及其孫〓（子孫）兟鑿兟守之孫〓（子孫）兟詧兟瘨之孫〓（子孫）中都兟强之孫〓（子孫）兟木之孫〓（子孫）欧及新君弟孫〓（子孫）隥及新君弟孫〓（子孫）趙朱及其孫〓（子孫）趙喬及其孫〓（子孫）郰詨之孫〓（子孫）邯鄲郵政之孫〓（子孫）閔舍之孫〓（子孫）𧼈餟之孫〓（子孫）史醜及其孫〓（子孫）郵癰及孫〓（子孫）邵城及其孫〓（子孫）司寇鬵之孫〓（子孫）司寇結之孫〓（子孫）、及群虜明者、章（不敢）顛嘉之身及孫〓（子孫）。或復入之于晉邦之中者、則永亟覘之、麻臺非是。既質之後、而敢不巫覡□（祝）史𢿋綐繹之皇君斎〓（之所）、則永亟覘之、麻臺非是。閔之孫〓（子孫）、𥨊之行道、弗殺、君覘之。（盦章、自ら君所に質《ちか》う。所《も》し敢えて兪して趙尼の所及び子孫の所・兟痃及び其の子乙及び其の白父叔父兄弟子孫・兟直及び其の子孫・兟鑿兟守の子孫・兟詧兟瘨の子孫・中都兟强の子孫・兟木の子孫・欧及び新君弟の子孫・隥及び新君弟の子孫・趙朱及び其の子孫・趙喬及び其の子孫・𧼈餟の子孫・邯鄲郵政の子孫・閔舍の子孫・𧼈餟の子孫・史醜及び其の子孫・郵癰及び子孫・邵城及び其の子孫・司寇鬵の子孫・司寇結の子孫に出入せば、及び群虜明せば、章敢て嘉の身及び子孫を顛らざらんや。之を晋邦の中に復び入ること或《あ》らば、則ち永亟して之を覘、麻臺して是れを非とせん。既に質《ちか》うの後、而《も》し敢て巫覡祝史をして皇君の所に𢿋綐繹之せしめずんば、則ち永亟して之を覘、麻臺して是れを非とせん。閔癸の子孫、之に行道に𥨊いて、殺さずんば、君　之を覘ん。）（侯馬盟書・委質類一五六―二〇）

（C）十五年十二月乙未朔辛酉、自今台（以）生（往）、鄱朔敢不憖憖焉中心事其宔（主）。而与賊爲徒者、丕顕晋公大冢、啻憄覞之、麻臺非是。（十五年十二月乙未朔辛酉、今自り以往、鄱朔敢て憖憖焉として中心より其の主に事えざらんや。而《も》し賊と徒を為さば、丕顕なる晋公大冢、啻憄して之を覞、麻臺して是れを非とせん。）（温県盟書・T一坎一：二一八二）

（A）に「吾が君其れ明亟して之を覞」、（C）に「丕顕なる晋公大冢、啻憄して之を覞」とある。誓いを立てる対象は、晋の国君や祖先ということになっている。

（A）の「明亟覞之」という言葉について、『侯馬盟書』は「神明が観察するという意味(6)」とし、黄盛璋氏は「〝亟〟は〝殛〟であり、〝明亟〟とは即ち〝明神　之を殛せ〟の略(7)」とする。

しかし「明亟」について、吉本道雅氏は「第三類に「永亟」（（B）参照）、温県盟書に「啻憄」（（C）参照）に作る用例を勘案すれば、「明」も「亟」に対する修飾語と解すべきものとなる(8)」（（　）内は引用者付す）とする。また、李艶紅氏も「盧君其明亟覞之、麻臺非是」（（A）参照）について、「我々先君の神霊は、盟に背く者をはっきりと厳しく注視し、その者の氏族を絶滅させるだろう。(9)」とする。「明亟」を「明晰而厳厲地」と訳して修飾語句として解釈している。

つまり、吉本氏や李氏が指摘するように、「明亟」が「明神」のことを指しているとは考え難く、実際に出土した盟書からは「明神」が盟誓に関与していたことは確認できない。このことから、「明神」が盟誓にのみ関与する神であったとは考え難いように思われるのである。

第四節　国家の興亡に関わる「明神」

本節では、伝世文献中に見える、盟誓に関与しない「明神」の用例について検討する。『国語』には、国家の興亡に積極的に関わる「明神」が記されている。

まず、前章第一節でも挙げた、虢国・莘の地に「明神」が降った例を挙げよう。原文の（　）は韋昭注の附された位置を示し、注文は後掲する。

十五年、有神降于莘。王問於內史過曰、是何故。固有之乎。對曰、有之。國之將興、其君齊明衷正、精潔惠和、其德足以昭其馨香、其惠足以同其民人。神饗而民聽、民神無怨。故明神降之、觀其政德、而均布福焉。國之將亡、其君貪冒辟邪、淫佚荒怠、麤穢暴虐、其政腥臊、馨香不登、其刑矯誣、百姓攜貳。明神弗蠲、而民有遠志、民神怨痛、無所依懷。故神亦往焉、觀其苛慝、而降之禍。是以或見神以興、亦或以亡。昔、夏之興也、融降于崇山（＊1）。其亡也、回祿信於聆隧（＊2）。商之興也、檮杌次於丕山（＊3）。其亡也、夷羊在牧（＊4）。周之興也、鸑鷟（＊5）鳴於岐山。其衰也、杜伯（＊6）射王于鄗。是皆明神之志者也。王曰、今、是何神也。對曰、昔、昭王娶於房、曰房后。實有爽德、協于丹朱（＊7）。丹朱憑身以儀之、生穆王焉。是實臨照周之子孫、而禍福之。夫神壹不遠徙遷、若由是觀之、其丹朱乎。（十五年、神の莘に降ること有り。王　内史過に問いて曰く、「是れ何故《なにとぞ》ぞ。固より之有るか」と。対えて曰く、「之有り。国の将に興らんとするや、其の君斉しく明らかに正しきに衷《あた》り、精く潔く恵み和やかにして、其の徳は以て其の馨《よ》き香を昭らかにするに足り、其の恵《めぐみ》は以て其の民人を同じうするに足る。神は饗《う》けて民は聴《おさ》まり、民神怨むこと無し。故に明神　之に降りて、其の政徳を観て、均しく福を焉に布く。国の将に亡びんとするや、其の君貪冒《むさぼ》り邪辟《よこしま》にして、佚《たの》しみに淫《ふけ》り荒《すさ》み怠け、黷穢《けが》れ暴虐にして、其の政は腥臊《なまぐさ》く、馨き香登らず、其の刑は矯《た》め誣《いつわ》り、百姓は携《はな》れ貳《たが》う。明神は蠲《いさぎよ》しとせずして、民に遠ざかる志有り、民神怨み痛み、依懐く所無し。故に神亦た焉に往き、其の苛慝を観て、之に禍を降す。是を以て或いは神を見て以て興り、亦た或いは以て亡ぶ。昔、夏の興るや、融　崇山に降り、其の亡ぶや、回禄　聆隧に信《やど》る。商の興るや、檮杌　丕山に次《やど》り、其の亡ぶや、夷羊　牧に在り。周の興るや、鸑鷟　岐山に鳴き、其の衰うるや、杜伯　王を鄗に射る。是れ皆な明神の志なる者なり」と。王曰く、「今、是れ何の神ぞや」と。対えて曰く、「昔、昭王は房に娶り、房后と曰う。実に徳に爽《たが》うこと有り、丹朱に協《あ》わす。丹朱は身に憑り以て之に儀《たぐ》い、穆王を生む。是れ実に周の子孫に臨照して、之を禍福す。夫れ神は壹にして、遠く徙遷《うつ》らず。若し是に由りて之を観ば、其れ丹朱ならんか」と。）（周語上）

＊1　融、祝融也。……

＊2　回祿、火神。再宿爲信。……

＊3　檮杌、鯀也。過信曰次。……

＊4　夷羊、神獸。……

＊5　三君云、鸑鷟、鸑鳳之別名也。……

＊6　……杜國、伯爵、陶唐氏之後。周春秋曰、宣王殺杜伯、而無辜。後三年、宣王會諸侯、矦田于圃。日中、杜伯起於道左、衣朱衣、衣朱冠、操朱弓朱矢、射宣王。中心折脊而死。

＊7　……丹朱、堯子。

「内史過」の言葉に拠れば、国家がよく治まり「神」が祭祀を受け「民」と「神」が怨みを抱かなければ、「明神」が「之に降りて、其の政徳を観て、均しく福を焉に布」くとされる。また為政者が暴虐であれば、「神」が「亦た焉に往き、其の苛慝を観て、之に禍を降す」。その上で「内史過」は、「是を以て或いは神を見て以て興り、亦た或いは以て亡」んだ例を列挙していく。すなわち、「昔、夏の興るや、融　崇山に降り、其の亡ぶや、回禄　聆隧に信《やど》る。商の興るや、檮杌　丕山に次《やど》り、其の亡ぶや、夷羊　牧に在り。周の興るや、鸑鷟　岐山に鳴き、其の衰うるや、杜伯　王を鄗に射る」と、祝融・回禄・檮杌・夷羊・鸑鷟・杜伯を挙げる。このような例を挙げた後「内史過」は、「是れ皆な明神の志なるものなり」と締め括る。

「内史過」は発言の途中で、「神」を「明神」と言い換えたり、再び「神」と言ったりしている。この記事の冒頭では「十五年、神の莘に降ること有り」と、「神」とのみ記されていた。つまり、「内史過」は、莘に降った「神」が「明神」であると主張するために、「明神の志」に言及し例を挙げたと考えられるのである。このことは、「神」という語の範疇の中に、「明神」という語が含まれていることを示すものだろう。

それでは、「明神」の語には、どのような神格が想定されていたのだろうか。ここで「明神」として現れている祝融・回禄・檮杌・夷羊・鸑鷟・杜伯・丹朱は、それぞれ四方神・火神・四凶の一・瑞獣・人鬼・祖先神など雑多な属性を持つ神々である。このことから、「明神」とは、ある特定の属性を持つ一柱の神を指すのではなく、不特定の神が担うある性格を強調する際に使う語であり、神の役割の一つではないかと考えられる。

上述の『国語』では、「明神」は、福を布いたり禍を降したりと、為政者を裁く存在として意識されており、積極的に人間世界に介入している。このことから、「明神」の持つ性格の一つとして、為政者の徳の善悪によって裁くという点を指摘できる。

為政者の徳の善悪によって裁くという「明神」のこのような性格は、『国語』の以下の記述からも傍証できる。周の宣王の三十二年、王は魯を伐ち懿公の弟孝公を立てた。しかし、こののち諸侯は王と親しまなかった。そこで、宣王は「国子の能く諸侯を導き訓える者」を選び侯伯にしようとした。

宣王欲得國子之能導訓諸侯者。樊穆仲曰、魯侯孝。王曰、何以知之。對曰、肅恭明神、而敬事耈老、賦事行刑、必問於遺訓、而咨於故實、不干所問、不犯所咨。王曰、然則能訓治其民矣。乃命魯孝公於夷宮。（宣王　国子の能く諸侯を導き訓える者を得んと欲す。樊穆仲曰く、「魯侯　孝なり」と。王曰く、「何を以て之を知るや」と。対えて曰く、「明神を粛《つつ》しみ恭《うや》まい、而して耈《こう》老に敬事し、事に賦し刑を行うには、必ず遺訓に問い、而して故実に咨《はか》り、問う所を干《おか》さず、咨《はか》る所を犯さず」と。王曰く、「然らば則ち能く其の民を訓え治めん」と。乃ち魯孝公を夷宮に命ず。）（周語上）

宣王が求める「能く諸侯を導き訓える者」の条件の一つとして、樊穆仲は「明神を粛《つつ》しみ恭《うや》ま」うことを挙げている。

また、周の襄王三年、王が「内史過」を使節として晋の恵公に襲封の命を賜った時の例を挙げよう。

襄王使召公過及内史過、賜晉惠公命。呂甥郤芮、相晉侯不敬、晉侯執玉卑、拜不稽手。內史過歸以告王曰、晉不亡、其君必無後。……古者、先王既有天下、又崇立上帝明神、而敬事之。於是乎有朝日夕月、以教民事君。諸侯、春秋受職于王、以臨其民。大夫士、日恪位著、以儆其官。庶人工商、各守其業、以共其上。……。（襄王　召公過と内史過とをして、晋の恵公に命を賜わしむ。呂甥・郤芮、晋侯を相けて敬わず、晋侯　玉を執りて卑く、拝するも稽手せず。内史過帰り以て王に告げて曰く、「晋は亡ばざるも、其の君必ず後無からん。……古は、先王既に天下を有つも、又た上帝・明神を崇び立てて、之に敬事す。是に於いて日に朝し月に夕する有り、以て民に君に事うるを教う。諸侯は、春秋に職を王より受け、以て其の民に臨む。大夫・士は、日に位著に恪《いた》り、以て其の官を儆《いまし》む。庶人・工・商は、各其の業を守り、以て其の上に共す。……」と。）（周語上）

古の理想的な統治状況の一つとして「又た上帝・明神を崇び立てて、之に敬事す」ることが挙げられている。

以上の『国語』に見える記述をまとめるならば、「明神」とは、為政者の徳や統治状況によって「福を布く」こともあれば「禍を降す」こともある、人間世界に積極的に介入する神である。それ故に為政者には、「明神」を「粛《つつ》しみ恭《うや》まい」「祟び立てて、之に敬事す」ることが求められたと言うことができる。

第五節　「明神」に期待される役割

前節では、「明神」とは、ある特定の属性を持つ一柱の神を指すのではなく、不特定の神が担う、ある性格を強調する際に使用される語と推定された。この推定が大過ないとした場合、人が呼びかける時、「明神」にはどのような役割が期待されていたのだろうか。

「秦駰禱病玉」(10)は、実際に「明神」に対して為された祈りの言葉を記録しており、右の問いに答えることができると思われる。

「秦駰禱病玉版」は、もともと個人が所蔵していたものだが、現在は上海博物館に所蔵されている。この玉版は考古発掘によって発見されたものではないため、出土地等の経緯は不明である。甲版と乙版の二枚があり、それぞれ縦約二十三㎝×横約四㎝×厚さ約〇・五㎝で、二枚ともほぼ同じ大きさである。裏表両面に祭禱の銘文が刻してあるが、甲版・乙版とも銘文そのものは同文である。

甲版正面と乙版背面の銘文数は、重複する五文字を除いて、全文で二百八十七文字、重文七字、合文四字、重文と合文も合わせると二百九十八文字になる。

その内容は、大きく二つに分けられる。すなわち、銘文の主である秦駰が病を患い華山に病の平癒を祈る前半と、効験あり病が平癒したことを華山に感謝し犠牲を捧げる後半である。

以下に、甲版正面と乙版背面の冒頭を含む、前半部分を挙げる。釈文は主に注（10）所掲李零氏論考に拠る。（　）には推測される文字が、［　］には行数が示される。また〓は重文・合文記号である。

又（有）秦曾孫羋〓（小子）騆曰、孟冬十月、氒（厥）氣殰（敗）周（凋）。余身曹（遭）病、爲我慼憂。忠〓（輾轉）反厤（側）、無閒［1］無瘳。衆人弗智（知）、余亦弗智（知）、而靡又（有）□休。吾竆（窮）而無奈之可（何）、永（咏）歎（嘆）憂盩（愁）。周世既叟（没）、典［2］灋蘚（散）亡。惴〓（惴惴）羋〓（小子）、欲事天地四亟（極）三光山川神示（祇）五祀先祖、而不得氒（厥）方。羲（犧）豭既美、玉帛［3］既精、余毓子氒（厥）惑、西東若惷。東方又（有）土姓、爲刑灋氏、亓（其）名曰陘、潔可以爲灋、□［4］可以爲正。吾敢告之余無辠也、使明神智（知）吾情。若明神不□其行、而無辠□友（宥）刑、［5］蜸〓（磑磑）烝（烝）民之事明神、孰敢不清（敬）。羋〓（小子）騆敢以芥（介）圭吉璧［6］（甲版正面）吉丑（紐）、以告于㠪（華）大〓山〓（太山。）（乙版背面）（有秦の曽孫小子騆曰く、「孟冬十月、厥れ気敗凋す。余の身　病に遭い、我が慼憂を為す。輾転反側して、聞《い》ゆる無く瘳《い》ゆる無し。衆人知る弗く、余も亦た知る弗くして、□休すること有る靡し。吾窮りて之を奈何ともする無く、詠《なが》く嘆じて憂愁す。周の世既に没び、典法散亡す。惴惴たる小子、天地・四極・三光・山川・神祇・五祀・先祖に事えんと欲するも、厥の方を得ず。犧豭既に美く、玉帛既に精《きよ》し、余毓《いく》子にして厥れ惑い、西東惷《くら》きが若し。東方に土姓有り、刑法氏と為り、其の名は陘と曰い、潔くして以て法を為すべく、□にして以て正しきを為すべし。吾敢えて之に余の辠《つみ》無きを告ぐるや、明神をして吾が情を知らしめん。若し明神其の行いを□せず、而して無辠もて□刑を宥さば、磑磑たる烝民の明神に事えて、孰れか敢えて敬わざらん。小子騆敢えて介圭・吉璧・吉紐を以て、以て華太山に告ぐ」と。）

甲版正面に「東方に土姓有り、刑法氏と為り、其の名を陘と曰い」とあり、続いて「吾敢えて之に余の辠《つみ》無きを告ぐるや、明神をして吾が情を知らしめん」と記される。

この部分に関して、先行研究では、「刑法氏」である「陘」を「明神」と解釈するか否かで、解釈が分かれている。李零氏は「陘」を「明神」と解釈するが、李家浩氏・王輝氏・李学勤氏・連劭名氏は「陘」を「明神」と解釈しない。以下に、諸氏の解釈をかいつまんで示す。

まず李零氏は、「この数句は、この神は〝土〟を姓とし、〝刑法〟を氏とし、〝陘〟を名とする、という意味である。(11)」と、「土」姓の「刑法氏」である「陘」を「此神」としている。その上で、「銘文では〝天地・四極・三光〟・〝山川・神祇・五祀・先祖〟、とりわけ〝明神〟・〝東方に土姓有り、刑法氏と為る、其名は陘と曰う〟に言及し、〝太一〟・〝大将軍〟にまで及ぶ。これは、華山の秦国における祭祀系統の中での地位を理解するだけでなく、古代に流行した禱病礼俗を理解する上でも貴重な資料である。(12)」と、「明神」と「土姓」の「刑法氏」である「陘」を同一の神であると見做している。

他方、李家浩氏・王輝氏・連劭名氏は共通して、原文の「土」を「士」と釈文する。李氏は、この「士」氏を「秦恵文王時」の「史定」なる人物に比定する。(13) さらに王輝氏は、原文の「陘」を「経」と解釈し、祈りの対象を「李悝・商鞅のような法家の人物」であるとする。(14) 連劭名氏は、原文の「陘」を「刑」と読み替え、祈りの対象である「明神」が「天の刑神」で「皐陶」を指すとする。(15) 加えて、「土」を「土」のままとする李学勤氏も、原文の「陘」を「経」と解釈する。その上で氏は、祈りの対象を「法典を作り民を治めた」「土地民姓を持つ諸侯」であるとする。(16)

以上の先行研究のうち、李家浩氏・王輝氏・李学勤氏はいずれも、「陘」を「明神」と解釈しない。しかし、病気平癒の祈禱文に法律関係の「経」あるいは「刑」が登場するのは、あまりに唐突であり、前後の文脈との整合性も保てないように思われる。

また李家浩氏の、「陘」を『呂氏春秋』に見える史定(17)とする説については、この「秦駰禱病玉版」の銘文の主「秦駰」

が秦の恵文王であると確定すれば、それなりの説得力を持つと思われる。しかし現時点で「秦駰」が恵文王であるとは確認できない。

如上の先行研究の検討から、李零氏の説に従い、「秦駰禱病玉版」では、「土姓」の「刑法氏」、名は「陘」というものが「明神」とされていると解釈する。なお、李零氏は「陘」を「杜主」とするが、この点については、今はひとまず措くこととしたい(18)。

この「明神」「陘」は、「潔くして以て法を為すべく、□にして以て正しきを為すべし」と廉潔で正しい性格であること、「吾敢えて之に余の辠無きを告ぐるや、明神をして吾が情を知らしめん。若し明神其の行いを□せず、而して無辠もて□刑を宥さば」と、罪あるものを罰し罪なきものを宥す存在であることが示されている。

「秦駰禱病玉版」に見える「明神」「刑法氏」が有するとされる、罪あるものを罰し罪なきものを宥す公正さは、前節に挙げた『国語』の、「明神　之に降りて、其の政徳を観て、均しく焉に福を布く」や「明神　蠲《いさぎよ》しとせずして、民に遠ざかる志有り、民神怨み痛み、依り懐く所無し。故に神亦た往き、其の苛慝を観て、之に禍を降す」という記述に合致する。『国語』では、「明神」が為政者の徳に対して直接賞罰を与える姿が描かれている。

「明神」に対するこのような認識は、『左伝』や『国語』ばかりではなく『晏子春秋』にも見ることができる。斉の景公が宋を攻めようとした時、景公は二人の丈夫が怒っている夢を見た。この夢を聞いた晏子は、景公に宋を討つことを止めるよう具申する。

景公舉兵將伐宋。師過泰山。公瞢見二丈夫立而怒、其怒甚盛。公恐、覺。辟門召占瞢者。至。公曰、今夕、吾瞢二丈夫立而怒。不知其所言、其怒甚盛。吾猶識其狀、識其聲。占瞢者曰、師過泰山、而不用事。故泰山之神怒也。請趣召祝史祠乎泰山、則可。公曰、諾。明日、晏子朝見。公告之如占瞢之言也。公曰、占瞢者之言曰、師過泰山

而不用事。故泰山之神怒也。今、使人召祝史祠之。晏子俯有閒、對曰、占瞢者不識也。此非泰山之神、是宋之先湯與伊尹也。公疑、以爲泰山神。晏子曰、公疑之、則嬰請言湯伊尹之狀也。湯質皙而長、顔以髯、兌上豐下、倨身而揚聲。公曰、然、是已。伊尹黑而短、蓬而髯、豐上兌下、僂身而下聲。公曰、然、是已。今若何。晏子曰、夫湯太甲武丁祖乙、天下之盛君也。不宜無後。今惟宋耳。而公伐之。故湯伊尹怒。請散師以平宋。景公不用、終伐宋。晏子曰、「[19]公伐無罪之國、以怒明神、不易行以續蓄、進師以近過、非嬰所知也。師若果進、軍必有殃[20]」。軍進再舍、鼓毀將殪。公乃辭乎晏子、散師、不果伐宋。（景公　兵を挙げ将に宋を伐たんとす。師　泰山を過る。公　瞢《ゆめ》に二丈夫の立ちて怒るを見る、其の怒ること甚だ盛んなり。公恐れ、覚む。門を辟《ひら》き占瞢者を召す。至る。公曰く、「今夕、吾　二丈夫の立ちて怒るを瞢《ゆめ》む。其の言う所を知らざるも、其の怒ること甚だ盛んなり。吾猶お其の状を識り、其の声を識る」と。占瞢者曰く、「師　泰山を過るも、事を用いず。故に泰山の神怒るなり。請うらくは趣かに祝史を召し泰山に祠らんことを、則ち可ならん」と。公曰く、「諾」と。明日、晏子朝見す。公　之に告ぐるに占瞢の言の如くす。公曰く、「占瞢者の言に曰く、『師　泰山を過るも事を用いず。故に泰山の神怒るなり』と。今、人をして祝史を召し之を祠らしめん」と。晏子俯すこと間有り、対えて曰く、「占瞢者は識らざるなり。此れ泰山の神に非ず、是れ宋の先の湯と伊尹となり」と。公疑い、以て泰山の神と為す。晏子曰く、「公　之を疑わば、則ち嬰請うらくは湯・伊尹の状を言わん。湯は質皙にして長《たけたか》く、顔は以て髯あり、兌上豊下、倨身にして揚声なり」と。公曰く、「然り、是れのみ」と。「伊尹は黒くして短《ひく》く、蓬にして髯あり、豊上兌下、僂身にして下声なり」と。公曰く、「然り、是れのみ。今若何せん」と。晏子曰く、「夫れ湯・太甲・武丁・祖乙は、天下の盛君なり。宜しく後無かるべからず。今惟れ宋のみ。而るに公　之を伐つ。故に湯・伊尹怒る。請うらくは師を散じて以て宋を平らかにせんことを」と。景公用いず、終に宋を伐つ。晏子曰く、「公　無罪の国を伐ち、以て明神を怒らし、行を易えて以て蓄《よしみ》を続《つ》がず、師を進め以て過に近づくは、嬰の知る所に非ざるなり。師若し果たして進まば、軍必ず殃有らん」と。軍進むこと再舎、鼓は毀れ将は殪る。公乃ち晏子に辞し、師を散じ、宋を伐つを果たさず。）（内篇諫上第一「景公將伐宋曹二丈夫立而怒晏子諫第二十二」）

斉の景公を諫めたが聞き入れられず、未来を予見した晏子は、「我が君は無罪の国を征伐して、明神を怒らせ、その行いを改めて宋と誼《よしみ》を通じようとせず、師旅を進めて自ら過ちに近づいている。このことはもはや私の関知するところではない」と言う。無辜の国を正当な理由なく征伐することは、「明神」の怒りを買う行為であり、その報いを受けることになると、晏子は予言しているのである。

この『晏子春秋』の例からも、「明神」が持つ罪あるものを罰し罪なきものを宥す公正さを見て取ることができる。本章第二節に挙げた『左伝』には、「明神」が盟誓の神として登場した。それは「明神」が、公平さと刑罰の執行も躊躇わない果断さを併せ持つと期待される存在であればこそ、盟誓の確かさを保証できると考えられたからではないだろうか。

『左伝』では盟約の際、「明神」は、山川の神々や各国の祖先神と並び称されていた。これら盟誓に関与する神々のうち、山川はそれぞれの土地に密着している。また祖先神はその子孫を庇護しようとする、と当時の人々に考えられていたはずである。山川の神々や祖先神は、そうした地縁性と血縁性を有する。しかし、「明神」にはそうした特性はない。恐らく、「明神」には、これまで検討してきたような公平な中立性が期待されたが故に、盟誓に関与することとなったのではないかと考えられる。

このことを証するような事例を、『左伝』に見出すことができる。魯の襄公九年、鄭は晋を中心とする連合軍に攻められて盟を結ぶが、直後に楚に攻められ、今度は楚と盟を結ぶことになった。この当時、晋と楚が諸侯の盟主の座を争っており、鄭は小国ゆえに、晋に附いたり楚に附いたりを繰り返していた。大国と大国の間で翻弄される小国の鄭が、楚に逼られて盟を結ぶ際、鄭の大夫たちの間でかわされた問答が『左伝』に記されている。なお、引用文中の［　］は孔穎達疏の文である。

> 楚子伐鄭。子駟將及楚平。子孔子蟜曰、與大國盟、口血未乾、而背之可乎。子駟子展曰、吾盟固云、唯彊是從。今、楚師至、晉不我救、則楚彊矣。盟誓之言、豈敢背之。且要盟無質、神弗臨也。［……服虔云、質、誠也。無忠誠之信、故神弗臨也。］所臨唯信。信者言之瑞也、善之主也。是故臨之。明神不蠲要盟、背之可也。乃及楚平。公子罷戎入盟、同盟于中分。楚莊夫人卒。王未能定鄭而歸。（楚子　鄭を伐つ。子駟将に楚と平らがんとす。子孔・子蟜曰く、「大国と盟い、口の血未だ乾かざるに、之に背くは可ならんか」と。子駟・子展曰く、「吾が盟固より云う、『唯だ彊のみ是れ従わん』と。今、楚師至り、晋　我を救わずんば、則ち楚は彊し。盟誓の言、豈に敢えて之に背かん。且つ要盟は質無く、神も臨まざるなり。臨む所は唯だ信のみ。信は言の瑞《しるし》なり、善の主なり。是の故に之に臨む。明神は要盟を蠲《いさぎよ》しとせず、之に背くも可なり」と。乃ち楚と平ぐ。公子罷戎入りて盟い、中分に同盟す。楚荘の夫人卒す。王未だ鄭を定むる能わずして帰る。）（襄公九年）

子孔・子蟜は、晋との同盟を結んだ直後であるにも拘わらず、それを捨てて、楚と結ぶことに難色を示す。しかし、子駟・子展は「無理強いされた盟誓には誠がなく、神も来臨されない。（神が）来臨されるのは信義がある場合だけである。信義は言葉を実行する証であり、善行の基である。それ故に神は信義がある場合にだけ盟誓に来臨されるのである。明神は無理強いの盟誓を潔白であるとはしない」と言い、子孔・子蟜を説き伏せる。

この部分の孔穎達疏は、服虔の注を引き「質は、誠なり。忠誠の信無し、故に神も臨まざるなり」とする。つまり、あるいはただの逃げ口上かもしれないが、ともあれ子駟・子展が、反対派の子孔・子蟜を説き伏せる理由の一つに「且つ要盟は質無く、神も臨まざるなり」を挙げていることが注目される。子駟・子展の所謂「要盟」、すなわち大国に強要される盟誓には、「神」も臨まないと言われているのである。この「神」は、『左伝』本文ではさらに十八字のちに「明神は要盟を蠲《いさぎよ》しとせず」とされ、「明神」と言い換えられている。「明神」は盟誓の確かさを保証するが、どんな盟誓でも保証するわけではない。「明神」が保証するのは、「彊」が強いる「要盟」ではなく、「信」や「善」の伴った盟誓であると考えられているのである。

まとめ

本章では、「明神」という語について検討を加え、それがある特定の属性を持つ一柱の神を指すのではなく、不特定の神が担う役割であり、ある性格を強調する際に用いられる語と考えられることを明らかにし得たと思う。その性格とは、罪ある者を罰し罪なき者を赦す果断さと公平さであり、その性格故に、「明神」の役割として、公平さが求められる盟誓に関与してその確かさを保証することが期待されたのであろう。

一方、『毛詩』雲漢では、「明神」は上帝への仲立ちを期待されていたであろうことを読み取ることができた。その際、前節で検討したように、「明神」が公平さを具えていると認識されていたことが関わってくるのではなかろうか。何となれば、干魃が続くことに対する不公平を訴える相手として、「明神」が想定されているからである。「雲漢」の第六章に「憯て其の故を知らず」と言うように、能う限りの方策を講じたのだから自分にはもう過失はないはずであり、それでも干魃が続く理由が見いだせないのである。理由なく続く干魃は人間の目から見れば不公平と映るものであり、「明神」に訴えることは、この不公平を是正してもらいたいが為であると考えられるのである。

「明神」のこのような性格は、第二章で確認した「神」の性格と重なる。「子弾庫帛書」十三行文では、「神」は「是れ徳匿するも、群神乃ち徳すと謂う」や「惟れ天は妖を作すも、神は則ち之を恵す」とあったように、天である「帝」

が「徳匿」という災厄を降すとしても、「神」は地上の人々に幸いを恵もうとするとされた。どちらも、天が地上に災いを降す際、地上の人々と天の間の仲介者の役割を担っており、地上の人々が天に働きかける余地を残しているのである。

他方、前章に挙げた山川の「神」の、自己の利益を図り、為政者たちと交渉し、交渉が有利に運べば為政者たちに与せんとする性格は、本章で検討した「明神」が持つ公平さとは、正反対のものであろう。「神」に「間行」すなわち悪事を行う邪な者や、「其の為《おこない》を蠲《いさぎよ》く」しない性格を持つ者があると考えられていたがために、「明神」が求められた可能性があるのではないだろうか。

注

（1）載書とは、盟誓の際その内容を記録した文書を言う。『春秋左氏伝』襄公九年「晉士莊子爲載書。」に附された杜預注に「……載書、盟。」とあり、『周礼』秋官・司盟「司盟、掌盟載之灋。」に附された鄭玄注に「載、盟辭也。盟者書其辭於策、殺牲取血、坎其牲、加書於上而埋之、謂之載書。」とある。

（2）目加田誠『目加田誠著作集第三巻　定本詩経訳注（下）　楚辞訳注』（龍渓書舎、一九八三年）一〇三頁、参照。

（3）春秋期の盟誓については、吉本道雅「春秋載書考」（『東洋史研究』第四三巻四号、一九八五年）、高木智見「春秋時代の結盟習俗について」（『史林』六八巻六号、一九八五年）、江村治樹「春秋時代盟誓参加者の地域的特質」（『名古屋大学東洋史研究報告』二五号、二〇〇一年）を参照。

（4）侯馬盟書については、山西省文物工作委員会編『侯馬盟書』（文物出版社、一九七六年）に拠る。

（5）温県盟書については、河南省文物研究所「河南温県東周盟誓遺址一号坎発掘簡報」（『文物』、一九八三年三期）に拠る。また、侯馬盟書及び温県盟書の先行研究については以下の通り。

江村治樹「侯馬盟書の性格と歴史的背景」（『春秋戦国秦漢時代出土文字資料の研究』汲古書院、二〇〇〇年。初出は、「侯馬盟書考」『内田吟風博士頌寿記念東洋史論集』同朋舎、一九七八年）
李　裕　民「侯馬盟書疑難字考」（『古文字研究』五、一九八一年）
黄　盛　璋「関于侯馬盟書的主要問題」（『中原文物』一九八一年二期）
吉本道雅「春秋載書考」（『東洋史研究』第四三巻四号、一九八五年）
「晋国出土載書考」（『古史春秋』二、一九八五年）
馮　　時「侯馬盟書与温県盟書」（『考古与文物』一九八七年二期）
平勢隆郎『春秋晋国『侯馬盟書』字体通覧――山西省出土文字資料――』（汲古書院、一九八八年）
郝　本　姓「河南温県東周盟誓遺址発掘与整理状況」（艾蘭・刑文編『新出簡帛研究―新出簡帛国際学術研討会文集二〇〇〇年八月・北京』文物出版、二〇〇四年）
呂　　静『春秋時期盟誓研究――神霊崇拝下的社会秩序再構建――』（上海古籍出版社、二〇〇七年）
李　艶　紅「『侯馬盟書』『温県盟書』与『左伝』盟誓語言比較研究」（『殷都学刊』、二〇〇七年）
（6）神明鑒察的意思。（注（4）所掲書三六頁）
（7）〝亟〟即〝殛〟、〝明亟〟即〝明神殛之〟之略。（黄氏、注（5）所掲論考、三三頁）
（8）吉本氏、注（5）所掲論考「晋国出土載書考」一一七頁、参照。
（9）我們先君的神靈將明晰而厳厲地注視着背盟之人、將滅絶那人的氏族。（李艶紅氏、注（5）所掲論考、一二六頁）
（10）「秦駰禱病玉版」の呼称は李零「秦駰禱病玉版的研究」（『中国方術続考』中華書局、二〇〇六年。初出は『国学研究』六、一九九九年）に拠る。秦駰禱病玉版の先行研究については、以下の通り。
李零氏前掲論考及び「入山与出塞」（『文物』二〇〇〇年第二期）
李　学　勤「秦玉牘索隠」（『中国古代文明研究』華東師範大学出版社、二〇〇五年。初出は『故宮博物院院刊』二〇〇〇年第二期）

周鳳五「秦恵文王禱祠華山玉版新探」(『中央研究院歴史語言研究所集刊』第七十二本第一分、二〇〇一年)
連劭名「秦恵文王禱祠華山玉簡文研究」(『中国歴史博物館館刊』二〇〇一年第一期)
「秦恵文王禱祠華山玉簡文研究補正」(『中国歴史博物館館刊』二〇〇〇年第二期)
李家浩「秦駰玉版銘文研究」(『北京大学中国古文献研究中心集刊』二、二〇〇一年)
曽憲通・楊沢生・肖毅「秦駰玉版文字初探」(『考古与文物』二〇〇一年第一期)
王　輝「秦曾孫駰告華大山明神文考釋」(『考古学報』二〇〇一年第二期)
徐筱婷「秦駰玉版研究」(『第十三届全国暨海峡両岸中国文字学学術研討会論文集』万巻楼図書有限公司、二〇〇二年)
侯乃峰「秦駰禱病玉版銘文集解」(『文博』二〇〇五年第六期)

(11)「這幾句是説此神以〃士〃為姓、以〃刑法〃為氏、以〃陘〃為名。」(原文簡体字)(李零氏、注(10)所掲書『中国方術続考』三五六頁)

(12)「銘文提到〃天地、四極、三光〃・〃山川、神祇、五祀、先祖〃、特別是〃明神〃・〃東方有士姓、為刑法氏、其名曰陘〃、以及〃太一〃・〃大将軍〃、這不僅対了解華山在秦国祭祀系統中的地位、而且対了解古代流行的禱病礼俗也是宝貴材料。」(原文簡体字)(李零氏、注(10)所掲書『中国方術続考』三六〇頁)

(13)「陘這個人以〃士〃為氏、是東方三晋人、担任〃形法氏〃之職。当時他年歳已高、秦恵文王駰尊称他為〃士生〃。士陘可能就是《呂氏春秋・去宥》所説的秦恵文王時〃飾鬼以人〃的史定。」(原文簡体字)(李家浩氏、注(10)所掲論考、一二七頁)

(14)「〃東方有士〃不知其確指、但此〃士〃既創立刑法、又為〃東方〃之人、極可能指李悝・商鞅一類法家人物。」、「東方有士、生為刑法、是其名曰経」「潔可以為法、清可以為正」、「此句説秦執法士吏廉潔無私、可以為法則、執法亦正直不阿。」(原文簡体字)(王輝氏、注(10)所掲論考、一四八～一四九頁)

(15)「〃東方有士〃指下文〃使明神智吾情〃一句中的明神、即天之刑神。」、「天之刑神是皐陶」、「下文中的姓・氏・名指神名、都与刑法有関。〃陘〃、読為〃剄〃、《説文》云:〃刑、剄也。〃又云〃丼、刑也。〃」(原文簡体字)(連劭名氏、注(10)所掲論考「秦恵文王禱祠華山玉簡文研究補正」、五二～五三頁)

（16）「〝東方〟指関東、〝有土姓〟即有土地民姓的諸侯。〝為刑法民〟、〝刑〟是名詞、即法典、如《湯刑》・《九刑》。〝法〟則是動詞、意為治理範限。東方諸侯作法典治民、〝其名曰経〟、説的是《法経》。」（原文簡体字）（李学勤氏、注（10）所掲書、一七三頁）

（17）凡聽言、以求善也。所言苟善、雖奮於取少主、何損。所言不善、雖不奮於取少主、何益。不以善爲之愨、而徒以取少主爲之悖。惠王失所以爲聽矣。用志若是、見客雖勞、耳目雖弊、猶不得所謂也。此史定所以得行其邪也。此史定所以得飾鬼以人、罪殺不辜、羣臣擾亂、國幾大危也。人之老也、形益衰、而智益盛。今惠王之老也、形與智皆衰邪。（『呂氏春秋』去宥）

（18）案：《史記・封禅書》記秦故祀、提到〝杜主、故周之右将軍、其在秦中、最小鬼之神者〟、疑即此神。杜主即杜伯、是史伝被周宣王冤殺而化為厲鬼者、《繹史》巻二七引《周春秋》説杜主名恒、〝恒〟与〝陘〟読音相近（〝恒〟是匣母蒸部字、〝陘〟是匣母耕部字）。杜伯封于杜（今陝西西安東北）、在秦故地之東、或即上文所説〝東方〟。（原文簡体字）（李零氏、注（10）所掲書『中国方術続考』、三五六頁）

（19）四部叢刊本は「晏子公曰」に作る。今『晏子春秋校注』に従い改めた。

（20）この部分の晏子の言葉を銀雀山漢墓竹簡整理小組編『銀雀山漢墓竹簡（壹）』（文物出版社、一九八五年）は、「子曰、「公无罪之國、以怒明神、不易行□□□進師戰、禍非嬰之所智（知）也。師若果進、軍必有烖（災）」。」とする。

小結

序章で述べたように、従来の中国神話学の研究方法には、大きく分けて二つの研究方法があり、それぞれにいくつかの問題があった。まず、中国神話を他の地域の神話と比較する比較神話学の研究方法は、それぞれの神話群の中から、特定の幾柱かの神々のみを取り出して比較するのであり、一面的であると思われる。次に、神話伝説を各々民族や部族に分属させ関連づける研究方法については、考古学的にその存在が必ずしも実証されていない民族や部族を、先秦時代に書かれた書物に記録された神話から推測する点に問題があった。

本書では、従来の先行研究のように、ある神について、先史時代にまで遡ってそれを信奉したであろう民族や部族を探求することはせず、当該の文献が書かれた先秦時代を対象とした。また、それぞれの神話群の中から、特定の幾柱かの神々のみを取り出して比較する比較神話学が抱える問題を回避するため、普遍性があると思われる機能的側面に着目し、先秦時代の神々を包括的に検討してきた。

本書で考察の対象とした「神」とは、天や上帝のような至上神の下位に位置し、至上神の意志を地上に伝える役割を担うものである。この「神」は、天の至上神と地上の人々との間で、双方の意志を伝える媒介として機能していた。本書で強調したのは、「神」が担う、このような仲介者としての役割であり、その重要性である。

古代中国においては、天と地上の間に断絶があるとする認識が存在した。この断絶がなぜ発生したのかを語る神話が天地分離神話であり、この神話は伝世文献にも出土文献にも認めることができた。

伝世文献から確認した天地分離神話は、「重黎」・「共工」・「蚩尤」、それぞれによるものとして伝えられていた。彼らによる天地分離は、「地天の通」・「天柱」・「空桑」などの天と地を繋ぐ通路を、物理的に破壊することでなされていた。（第一章）一方、出土文献である「子弾庫帛書」では、「炎帝」の言葉によって、観念的に天と地の分離はなされていた。ただ、いずれもこの断絶があったために、天の至上神と地上の人々とは直接交渉を持つことができなくなった、と当時の人々に認識されていたのである。（第二章）

しかし、この断絶は完全なものではなかった。むしろ、この断絶が前提となることで、古代中国における天と人との関係は、構造的に媒介となる仲介者を要請する。ここに、天の至上神、直接に天とは交流を持てない地上の人々、前二者を媒介する地上の神、という三極構造が確立されたのである。

地上の秩序を維持管理するこのような「神」は、五行説の影響により各々の「帝」の下に「佐」あるいは「神」が配置されていると考えられるようになると、「句芒」・「祝融」・「后土」・「蓐收」・「玄冥」の五柱の神々に固定化されていった。

五行説は、従来殷代四方風がその起源の一つとされていた。殷代四方風から始まった思考は、風を媒介として、『尚書』堯典の段階で方位と季節とを結びつけた。さらに、「子弾庫帛書」の段階で四方位・季節と色とが配当されたと推測した。一方で、それぞれの方位に配当される神の名に関しては、幾つかの組み合わせが平行していたと思われる。恐らくは、方位・季節・色が互いに配当された後、最終段階で『呂氏春秋』に見られるように、「句芒」・「祝融」・「蓐收」・「玄冥」に固定されたものと考えられる。それぞれの方位に配当されるこれらの神々は、天と地上の人々とを仲介し、天の至上神の下位に位置し、天の職責を代行することによって世界の秩序を維持しているとも考えられていた。

このような仲介「神」は、伝世文献である『呂氏春秋』では「句芒」・「祝融」・「蓐收」・「玄冥」、出土文献である「子弾庫帛書」では「祝融」と「四神」とがあった。しかし、五行説の成立過程においては、殷代四方風に淵源を持つ風神を初めとして、『山海経』に記録される四方神や「子弾庫帛書」の「四神」など、幾つかの組み合わせが平行して行われていたものと推測できる。このことは、「神」がもともと木火土金水の要素とは、直接関係していなかったことを示唆している。（第三章）

また、五行説が成立し儒教が国教化される以前の先秦時代における、「神」は多様な性格を有していた。山川の「神」には、「民則に狎れ、其の為を蠲《いさぎよ》く」しない「間行」ある者が存在すると考えられており、時には至上神の命令を待たず祟りという方法を用いて、為政者に祭祀を求めるものと当時の人々に認識されていた。（第四章）

かたや「明神」は、山川の「神」とは違い、公平さを備えていると認識されていた。この「明神」は、不特定の神が担う、公平さを備えた「神」という役割を強調する際に使われる用語であった。それ故、このような「神」を通じて、地上の人々は、直接に天の至上神と交渉を持つことはできなくとも、間接的に天の至上神に訴えかけることができるとされたのである。（第五章）

以上のように、先秦時代の「神」は、両極端とも思える性格を持つ者が存在すると考えられながらも、至上神と地上の人々との仲介者としての役割を担っていたのである。

『呂氏春秋』十二紀や『礼記』月令のように、五行説として時令が整備され、五行や方位や季節及び「帝」や「神」の配当関係が確定すると、それまで行われていた幾多の四方神や「四神」などの「神」は整理・統合されていった。さらに、前漢・武帝期に至り儒教が国教化されると、仲介者としての「神」は、その役割までも失うことになる。

董仲舒は、「春秋の災異の変を以て、陰陽の錯行する所以を推す。（以春秋灾異之變、推陰陽所以錯行。）[1]」や「天に陰陽有り、人にも亦た陰陽有り。天地の陰気起これば、而《すなわ》ち人の陰気之に応じて起こる。人の陰気起これば、而ち天地の陰気も亦た宜しく之に応じて起こるべし。（天有陰陽、人亦有陰陽。天地之陰氣起、而人之陰氣應之而起。人之陰氣起、而天地之陰氣亦宜應之而起。）(2)」というように、天と人との間では陰陽の気が媒介となるとし、自然現象も陰陽の気の循環によって説明する。そのうえで、「臣謹しみて『春秋』の中を案じ、前世已行の事を視、以て天人相与の際を観るに、甚だ畏るべきなり。国家将に失道の敗有らんとすれば、天迺ち先に災害を出して以て之に譴告し、自ら省るを知らざれば、又た怪異を出して以て之に警懼し、尚お変を知らざれば、而ち傷敗迺ち至る。（臣謹案春秋之中、視前世已行之事、以觀天人相與之際、甚可畏也。國家將有失道之敗、而天迺先出災害以譴告之、不知自省、又出怪異以警懼之、尚不知變、而傷敗迺至。）(3)」と言い、天が為政者に警告し、災禍を降すとする。(4)

董仲舒の言葉では、天と人との間で媒介として機能するのは陰陽の気であり、天は為政者に直接譴責を降すのである。このような天人相関及び災異思想のもとでは、「神」の介在する余地はない。仲介者としての神々は文献の上から姿を消すことになる。

如上述べたように、第一部では、先秦時代の「神」が、至上神である天と地上の人々との間で媒介として機能する、謂わば仲介者としての役割を持っていたことを明らかにした。先秦時代の神観念では、天の至上神と、直接に天とは交流を持てない地上の人々、及び前二者の間で媒介として機能する「神」、という三極構造が構成されていたのである。機能的側面から見たこの枠組みは、個々の神々を越えたある程度の普遍性を持っていると考えられる。それ故、中国の神話と他の地域の神話を比較する際の土台となることが期待される。また他の地域の神観念と比べた際、至上神と人との媒介となる「神」に両極端とも思える性格を持つ者が存在すると考えられていたことは、古代中国における神観念の特徴と言うことができる。

他方で、仲介者はじつは神々だけではなかったことが池澤優氏「宗教学理論における新出土資料――聖俗論と仲介者概念を中心に――」(5)で明らかになっている。すなわち、人である専門の宗教職能者は特殊な過程を経ることで、至上神の意志を知ることができると考えられていた。古代中国では、このような宗教職能者は「巫祝」などと呼ばれ、至上神と地上の人々との仲介者であったと考えられる。

また、儒教が国教化されて以降、為政者である皇帝と天の間に「神」の介在する余地はなくなったと考えられるが、庶人やそれ以外の士大夫であっても私的な場面では、依然として「神」と交渉を持っていたと思われる。ただ、それは正統的な伝世文献には現れ難く、六朝志怪や唐代伝奇に潜んでいると考えられる。

第二部では、対象とする時代を漢代以降から宋代まで引き下げたうえで、広く六朝志怪や唐代伝奇をはじめ筆記小説にまで目配りをしつつ、至上神と地上の人々との仲介者であった「巫」についてその特徴を探求していきたい。

注

(1)『史記』儒林伝。

(2)『春秋繁露』同類相動第五十七(蘇輿撰『新編諸子集成　春秋繁露義證』中華書局、一九九二年)。

(3)『漢書』董仲舒伝。

(4)董仲舒については、金谷治氏「董仲舒の天人相関思想――自然観の展開として――」(『金谷治中国思想論集　上巻　中国古代の自然観と人間観』平川出版社、一九九七年)を参照。

(5)『中国出土資料研究』六、二〇〇二年。

第二部　仲介者としての巫とその特徴

第一章　古代中国における宗教職能者の諸相
——巫と祝宗卜史《しゅくそうぼくし》——

はじめに

今日、シャマンの訳語として、中国では「薩満」という語が使われる。その一方で、シャマンを「巫」と訳すこともある。「薩満」が、シャマンの音訳であるのに対して、「巫」は、シャマンに対応すると思われる概念を、その意訳として用いたと言うことができる。

「巫」は、少なくとも文献の上では、紀元前十七世紀～紀元前十一世紀ごろの殷代にまで遡ることができる語である。ただ、文字資料に確認できるのがこの時期であるというだけで、当然これ以前にも、「巫」に相当する者が存在した可能性はある。先行研究では、「巫」に相当する者は、シャマンの淵源に関係があったとする可能性も指摘されている。

そこで本章では、まず「巫」とシャマンの関係についての諸論を確認する。その後、文献資料に見える「巫」について、主に春秋戦国の資料に拠って、その活動や職能について検討することとしたい。

第一節　「巫」とシャマンについての諸論

「巫」とシャマンの関係について、李零氏は以下のように述べる。

現在の中国学研究者は、ツングース語のshamanismをもって広く世界各地の巫術を指すことを、比較的好む。shamanismは、とりわけ東北アジアと中南米の巫術を指し、その中には中国の巫術も含まれる。彼らはこのような個々の文化を超えた概念によって中国考古や芸術の視覚的な形象を解読したいと考えている。

李零氏は、現在中国では「巫」がシャマンであると見なされていることを指摘する。(1)その上で「巫」を、ツングース語族の女巫muta・男巫saman、モンゴル語族の女巫udegen・男巫boge、突厥語族のbügü/bögüなどのアルタイ語系の言葉と比較し、以下のように述べる。

中国語の「巫」字の上古音は明母魚部（miwa）で、mutaと発音が近い。「巫」字と「方」字も関係がある。「方」字の上古音は帮母陽部（piwang）で、bogeやbügüと発音が近い。中国語の「覡《げき》」字について、多くの学者は匣母錫部（ɣiek）とする。これは『切韵』の音系統からの推測だが、「覡」字は見に従う字で、早期の発音はきっと「見」字と近かっただろう。「見」字の上古音は見母元部（音kian）であり、恐らくはもともとsaman・cames・qam等の語と発音は近かっただろう。「巫覡《ふげき》」はこれらの語と関係があるのではないだろうか。これは考察する価値のある問題であろう。(2)

李零氏は、「考察する価値のある問題であろう」とは述べていても、「巫」とアルタイ語系に属するmuta等の「巫」に相当する語とが、如何なる関係にあるのか明言していない。

それでは、古代中国の「巫」をシャマンの一形態と見なすことは、果たして妥当と言えるのだろうか。この点に関して、宮川尚志氏は、デ＝ホロート氏や那波利貞氏の研究に言及した上で、(3) 以下のように述べる。

巫と記されるときこれをシャマンと理解してさし支えないことは承認されよう。古代漢族の巫がシャマンの特質である脱魂《だっこん》ないし憑依《ひょうい》の宗教経験を有したことが実証されない場合があるにせよ、それらを有したと蓋然的に推定されるアルタイ系民族の呪術者として胡巫《こふ》の称あり、また越巫《えつふ》等の名もいわゆる南方シャマニズムを担った宗教者であったと思われる。(4)

宮川氏は、「巫」が脱魂や憑依をしたことが実証されない場合があると認めた上で、それでも脱魂や憑依を行った可能性があることを指摘する。さらに、「巫」が祓禳《ふつじょう》・宮室や人身を清潔にする処置・雨乞い儀礼の犠牲など多様な任務を果たしたとし、以下のように述べる。

それらに従事するときに忘我失神の現象が伴わなくても、巫として機能したはずである。しかしこの事は巫といっても真正・純粋でないいわゆる仮巫もまた存在したことを推測させる。同じような事態は他の民族社会のシャマン（シャマンと等値の諸種の呼称をもつ術者sorcerer）について見られるので、巫をシャマンと訳して何ら支障はない。(5)

宮川氏に拠れば、忘我失神に伴う脱魂や憑依がなくとも、「巫」として機能している以上、「巫」をシャマンと訳してもよい。なぜなら、他の民族社会のシャマンでも、同様の事態が見られるから、ということになると思われる。

しかし、この宮川氏の所説に従うならば、シャマンという語が意味する範囲は、いくらでも拡大しまうのではないだろうか。脱魂あるいは憑依というシャマニズムにとって中心的とも思える行為がなくとも、シャマンと言ってよいのならば、果てはなにがしかの呪術・宗教行為に関わる者ならば、誰でもシャマンと呼んで差し支えないことになるのではないだろうか。

少なくとも漢代以前の古代中国では、宗教的な職能を持つ者は、「巫」の他に「祝《しゅく》」・「宗《そう》」・「卜《ぼく》」・「史《し》」などがおり、いくつかの区別が存在した。また、本章第三節で確認するが、彼らの職能も、ある程度重なる部分はあるにしても、一応の相違が認められる。

ここでシャマニズムの本質について論じる暇も力量も筆者にはないが、先の宮川氏の所説に従えば、これら「祝」・「宗」・「卜」・「史」もみなシャマンということになってしまうのではないだろうか。「巫」をシャマンと翻訳することの当否はひとまず措くとしても、「巫」をシャマンと指摘するだけでは、「巫」とその他の宗教職能者との区別を曖昧にすることにしかならないのである。

先に脱魂や憑依がシャマニズムにとって中心的な行為と述べたが、古代中国の「巫」は脱魂ないし憑依を行ったのだろうか。エリアーデ氏は、脱魂型シャマンが古代中国にも存在したと主張する。その際、その主張の根拠として言及されるのが、本書の第一部第一章でも挙げた、『国語』楚語に見える観射父の言葉である。

ある日、楚の昭王は「周書に言う『重黎《ちょうれい》は天と地とを行き来できなくさせた』とは、どういうことか。もしそうしなかったら民は天に登ることができたのか」と、観射父に下問する。これに対して、観射父は以下のように答える。なお、傍線a・bは引用者付す。

昭王問於観射父曰、周書所謂、a重黎實使天地不通者何也。若無然、民將能登天乎」。對曰、「非此之謂也。古者民神不雜、民之精爽不攜貳者、而又能齊肅衷正、b其知能上下比義、其聖能光遠宣朗、其明能光照之、其聰能聽徹之。如是則明神降之、在男曰覡、在女曰巫。是使制神之處位次主、而爲之牲器時服。……（昭王　観射父に問いて曰く、「周書に所謂、『重黎は寔に天地をして通ぜざらしむ』とは何ぞや。若し然ること無くんば、民は将に能く天に登らんとするか」と。対えて曰く、「此れ之の謂に非ざるなり。古は民神雑らず、民の精《きよ》く爽《あか》るく貳《ふたごころ》を携《いだ》かざる者にして、又た能く斉しく粛み正しきに衷《あ》たり、其の知は能く上下に比《くら》べ義《はか》り、其の聖は能く光《ひろ》く遠く宣朗《あき》らかにして、其の明は能く之を光照《かがやきてら》し、其の聡は能く之を聴徹《ききとお》る。是くの如くんば則ち明神　之に降り、男に在りては覡と曰い、女に在りては巫と曰う。是れ神の処位・次主を制せしめて、之が牲器・時服を為らしむ。……）（『国語』楚語下）

ここで問題になるのは、エリアーデ氏が自説の根拠として言及した際、氏はこの『国語』楚語を誤って解釈した点である。この点に関して、宮川氏は、『国語』楚語の原文とエリアーデ氏の訳を対照し、以下のように述べる。

> 初期の巫の性格についてのエリアーデの判断は有名な国語・楚語下にある、楚の昭王と観射父との問答の英訳に基づいている。……エリアーデはこれを根拠としてシャマンが天上や地下の冥界に行って神霊と接見することと解した。しかし後文の「明神降之」intelligent shen descended into them に注意するなら神霊の方から巫覡に降臨するpossessionを指すと見るべきである。(6)

先に見たように、宮川氏は「巫をシャマンと訳して何ら支障はない」とする。しかし、氏は『国語』楚語の例が脱魂型シャマンであることは否定する。

さらに、矢田尚子氏は、「デフロート氏の訳に依拠したエリアーデは、『国語』楚語下の文意を誤解し、最終的に間違った結論に達してしまったと考えられる(7)」と指摘する。その上で矢田氏は、より詳細な論証を加え、「「脱魂」こそが普遍的、根源的なシャーマニズムの本質であるというエリアーデのシャーマニズム論は、以上のように少なくとも中国においては、文献に確たる根拠を徴し得ないものであることが明らかになった(8)」と結論付ける。

筆者も、エリアーデ氏が根拠とする『国語』楚語の訳は誤訳であること、少なくとも古代中国には「脱魂」の事例が見られないことについては、宮川・矢田両氏に賛同する。

それでは、ひとたびシャマニズムと言う観点から離れて見た場合、「巫」とはそもそもどのような存在と考えられていたのだろうか。次節以降では、殷代から春秋戦国時代までの「巫」の姿を概観していくこととする。

第二節　殷代の巫

文字資料の上で「巫」が確認できる最古の例は、殷代の甲骨文に見えるものである。甲骨文を資料とする「巫」の研究では、赤塚忠氏の研究がまとまっている。(9) 以下に赤塚氏の要旨を追っていきたい。

殷代甲骨文から窺われる「巫」には、神としての巫と、巫術を行う人としての巫が在した、と赤塚氏は言う。神としての「巫」は、東南西北の四方の果てにいる神霊で、風を掌るとされた。以下にその用例を三例挙げる。

戊子卜寧風北巫一犬。（戊子に卜す、「風を北巫に寧むるに一犬にせんか」と。(10)）

禘東巫。（東巫に禘《てい》せんか。(11)）

辛酉卜寧風巫、九犬。（辛酉に卜す、「風を巫に寧むるに、九犬にせんか」と。(12)）

これらの「巫」の用例から、赤塚氏は「「風を北巫に寧む」というのは、北方には北風を司る巫先が居ると信じて、それに祈って北風が吹き荒れるのを寧め(13)」たのだと言う。

風を宥めるこれらの「巫」は、総称して「四巫」とも呼ばれる。

癸卯卜貞、酌奉、乙巳、自上甲、二十示一牛、二示羊、土尞牢、四戈彘、四巫豕。（癸卯に卜して貞う、「酒して奉ること、乙巳に、上甲自りし、二十示には一牛、二示には羊、土には牢を尞《りょう》し、四戈には彘、四巫には豕にせんか」と。(14)）

赤塚氏は、「四戈と相關連している四巫も、四方の涯にある神靈であることは疑いがなく、そしてこの四巫こそ上帝の命を受けて風を動かす巫先であったと考えられる[15]」と述べる。なお、この「四戈」や「四巫」が神の名であることは、陳夢家氏にも同様の指摘がある。[16]

次に、巫術を行う、人としての「巫」を確認していく。以下に、赤塚氏が挙げる用例の中から、端的なものを二例挙げる。

丁酉卜、巫禘。（丁酉にトす、「巫、禘《てい》せんか」と。[17]）

このト辞では、人である「巫」が、「禘」という祭祀を行うかどうかをト問したものである。

癸酉卜、巫寧風。（癸酉にトす、「巫、風を寧めんか」と。[18]）

こちらのト辞でも、人である「巫」が、風を宥《なだ》める儀礼を執行するかどうかをト問している。赤塚氏は、人としての「巫」について「四巫は彼ら（巫）に対して巫先であり、彼らはそれを祀り、四巫と同様な風に對する特殊な靈力の資質を有つ専門職者であったのである。[19]」とする。

以上が殷代の「巫」に関しての、神としての側面と、それを祀る人としての側面である。ただし、この「巫」が「脱魂」ないし「憑依」を行ったという証拠は、管見の限り見当たらない。

最後に、赤塚氏は殷代の「巫」について、「殷代はむしろ巫術の盛行していた時代と見るべきであるのに、巫術者の殷王朝における地位が比較的低かったのは何故であろうか。殊に無形で、しかも著大な効顯のある風を動かすという傑出した靈力を有《も》つ巫術者が祭禮を指導する位置にいなかったのは何故であろうか」と、その地位が低かったことを指摘する。[20]その上で氏は、その理由の一つとして「巫術、特に風を祀る巫術が殷王朝以前の古い信仰形態であることに因[21]」るとし、巫術の淵源をより古代に求めている。

それでは、仮に赤塚氏の言う通り殷代の「巫」の淵源がより古代に求められるとして、それがそのまま謂わば地続きに、後世まで受け継がれていったのであろうか。

第三節　巫と祝・宗・卜・史との相違

まず、春秋戦国期に存在した「巫」も含む宗教職能者について概観しておこう。何となれば、「巫」とそれ以外の宗教職能者の相違を見ていくことで、「巫」の職能がより明瞭になると思われるからである。

戦国時代に成立したと見られる『周礼』には、王に仕える役職が網羅されており、主に「春官」に祭祀や呪術に関与する役職が集められている。「春官」の長官が「大宗伯」である。以下に引用しよう。

大宗伯之職、掌建邦之天神・人鬼・地示之禮、以佐王建保邦國。以吉禮事邦國之鬼神示、以禋祀祀昊天上帝、以實柴祀日月星辰、以槱燎祀司中・司命・飌師・雨師、以血祭祭社稷・五祀・五嶽、以貍沈祭山林川澤、以疈辜祭四方百物。以肆獻祼享先王、以饋食享先王、以祠春享先王、以禴夏享先王、以嘗秋享先王、以烝冬享先王。（大宗伯の職は、建邦の天神・人鬼・地示《ちぎ》の礼を掌り、以て王を佐けて邦国を建保す。吉礼を以て邦国の鬼神示に事え、禋祀を以て昊天上帝を祀り、実柴を以て日月星辰を祀り、槱燎《ゆうりよう》を以て司中・司命・飌《ふう》師・雨師を祀り、血祭を以て社稷・五祀・五嶽を祭り、貍《ばい》沈を以て山林川沢を祭り、疈辜《ひよくこ》を以て四方百物を祭る。肆獻《てき》祼《かん》を以て先王に享《すす》め、饋食《きし》を以て先王に享め、祠を以て春に先王に享め、禴《やく》を以て夏に先王に享め、嘗《しよう》を以て秋に先王に享め、烝《じよう》を以て冬に先王に享む。）（春官・大宗伯）

王を補佐して禋祀など多くの祭祀を司るとされていることから、「大宗伯」は各種の祭祀全体を統括する役職であることが諒解できよう。

この「大宗伯」の下に、「大卜」・「大祝」・「司巫」・「大史」などが属している。これら「大卜」・「大祝」・「司巫」・

「大史」の職掌を以下に列記すると、

大卜、掌三兆之灋。……掌三易之灋。……掌三夢之灋。（大卜は、三兆の法を掌る。……三易の法を掌る。……三夢の法を掌る。）（春官・大卜）

大祝、掌六祝之辭、以事鬼神示、祈福祥、求永貞。……掌六祈以同鬼神示。……作六辭以通上下・親疏・遠近。（大祝は、六祝の辞《のりと》を掌り、以て鬼神示に事え、福祥を祈り、永貞を求む。……六祈を掌り以て鬼神示に同じくす。……六辞を作り以て上下・親疏・遠近に通ず。）（春官・大祝）

司巫、掌羣巫之政令。若國大旱、則帥巫而舞雩。國有大災、則帥巫而造巫恆。祭祀、則共匰主及道布及蒩館。凡祭事、守瘞。凡喪事、掌巫降之禮。（司巫は、群巫の政令を掌る。若し国に大旱すれば、則ち巫を帥いて舞雩《ぶう》す。国に大災有れば、則ち巫を帥いて巫恒を造す。祭祀には、則ち匰主及び道布及び蒩館《しょかん》を共す。凡そ祭事には、瘞《えい》を守る。凡そ喪事には、巫降の礼を司る。）（春官・司巫）

大史、掌建邦之六典、以逆邦國之治、掌灋以逆官府之治、掌則以逆都鄙之治。……大祭祀、與執事卜日、戒及宿之日、與羣執事、讀禮書而協事。祭之日、執書以次位常。（大史は、建邦の六典を掌り、以て邦国の治を逆《むか》え、法を掌り以て官府の治を逆え、則を掌り以て都鄙の治を逆う。……大祭祀には、執事と日を卜い、戒及び宿の日には、群執事と、礼書を読みて事に協す。祭の日には、書を執り以て位常を次づ。）（春官・大史）

の如くである。すなわち、「大卜」は占いに関することを、「大祝」は祭祀の祝詞を、「司巫」は「巫」を、それぞれ司るとされる。また「大史」は、法典を司り、祭祀に当たっては、それが礼に適うようにさせる、とされた。

さて、「巫」は、上記の「司巫」の下に所属する者である。『周礼』では、「巫」を「男巫」と「女巫」に分けて記載している。

男巫、掌望祀望衍授號、旁招以茅。冬堂贈、無方無筭。春招弭、以除疾病。王弔、則與祝前。（男巫は、望祀《ぼうえん》・望衍・授号を掌り、旁招には茅を以てす。冬には堂より贈りて、方無く筭無し。春には招弭して、以て疾病を除く。王弔せば、則ち祝と前む。）（春官・男巫）

「男巫」は、神々の招請や祓除を行うとされている。また、「女巫」は以下のように記載されている。

女巫、掌歳時祓除釁浴。旱暵則舞雩。若王后弔、則與祝前。凡邦之大烖、歌哭而請。（女巫は、歳時の祓除・釁浴《きんよく》を掌る。旱暵あらば則ち舞雩す。若し王后弔せば、則ち祝と前む。凡そ邦の大烖には、歌哭して請う。）（春官・女巫）

「女巫」も祓除を行うが、「舞雩」すなわち雨乞いの踊りをする点が、「男巫」と異なっている。なお、「男巫」も「女巫」も王や后が臣下を弔問する際に先導役をしているが、これは凶事に臨んで王や后のために凶邪の気を祓うためと考えられる。

「巫」は、「大宗伯」隷下の「司巫」のそのまた下に位置している。このことは、殷代と同じく、春秋戦国期でも「巫」の身分が高くなかったことを示していると思われる。この点については、『周礼』の「序官」からも見て取ることができる。

『周礼』には、「天官」・「地官」・「春官」・「夏官」・「秋官」のそれぞれの始めに、その役職名と人員数を述べる「序官」がある。例えば、本節冒頭で挙げた「大宗伯」では、「大宗伯、卿一人」と記されている。これはつまり、「大宗伯」という役職は「卿」という身分の者一人が担当する、ということを意味している。ちなみに、これまでに挙げた役職では、「大卜、下大夫二人」、「大祝、下大夫二人、上士四人」、「司巫、中士二人、府一人、史一人、胥一人、徒十人」となっている。

それでは「巫」はと言うと、「男巫、無數。女巫、無數。」と記されており、「男巫」・「女巫」とも「数無し」とされる。「序官」において人員数が「無數」とされる役職は、この「男巫」・「女巫」の他には、「旄人《ぼうじん》」麾下の「舞者」がある。「旄人」の役職は、

旄人、掌教舞散樂、舞夷樂。凡四方之以舞仕者屬焉。（旄人は、舞散楽・舞夷楽を教うるを掌る。凡そ四方の舞を以て仕うる者は焉に属す。（春官・旄人）

とあり、「四方の舞を以て仕うる者」が「舞者」である。「序官」では、「舞者の衆寡は数無し。（舞者眾寡無數。）」とされる。ここから、「無數」は決まった定員がないということであると解することができる。

要するに、「巫」は決まった定員を持たず、その祭祀の必要に応じて雇われる者たちであったと考えられる。それ故、当然その身分も高くはなかったと推測できよう。

ここまでの検討で、春秋戦国期においても、「巫」の地位が高くなかったことを示し得たと思う。それでは、この当時「巫」とはどのような存在と認識されていたのだろうか。ここで第一節に挙げた『国語』楚語について、改めて検討してみたい。

観射父の言葉に拠れば、「民の精《きよ》く爽《あか》るく貳《ふたごころ》を携《いだ》かざる者にして、又た能く斉しく粛み正しきに衷《あ》たり、其の智は能く上下に比《くら》べ義《はか》り、其の聖は能く光《ひろ》く遠く宣朗《あき》らかにして、其の明は能く之を光照《かがやきてら》し、其の聡は能く之を聴徹《ききとお》る。是くの如くんば則ち明神　之に降り、男に在りては覡と曰い、女に在りては巫と曰う。」と、民の中で聡明で聖徳ある者に「明神」が降り、その者が「巫」になるのだと言う。ここで「民の」と言われているように、「巫」は庶民の出であるとされている。この点も、先に示した「巫」の地位が高くなかったことを、裏付けるものであろう。この後、観射父は以下のように言葉を続ける。

而後使先聖之後之有光烈、而能知山川之號、高祖之主、宗廟之事、昭穆之世、齊敬之勤、禮節之宜、威儀之則、

容貌之崇、忠信之質、禋絜之服、而敬恭明神者、以爲之祝。使名姓之後、能知四時之生、犠牲之物、玉帛之類、采服之宜、彝器之量、次主之度、屏攝之位、壇場之所、上下之神祇、氏姓之所出、而心率舊典者、爲之宗。（而る後に先聖の後の光烈有りて、能く山川の号《よびな》、高祖の主、宗廟の事、昭穆の世、斉敬の勤《つとめ》、礼節の宜《よろしき》、威儀の則《のり》、容貌の崇《かざり》、忠信の質《まこと》、禋絜の服を知りて、明神を敬恭《うやま》う者をして、以て之が祝為《た》らしむ。名姓の後の、能く四時の生、犠牲の物《いろ》、玉帛の類、采服の宜、彝器の量、次主の度《のり》、屏摂の位《くらい》、壇場の所、上下の神祇、氏姓の出づる所を知りて、心は旧典に率《したが》う者をして、之が宗為《た》らしむ。）

ここでは、「祝」や「宗伯」の任命方法について述べているが、いずれも祭祀に関わる知識を有し、かつ「明神を敬い「古の典範に従う」という、謂わば心正しき者を任命するとされている。

ここで、観射父の言葉から読み取ることができる、「巫」と「祝」・「宗伯」の間にある違いをまとめよう。すなわち、「巫」は「明神」が降るという、神秘体験あるいは宗教体験に依って「巫」となる。これに対して、「祝」・「宗伯」は心の正しさが考慮されるとは言え、祭祀に関わる知識に依って任命されるということになろう。

それでは、神秘体験を経て「巫」となった者は、どのような職能を持ち活動を行ったのだろうか。次節では、主に史料に拠って見ていくこととしよう。

第四節　史料から見る巫の職能

まず、『春秋左氏伝』から、正式な官職を得ていたとは思われない、「巫」が登場する例を挙げよう。なお、繁を避けるため、梗概のみ記し、原文は注掲する。

魯の僖公十年、晋侯（夷吾）は、兄の共太子を改葬した。その年の秋、狐突《ことつ》は曲沃に行った際、太子申生（共太子）の亡霊に会う。太子は狐突に「夷吾は無礼なので、晋国を秦に与えるつもりだ」と言う。狐突が思い止まるよう説得した結果、太子は七日後に曲沃の西の端の巫者に出るので、会いに来るように言い姿を消す。狐突が約束の期日に行くと、太子は夷吾が韓の地で敗れることを予言する。[22]

ここに登場する「巫」は、当代の晋君が敗戦することを予言しており、晋国で正式な官職についていたとは考え難い。共太子は、「巫」を通じて狐突に言葉を伝えており、この「巫」に憑依したものと考えられる。前節に挙げた『周礼』においても「司巫」が「巫降の儀礼」を司っていたように、「巫」が神降ろしをすることは、ある程度認知されていたと思われる。

しかし、神が憑依したのは、「巫」だけではない。その例を、第一部でも挙げた、『国語』の莘の地に神が降った話から挙げよう。周の恵王の十五年、神が虢国の莘の地に降った。恵王は、内史過に、何の神であるかを問うた。これに内史過は、以下のように答える。

> 十五年、有神降于莘。……王曰、今是何神也。對曰、昔昭王娶於房、曰房后。實有爽德、協於丹朱。丹朱憑身以儀之、生穆王焉。是實臨照周之子孫、而禍福之。夫神壹不遠徙遷、若由是觀之、其丹朱乎。（十五年、神の莘に降ること有り。……王曰く、「今是れ何の神ぞや」と。対えて曰く、「昔、昭王は房に娶り、房后と曰う。実に徳に爽《たが》うこと有り、丹朱に協《あ》わす。丹朱は身に憑り以て之に儀《たぐ》い、穆王を生む。是れ実に周の子孫に臨照して、之を禍福す。夫れ神は壹にして、遠く徙遷《うつ》らず。若し是に由りて之を観ば、其れ丹朱ならんか」と。）（『国語』周語上）

内史過の答えの中の「丹朱は房后の身に依り付き連れ添い、穆王を生みました（丹朱憑身以儀之、生穆王焉。）」に附された韋昭の注では、「房后の行いは丹朱のようであり、丹朱は房后の身に憑依して交わって、穆王を生んだという意味である。（言房后之行有似丹朱、丹朱憑依其身而匹偶之、生穆王。）」とする。

内史過の言葉では、「巫」ではない房后に丹朱が降っており、神が憑依するのは、「巫」に限ったことではないと考えられていたことが分かる。

次に、雨乞いの犠牲として、焼き殺されそうになる「巫」の事例を、『春秋左氏伝』から挙げよう。魯の僖公二十一年の夏、魯は大干魃に見舞われる。

夏、大旱。公欲焚巫尫。臧文仲曰、非旱備也。脩城郭、貶食省用、務穡勸分。此其務也。巫尫何爲。天欲殺之、則如勿生。若能爲旱、焚之滋甚。公從之。（夏、大いに旱す。公　巫尫を焚かんと欲す。臧文仲曰く、「旱の備えに非ざるなり。城郭を修め、食を貶《お》とし用を省き、穡を務め分を勧む。此れ其の務めなり。巫尫何をか為さん。天　之を殺さんと欲せば、則ち生ずること勿きに如かん。若し能く旱を為さば、之を焚かば滋ます甚し」と。公　之に従う。（『春秋左氏伝』僖公二十一年）

臧文仲の諫言によって、幸いにも「巫尫」は焼き殺されずに済んだ。しかしこれは裏を返せば、臧文仲の諫言がなければ「巫尫」は焼き殺されていたということであり、干魃の際にはそうした政策が行われることがあったということを意味している。

続いて、「巫」が夢占いをする例である。以下に、その梗概を記そう。

魯の成公十年、晋の景公は夢を見た。大きな幽鬼が、景公の不義を責め追いかけてくるという夢である。景公が「桑田の巫」を召すと、巫は景公が夢見た通りのことを話して見せた。そして「桑田の巫」は、「新麦を召し上がることはできないでしょう」と、景公に告げたのだった。……六月丙午、景公は、麦を献上させ、「桑田の巫」に麦を示してから殺した。景公は麦を食べようとしたが、腹が張るので厠に行くと、落ちて死んでしまった。(23)

「桑田の巫」は、晋の景公に召し出され、夢占いをしている。このことから、「桑田の巫」は晋に仕えていたようにも思われる。しかし、夢占いを外したと誤解した景公に、あっさり誅殺されている。もし卿大夫等の身分のある者ならば、如何に君主と雖も、こうも簡単に誅殺できないと予想される。このことから、この「桑田の巫」は、正式な官職に就いていたかどうかは明確ではないが、少なくともその身分は極めて低かったと推測できよう。

また『周礼』では、夢占いは「大卜」の司るところであり、またその下僚の「占夢」[24]の職掌でもあった。『周礼』に記される役職の者が仕える対象は王であり、上記「桑田の巫」が占った対象は諸侯の晋侯である。諸侯である景公が、王と同様に「占夢」の官を置いていたかどうかは不明であるが、少なくとも夢占いを専門とする者がいる一方で、「巫」も同様の職能を有していたことは確認できると思われる。

最後に、『周礼』では「男巫」・「女巫」ともに職掌としていた、凶礼の際の祓除を行う「巫」を『春秋左氏伝』から挙げよう。魯の襄公二十八年、襄公は盟約の為に魯から楚に向かったが、途中で楚の康王が薨じてしまう。その翌年の康王の葬儀の際、楚人は襄公を臣下として扱い、恥辱を加えようとする。

　楚人使公親襚。公患之。穆叔曰、祓殯而襚、則布幣也。乃使巫以桃茢先祓殯。楚人弗禁。既而悔之。（楚人　公をして親ら襚せしむ。公　之を患う。穆叔曰く、「殯を祓いて襚せば、則ち幣を布くなり」と。乃ち巫をして桃茢を以て先に殯を祓はしむ。楚人禁ぜず。既にして之を悔ゆ。）（『春秋左氏伝』襄公二十九年）

「巫」が桃の木の箒を持って国君に従うのは、君主が臣下の喪に臨む礼である。『礼記』檀弓下に、以下のようにある。

　君臨臣喪、以巫祝桃茢執戈。悪之也。（君　臣の喪に臨み、巫祝桃茢を以てし戈を執る。之を悪めばなり。）（『礼記』檀弓下）

つまり、「巫」に康王の棺を祓わせるということは、襄公が君主の立場に立つということなので、襄公は楚の下風に立たなくて済んだのである。

「巫」が君主を先導して、凶邪の気を祓うことは、前節で挙げた『周礼』「男巫」にも「王弔せば、則ち祝と前む。」とされており、「巫」の職掌の一つである。ただ、『周礼』男巫・『礼記』檀弓ともに、この祓いを「巫」単独で行うとはされておらず、「祝」と協力して行うとされている。

ただ、祓除は「巫」の持つ重要な職能であると思われる。「男巫」は、「冬には堂より贈り」や「春には招弭して、以て疾病を除く」とされていた。「女巫」は、「歳時の祓除・釁浴《きんよく》を掌る」とされている。そして、凶礼の際に凶邪の気を祓うことは、「男巫」・「女巫」ともに行うのである。『周礼』に記されている「巫」の職掌の多くを、祓除に関係することが占めているのである。

さてここで、「巫」が担っていた職能を列記すると、神降ろし・雨乞い・夢占い・祓除ということになろう。しかし、これら職能のいずれも「巫」のみが特権的に行うものとは断言できない。さらに、第二節で概観した殷代の「巫」の職能と、本節で確認した春秋戦国期の「巫」の職能とを比較すると、重なる部分が然程多くないことも看取されよう。であれば、殷代から春秋戦国期までの「巫」が、謂わば地続きの関係にあるのか疑問に感じざるを得ない。

おわりに

第一節で検討したように、「巫」は脱魂を事とする狭義のシャマンであると言うことは適当ではない。ただ、第四節で挙げた『春秋左氏伝』に見られた「巫」は、共太子の霊を憑依させており、憑依を伴う広義のシャマンであると言うことはできそうである。

ただ「巫」と言っても、神降ろし・雨乞い・夢占い・祓除という多様な職能を有していた。その職能も、他の宗教職能者と重なる部分が多く、「巫」にだけ特有なものは見いだし難い。また憑依に限って言えば、「巫」以外の人間にも起こり得ると考えられており、これも「巫」に特有の現象であると言い切ることはできない。

「巫」は確かに、広義のシャマンに含めることはできようが、それは古代中国の他の宗教職能者にも言えることである。つまり、「巫」をシャマンであると指摘することは、「巫」の特徴や性格を何ら説明することにはならないのである。ましてや、他の地域に見られるシャマンのある特徴について、古代中国の「巫」もシャマンであるので、「巫」にも同様の特徴が見られるはずだという、第一節で挙げた宮川氏がしたような推測は成り立たないだろう。

シャマニズムは確かに世界的に広がりを持つ宗教現象と言えるかも知れないが、個々の地域の宗教現象や文化を検討する際には、その概念の導入には慎重である必要があるのではないだろうか。

それでは、「巫」と他の宗教職能者との決定的な違いは何だったのだろうか。職能から見て「巫」を決定づけるものが見当たらない以上、別の側面から検討する必要があるだろう。これに関しては、第三節に挙げた『国語』に見られる観射父の言葉を検討する際に指摘したが、「巫」が神秘体験を経て「巫」となるのに対して「祝」や「宗伯」が任命されるという点、および「巫」は「民」の中から出ており、その地位が低かった点が関係すると思われる。

第二部の次章以下では、何が「巫」を特徴付けていたのかについて検討していきたい。

注

（1）現在漢学家比較喜歡用来自最後一詞来自通古斯語shamanism（薩滿教）泛指世界各地的巫術、特別是東北亜和中南美的巫術、其中也包括中国的巫術、想凭這種跨文化的概念来解読中国考古／芸術材料中的視覚形象。（原文簡体字）（李零「先秦両漢文字史料中的〝巫〟」『中国方術続考』中華書局、二〇〇六年、三〇頁。）

（2）漢語的〝巫〟字、上古音為明母魚部（miwa）・与muta発音相近。〝巫〟字与〝方〟字有関。〝方〟字的上古音為幫母陽部（piwang）、則与boge・bügü発音相近。漢語的〝覡〟字、学者多以為是匣母錫部（ɣiek）、這是従《切韻》系統上推、但其字従見、早期発音必与〝見〟字相近。〝見〟字的上古音為見母元部（音kian）、恐怕原来也与saman・cames・qam等詞発音相近。我們的〝巫覡〟是否与這些詞匯有関、這是値得考慮的問題。（原文簡体字）（注（1）所掲所、三四～三五頁。）

（3）いま問題になるのは漢文資料中の巫祝が宗教学でいうシャマニズムの中心をなすシャマンとみなしてよいかということである。デ＝ホロートはその大著『シナ宗教体系』第五部を「アニミズムの祭祀制度」と題し、周礼など古典をはじめ漢以降の正史などに散見する資料を集めるが、悪霊を駆除し、神霊・人鬼を呼び降すとき舞踏をなすことに注意し、巫が、shaman（シベリア）、faquir,dervish（ペルシア）、bazir,balian（カリマンタン）、wewalen（バリ島）、bisso（南西スラウェシ）などアジア各地に分布する男女両性の祭祀のシナ的分肢に他ならないとした。（宮川尚志「シャマニズムと道教」『東海大学紀要文学部』四八、一九八七年、一二三頁。）

（4）注（3）所掲論考、一二五頁。

（5）注（3）所掲論考、一二五頁。

（6）注（3）所掲論考、一二六頁。宮川氏は中略部分において、『国語』楚語原文の傍線部a、bと以下のエリアーデ氏の訳を挙げ対照する。

a ……that Chung-li was actually sent as an envoy to the inaccessible parts of heaven and earth;

b —their knowledge was able to rise to higher pheres and descend into the lower,

（7）矢田尚子「シャーマニズム論から見た「離騒」の天界遊行解釈」（『楚辞「離騒」を読む――悲劇の忠臣・屈原の人物像をめぐって――』東北大学出版会、二〇一八年。初出は、「楚辞「離騒」の天界遊行について」『東北大学中国語学文学論集』第六／七合併号、二〇〇二年）、四七頁。

(8)　注（7）所掲書、五四頁。
(9)　赤塚忠『中国古代の宗教と文化』（角川書店、一九七七年）、四一五～四四二頁、参照。初出は、「殷代における祈年の祭祀形態の復元（上・下）」（『甲骨学』九・一〇、一九六一年・一九六四年）。
(10)　中国社会科学院考古研究所編『甲骨文合集』全十三冊（中華書局、一九八二年）、三二一四九。以下『合集』と略称する。
(11)　『合集』五六六六二。
(12)　『合集』三四一二八。
(13)　注（9）所掲書、四二九頁。
(14)　『合集』三四一二〇。
(15)　注（9）所掲書、四二九頁。
(16)　四戈與四巫、都是神名。所謂四巫當指四方之巫如東巫北巫等。（陳夢家『殷墟卜辞綜述』中華書局、一九八八年、五七八頁。）
(17)　『合集』三四〇七四。
(18)　『合集』二一〇七五。
(19)　注（9）所掲書、四三六頁。
(20)　注（9）所掲書、四三九頁。また、李零氏も同様に「巫」の地位が低かったことを指摘する。「〝巫〟自商代以来地位比較低、這従幾点可以看得比較清楚。一是他們常常用作犠牲、常常被人用〝水〟・〝火〟殺死。二是他們的地位不僅在〝王〟之下・在〝祝宗卜史〟之下、還被中国的官僚知識界（〝士大夫〟）所賤視、地位与工匠・商賈・倡優一類相近、是禁止做官的。三是古代的法律也多以〝巫術〟（特別是其中的〝黒巫術〟）為〝左道〟、往往因其対民衆有影響煽惑力而深感恐惧、必欲加以禁止或限定。」（原文簡体字）（注（1）所掲書、五九頁。）
(21)　注（9）所掲書、四三九頁。
(22)　晉侯、改葬共大子。秋、狐突適下國、遇大子。大子使登僕、而告之曰、夷吾無禮。余得請於帝矣。將以晉畀秦、秦將祀余。對曰、臣聞之、神不歆非類、民不祀非族。君祀無乃殄乎。且民何罪。失刑乏祀、君其圖之。君曰、諾。吾將復請。七日、新

城西偏、將有巫者。而見我焉。許之、遂不見。及期而往、告之曰、帝許我罰有罪矣。敝於韓。（『春秋左氏伝』僖公十年）

（23）　晉侯夢大厲被髮及地、搏膺而踊曰、殺余孫不義。余得請於帝矣。壞大門及寢門。而入公懼入于室、又壞戸。公覺召桑田巫。巫言如夢。公曰、何如。曰、不食新矣。……六月丙午、晉侯欲麥、使甸人獻麥、饋人爲之。召桑田巫、示而殺之。將食、張如厠、陷而卒。（『春秋左氏伝』成公十年）

（24）　占夢、掌其歲時、觀天地之會、辨陰陽之氣、以日月星辰、占六夢之吉凶。一曰正夢、二曰噩夢、三曰思夢、四曰寤夢、五曰喜夢、六曰懼夢。季冬聘王夢、獻吉夢于王。王拜而受之。乃舍萌于四方、以贈惡夢、遂令始難歐疫。

第二章　「日書」に見える巫と狂との関係について

はじめに

「巫」は、古代中国において、種々の宗教儀礼や呪術を行う宗教職能者の一種である。先行研究の多くは、「巫」をシャマニズムの一形態と見なすことで一致している。

「巫」についての先行研究では、初期のものに狩野直喜氏の「支那上代の巫、巫咸に就いて」(1)・「説巫補遺」(2)・「續説巫補遺」(3)がある。これら一連の論考で氏は、「巫」を「シャマニズムに外ならない」(4)とし、ウラルアイタイック人種の言うKam,ama,Kamenと同一の語源であるとする(5)。また、「巫はどうかといふと、種々の職務はあれど、降神が尤も重なものである。祝は神に禱るものである。巫に神が乗移った時丈は、即ち神である。祝は文辭を以て神に接するものであれば、學問があり教育があった事は想像さるるが、神は國語のいふ如く『民之精爽不攜貳者』即ち或特別な精神状態を有するものであればよかったのである。寧ろ無教育で思想の單純なものがよかったかも知れぬ(6)」と言い、「祝」と「巫」との相違を説明する。さらに氏は、「祝は典禮的のものであるに反し、巫は宗教的のものである。祝は官吏として祭祀に奉仕するのが役目であるが、巫は官吏ではない。唯一種降神の術を知り、又人の吉凶禍福を予言して、一般の信仰を得て居った。……結局巫は殷の時代には大臣を兼ねるものであったが、文化の進むに連れ、典禮的の祝（若しくは宗）が出來て、巫は段々民間に下り、其社會上の位置は卑けれど、猶上下の信仰を得て居た。[7]」と、「巫」の身分が殷代から漸次低くなっていったことを指摘している。

「巫」についての先行研究は、その多くが狩野氏の研究を基礎としている。特に、「巫」をシャマンであるとする点については、那波利貞氏「巫祝攷源」[8]、藤野岩友氏[9]、宮川尚志氏「シャマニズムと道教」[10]、いずれも共通している。

前章では、この「巫」をシャマンと呼ぶことの当否を検討し、確かに「巫」を広義のシャマンに含めることはできるが、「巫」をシャマンであると指摘することは、「巫」の特徴や性格を何ら説明することにはならないとの結論を得た。

それでは、ひとたびシャマニズムという観点から離れてみた場合、「巫」を、その他の宗教職能者から差別化し、特徴付けるものとは何だったのだろうか。本章では、この疑問に答えるべく、まず、出土文献である「日書」に散見される「巫と為る」という語について確認する。次に、この「巫と為る」ことと「狂」との関係を、伝世文献を用いて考察していく。

第一節　「日書」に記される「巫」

「日書」とは、出行・仕官・建物の修築の日時や井戸・倉・門の配置などの吉凶が記された、占いのマニュアル書である。一九七五年に湖北省雲夢県睡虎地で「日書」と標題のある秦簡が発掘されてから、今日に至るまで各地で陸続と同種の竹簡が出土している[11]。

睡虎地秦簡[12]・放馬灘秦簡[13]・孔家坡漢簡[14]のそれぞれの「日書」の中には、「巫と為る」という占辞が散見される。この記述は、その占いに該当する者が、ある日、「巫」になるだろう、ということであると思われる。

それでは、「巫と為る」という占辞を確認していこう。以下、『睡虎地秦簡』・『天水放馬灘秦簡』・『隨州孔家坡漢墓簡牘』（それぞれ睡虎地・放馬灘・孔家坡と表示）から、篇毎に引用する。なお、引用中の、（　）は推測される文字を、□は判読不能を、［　］は竹簡配列番号を、それぞれ示す。

最初に、各々の「星」篇から挙例する。「星」篇は、それぞれの日に、二十八宿を割り当て、当該の日に割り当てられた星宿の占辞で占うものである。

斗、利祠及行賈賈市、吉。取妻、妻爲巫。生子、不盈三歳死。可以攻伐。［804上段］（斗宿の日は、祭祀と行商・市場での商いに利があり、吉である。この日に妻を娶ると、その妻は巫となる。子を産むと、その子は三歳にならないうちに死ぬ。攻伐するのによい。）（睡虎地・甲）

右に挙げた睡虎地秦簡「日書」甲種では、斗宿の日に「妻を娶ると、その妻は巫になる」とされる。なお斗宿の占辞は、睡虎地秦簡「日書」の乙種でもほぼ同文である(15)。

一方、孔家坡漢簡の「日書」星篇の斗宿の占辞では、

十一月斗、利祠及行賈市、吉。取（娶）妻、妻（爲）□□□。□（以）生子、不盈三歳死。可以□（攻）伐、入奴婢、馬牛。［56］（十一月の斗宿の日は、祭祀と行商・市場の商いに利があり、吉である。この日に妻を娶ると、その妻は□□、斗宿は□を司る。子を産むと、その子は三歳にならないうちに死ぬ。攻伐するのによい、奴婢や牛馬を入れるのによい。）（孔家坡）

とある。孔家坡漢簡では、睡虎地秦簡の「妻爲巫」の箇所が欠落して判読不能になっている。しかし、『隨州孔家坡漢墓簡牘』注釋は「據文例及睡虎地秦簡、此句應作「妻爲巫、司□」。」と記し、「妻爲巫」とすべきであるとする。

いずれも、斗宿の日に妻を娶るとその妻が「巫」になる、と占われているのである。「星」篇の中で「巫と為る」という占辞があるのは、斗宿だけではない。翼宿の日にも、「巫と為る」という占辞が見える。以下に、睡虎地秦簡「日書」星篇の翼宿の占辞を挙げる。

翼、利行。不可臧。以祠、必有火起。取（娶）妻、必棄。生子、男爲見（覡）、（女）爲巫。［823上段］（翼宿の日は、出行に利がある。収蔵してはいけない。この日に祭祀を行うと、必ず火災が発生する。妻を娶ると、その妻は必ず棄てられる、子を産むと、男であれば覡となり、女であれば巫となる。）（睡虎地・甲）

翼宿の日に子を産むと、その子が「男であれば覡となり、女であれば巫となる」という。睡虎地秦簡「日書」乙種(16)と、孔家坡漢簡(17)でも、やはり翼宿の日に生まれた女の子は「巫」になる、と占われている。

次に、「日書」の「直（置）室門」（以下「置室門」と呼称）篇から、「巫と為る」という占辞の例を挙げる。なお「置室門」篇とは、工藤元男氏に拠れば「占辞は城壁に穿たれた各門に面する家屋の住人が、それぞれいかなる禍福があるのかを、城南最東の寡門を起点として時計回りに説明したものである。」とされる(18)。

「置室門」では、「巫と為る」という占辞が、「則光門」・「屈門」・「高門」・「大吉門」の四箇所に現れる。まず、「則光門」から見ていこう。放馬灘秦簡の「日書」から、以下に引用する。

則光門、其主必昌［乙6下段］、好歌舞(19)、必柁衣常（裳）、十六歳更、不毆（也）(20)、必爲巫。［乙7下段］（則光門、その主人は必ず栄え、歌舞を好み、豪華な衣服を着る、しかし、十六年で（住居を）改めよ、そうしなければ、必ず巫となる。）（放馬灘）

占辞では、「則光門」の主人は栄えるが、十六年で住居を改めなければ、「必ず巫と為る」と占われている。ただ、睡虎地秦簡「日書」甲種では、「巫と為る」のではなく、「狂う」とされる。

則光門、其主昌、柁[21]衣常（裳）、十六歳弗更、乃狂。［848中段］（則光門、その家の主人は栄えて、襟に縫い取りのある豪華な服を着る、しかし十六年で（住居を）改めなければ、狂う。）（睡虎地・甲）

睡虎地秦簡の同じく「則光門」の占辞だが、放馬灘秦簡で「十六歳更、不殹（也）、必爲巫」に作る部分を、睡虎地秦簡では「十六歳弗更、乃狂。」に作っている。

『隨州孔家坡漢墓簡牘』では、如上のことを踏まえ、「巫乃狂」の三字を補っている。

則光門、必昌。好歌舞、必施[22]衣常（裳）、十六歳弗更、不爲□□□（巫乃狂）。［280下段］（則光門、その家は必ず栄える。歌舞を好んで、豪華な衣服を着るだろう、しかし、十六年で（住居を）改めず、巫とならなければ必ず狂う。）（孔家坡）

引用したように、孔家坡漢簡の「日書」では、「不爲」の後の判読不能な箇所に「巫乃狂」の三字を補い、「巫とならなければ必ず狂う」と解釈している。

次に、「屈門」にある用例を見る。睡虎地秦簡「日書」甲種では、

屈門、其主昌富、女子爲巫、四歳更。［849中段］（屈門、その家の主人は富み栄え、女子は巫となる、四年で（住居を）改めよ。）（睡虎地・甲）

とある。すなわち、「屈門」の屋敷の「女子」が「巫と為る」だろうとされる。一方で、放馬灘漢簡の「屈門」の占辞では、「巫」に言及しない[23]。しかし、孔家坡漢簡の「屈門」の占辞では、

屈門、必昌以富。婦女媢[24]族人婦女、是胃（謂）鬼責門。三歳弗更必爲巫。［281下段］（屈門、その家の主人は必ず富み栄える。その家の女性は親族の女性に嫉妬する、これを鬼責門と言う。三年で（住居を）改めなければ必ず巫となる。）（孔家坡）

とある。やはり、「三年で（住居を）改めなければ必ず巫となる」とされるのである。

「高門」と「大吉門」の占辞でも、「則光門」の占辞と同様、家の主人が「巫」になるとするものが見える。それぞ

れ睡虎地秦簡「日書」甲種から、以下に引用しよう。

高門、宜豕。五歳弗更、其主且爲巫。〔850下段〕（高門、ブタを飼育するのに良い。五年で（住居を）改めなければ、その家の主人は巫となるだろう。）（睡虎地・甲）

大吉門、宜錢金而入易虛、其主爲〔851下段〕巫、十二歳更。〔852下段〕（大吉門、金銭に良いが入ってきた金銭は容易に無くなる、その家の主人は巫となる、十二年で（住居を）改めよ。）（睡虎地・甲）

「高門」(25)・「大吉門」いずれの占辞でも、「その家の主人は巫となる」とされる。ただし、孔家坡漢簡の「大吉門」には、

大吉門、宜車馬。必爲嗇夫。貨數虛。必爲巫。十三年而更。〔282下段〕（大吉門、車馬を養うのに良い。その家の主人は必ず村役人となる。財貨がしばしば無くなる。必ず巫となる。十三年して（住居を）改めよ。）（孔家坡）

とある。その家の主人が、「嗇夫」すなわち村役人になるだろうと言われた後に、「必ず巫となる」と占われている。これのみでは、「巫」となるのが主人かどうか判然としないが、睡虎地秦簡の「大吉門」の占辞から推測すると、やはり「巫」となるのは主人であると思われる。

さらに、「生子」篇にも、「巫と為る」という占辞を見出すことができる。「生子」篇は、子の生まれた日の占辞によって占うものである。

庚寅生、女子爲巫。〔1137〕（庚寅の日に生まれ、女子ならば巫となる。）（睡虎地・乙）

庚寅の日に生まれた女子が、「巫と為る」だろうとされる。また、別の日の占辞でも、生まれた女子が「巫と為る」とするものが見られる。以下に、三例列挙しよう。

□□□（丑生子）…（断簡）…死、史。[26] 六十八年以丙寅死。女二日、一月不。[27] 必爲巫。五十六年以丙寅死。［380下段］（丑の日に生まれた子は、…（断簡）…死なず、吏となる。六十八年して丙寅の日に死ぬ。女は二日、一月には死なない。必ず巫となる。五十六年して丙寅の日に死ぬ。）（孔家坡）

辰生子、七日、三月不死、多病。一十三年以辛卯死。女三日、五月不死。爲巫、七十二年以壬午死。女復寡。［383下段］（辰の日に生まれた子は、七日、三月には死なないが、多病である。十三年して辛卯の日に死ぬ。女ならば三日、五月には死なない。巫となり、七十二年して壬午の日に死ぬ。女は二度寡婦となる。）（孔家坡）

□□□（酉生子）、九月（日）、二月不死。狂。卌三年以丙子死。女一日、四月不死。爲大巫、卅九年以丁丑死。［388下段］（酉の日に生まれた子は、九日、二月には死なない。狂う。四十三年して丙子の日に死ぬ。女ならば一日、四月には死なない。大巫となり、三十九年して丁丑の日に死ぬ。）（孔家坡）

丑・辰・酉のそれぞれの日に生まれた女が、「巫」となるとされる。[28]

以上のように、「日書」では、ある者が「巫と為る」と占われているのである。「巫」となる者については、多くの場合、「妻」や「女子」などの女性であるとされる。ただ「置室門」の「則光門」・「高門」・「大吉門」の占辞では、その屋敷の主人すなわち男性が「巫と為る」とされる。

「巫」が女性であるか男性であるかについて、先行研究[29]でも夙に言及され、また前章でも指摘した通り、『国語』楚語下では「男に在りては覡と曰い、女に在りては巫と曰う」とされ、男女で呼び分けている。前掲した睡虎地秦簡「星」篇の翼宿の占辞にも「子を生まば、男は覡と為り、女は巫と為る。（生子、男爲見（覡）、（女）爲巫。）」とあり、やはり男女で呼び分けがなされていた。しかし「置室門」篇では、屋敷の主人すなわち男性が、「巫と為る」とされていた。恐らく、「巫」と「覡」の呼び分けは、必ずしも厳密なものではなかったと考えられる。

いずれにせよ、睡虎地秦簡・放馬灘漢簡・孔家坡漢簡いずれの「日書」でも、ある日それまで普通の民間人であったものが、唐突かどうかは不明だが、「巫と為る」と占われているのである。

それでは、「巫と為る」には、どういう経緯があると考えられていたのだろうか。『国語』楚語下では、「巫」とは「精《きよ》く爽《あか》るく貳《ふたごころ》を携か」ず「能く斉しく粛み正しきに衷《あ》たり、其の智は能く上下に比べ義《はか》り、其の聖は能く光《ひろ》く遠く宣朗《あき》らかにして、其の明は能く之を光照し、其の聡は能く之を聴徹」する者に、明神が降って「巫」や「覡」になるのだ、と言う。[30]

つまり、「巫」は、「明神」が降るという言わば神秘体験によって、「巫」となるとされている。

後代の資料になるが、神秘体験を伴う「巫」の具体的な姿を、六朝志怪小説に見ることができる。以下に、『捜神記』から引用しよう。戴氏の女は、久しく病に苦しんでいた。

> 豫章有戴氏女、久病不瘥。見一小石形像偶人、女謂曰、爾有人形、豈神。能差我宿疾者、吾將重汝。其夜、夢有人告之、吾將祐汝。自後疾漸差。遂爲立祠山下。戴氏爲巫。故名戴侯祠。出捜神記（予章に戴氏の女有り、久しく病瘥えず。一小石の形像 人に偶たるを見、女謂いて曰く「爾に人形有り、豈に神ならんか。能く我が宿疾を差やさば、吾将に汝を重んぜんとす」と。其の夜、夢みるに人有りて之に告ぐ「吾将に汝を祐けんとす」と。自後疾漸く差ゆ。遂に為に祠を山の下に立つ。戴氏は巫と為る。故に戴侯祠と名づく。『捜神記』に出づ）（『太平広記』巻二九四「戴氏女」）

戴氏の女は、人の形をした石を夢に見て病が癒えるという神秘体験を経て、祠を奉じる「巫」になっている。

『国語』楚語と『太平広記』所引の『捜神記』から、「日書」に見える「巫と為る」とは、ある者が、ある日なにがしかの神秘体験を経て、「巫」としての自覚を持ち行動するようになるだろう、という意味であると考えられる。「日書」のうち、睡虎地秦簡と放馬灘秦簡は戦国最末期から秦代のものであり、孔家坡漢簡は前漢のものである。また、睡虎地と孔家坡は楚の故地であり、放馬灘は秦の故地である。これら出土文献の「日書」に見られる「巫」に対する観念は、相当広く長く存在したものと考えられる。

それでは、神秘体験を経る過程において、何が「巫」の身に起こったのだろうか。前述したように、「置室門」篇の「則光門」の占辞では、「狂」と「巫」が入れ替わるように現れていた。さらに、『孔家坡漢墓簡牘』の「則光門」の占辞では、睡虎地秦簡と放馬灘漢簡を踏まえた上で、「巫乃狂」の三文字を復元している。以下に、それぞれの「則光門」の占辞を再掲しよう。

則光門、其主昌、柁衣常（裳）、十六歳弗更、乃狂。（睡虎地・甲）

則光門、其主必昌、好歌舞、必柁衣裳、十六歳更、不也、必爲巫。（放馬灘）

則光門、必昌。好歌舞、必施衣裳、十六歳弗更、不爲□□□（巫乃狂）。（孔家坡）

睡虎地秦簡で「十六歳弗更、乃狂」とする箇所を、放馬灘秦簡では「十六歳更、不也、必爲巫」としており、「狂う」ことが「巫と為る」ことに置き換えられている。また、孔家坡漢簡の「十六歳弗更、不爲□□□」の判読不能の部分に、『隨州孔家坡漢墓簡牘』の釋文は「巫乃狂」の三文字を復元し、「巫とならなければ狂うだろう」と解釈している。

これらのことは、「狂」と「巫」が何らかの関係を有していたことを示唆するものと思われる。

第二節　伝世文献に見える「狂」と「巫」

それでは、「狂」と「巫」はどのように関係していたのだろうか。本節では、伝世文献に見える「狂」と「巫」を確認していく。

まず『史記』淮陰侯列伝には、蒯通が「詳狂《よう》して巫と為る」とする記述が見える。

蒯通は淮陰侯・韓信に仕え、韓信は漢の高祖・劉邦に仕えていた。しかし、蒯通は韓信に対して、漢を裏切るようしばしば具申する。

後數日、蒯通復說曰、「夫聽者事之候也、計者事之機也、聽過計失而能久安者、鮮矣。……夫功者難成而易敗、時者難得而易失也。時乎時、不再來。願足下詳察之」。韓信猶豫不忍倍漢、又自以爲功多、漢終不奪我齊、遂謝蒯通。蒯通說不聽、已詳狂爲巫。（後数日して、蒯通復た説きて曰く、「夫れ聴くは事の候《きざし》なり、計は事の機なり、聴くこと過ち計失いて能く久しく安んずる者は、鮮し。……夫れ功は成り難くして敗れ易し、時は得難くして失い易きなり。時よ時よ、再びは来たらず。願うらくは足下　之を詳察せんことを」と。韓信猶予して漢に倍くに忍びず、又た自ら功多く、漢終に我が斉を奪わずと以為《おも》い、遂に蒯通に謝す。蒯通　説聴かれず、已にして詳狂して巫と為る。）（『史記』淮陰侯列伝）

結局、韓信は「猶予して漢に倍くに忍びず、又た自ら功多く、漢終に我が斉を奪わずと以為《おも》い」、蒯通の進言を聞き入れなかった。そこで、身の危険を感じた蒯通は、「説聴かれず、已にして詳狂して巫と為」ったのであった。『史記』淮陰侯列伝が述べる蒯通の「狂」は、あくまでも偽りの「狂」であるが、偽りと見破られないためには、「狂った挙げ句に巫となる」という現象が一般にリアリティを持っていなければならないであろう。(31)

また『後漢書』の記載では、王莽の新末、赤眉軍・樊崇らの陣中で、「巫」に城陽の景王が憑依し「狂言」している。

軍中常有齊巫、鼓舞祠城陽景王、以求福助。巫狂言景王大怒曰、「當爲縣官、何故爲賊」。有笑巫者輒病、軍中驚動。時方望弟陽怨更始殺其兄、乃逆說崇等曰、「更始荒亂、政令不行。……不如立宗室、挾義誅伐。以此號令、誰敢不服」。崇等以爲然、而巫言益甚。前及鄭、乃相與議曰、「今迫近長安、而鬼神如此。當求劉氏共尊立之」。六月、遂立盆子爲帝、自號建世元年。（軍中に常に斉巫有り、鼓舞し城陽の景王を祠り、以て福助を求む。巫は景王大いに怒ると狂言して曰く、「当に県官と為るべし、何の故に賊と為る」と。巫を笑う者輒ち病むこと有り、軍中驚動す。時に方望の弟陽は更始の其の兄を殺すを怨み、乃ち逆えて崇等に説きて曰く、「更始荒乱し、政令行われず。……宗室を立て、義を挟み誅伐するに如かず。此を以て号令せば、誰か敢えて服さざらん」と。崇等以て然りと為して、而して巫の言益ます甚だし。前みて鄭に及び、乃ち相い与に議して曰く、「今長安に迫近して、鬼神此くの如し。当に劉氏を求めて共に之を尊立すべし」と。六月、遂に盆子を立て帝と為し、自ら建世元年と号す。）（『後漢書』劉玄劉盆子列伝）

赤眉軍の軍中では、「斉巫」が城陽の景王を祭って、神助を求めていた。この「斉巫」に、城陽の景王が憑依して「当に県官と為るべし、何の故に賊と為る」と「狂言」する。樊崇らは、「斉巫」の「狂言」に従い、劉盆子を探し出し擁立する。「巫」に死者が憑依して、人々に言葉を伝えることを、『後漢書』では「狂言」と表現しているのである。

この「斉巫」と似た例を、『漢書』王莽伝にも見出すことができる。王莽が漢の帝位を簒奪した年、長安の女子・碧に漢の高祖が憑依して、国を返還するよう王莽に要求する。この時、碧は「狂女子」と称されている。

是歳、長安狂女子碧呼道中曰、「高皇帝大怒、趣歸我國。不者、九月必殺汝」。莽收捕殺之。治者掌寇大夫陳成自免去官。眞定劉都等謀舉兵、發覺、皆誅。眞定常山大雨雹。（是の歳（始建国元年）長安の狂女子碧　道中に呼《さけ》びて曰く、「高皇帝大いに怒り、『趣《すみや》かに我が国を帰せ。不《しか》らずんば、九月必ず汝を殺さん』と」と。莽収捕して之を殺す。治者掌寇大夫陳成自ら免じ官を去る。真定の劉都等兵を挙げんことを謀り、発覚して、皆誅さる。真定の常山に大いに雹雨る。）（『漢書』王莽伝中）

長安の「狂女子」の碧は、「高皇帝大いに怒り、『趣かに我が国を帰せ。不らずんば、九月必ず汝を殺さん』と」と、高祖・劉邦の言葉を伝えている。ここで、死者の言葉を伝える碧は「狂女子」と、「狂」を冠して呼ばれているのである。

本節冒頭に挙げた『史記』淮陰侯列伝では、「詳狂して巫と為る」とあり、「狂」うことが、「巫」になることの前提とされていた。『後漢書』劉玄劉盆子列伝では、死者の憑依した「巫」がその言葉を発する際に、「狂言」と表現されていた。『漢書』王莽伝では、同様に死者の言葉を伝える者が「狂」と呼ばれていた。「狂」うことが「巫」になる前提とされ、「巫」と「狂」はともに死者の言葉を伝えると考えられている。

なお、『後漢書』で「斉巫」に対して用いられていた「狂言」という語は、瀕死の人間が言葉を発する際にも使用される。後秦の姚萇は、死ぬ間際に苻堅の亡霊を夢に見て、「狂言」を発する。

萇如長安、至於新支堡、疾篤、輿疾而進。夢苻堅將天官使者鬼兵數百突入營中。萇懼走入宮。宮人迎萇刺鬼、誤中萇陰。鬼相謂曰、「正中死處」。拔矛出血石餘。寤而驚悸、遂患陰腫、醫刺之、出血如夢。萇遂狂言、或稱「臣萇、殺陛下者兄襄、非臣之罪、願不枉臣」。至長安。……以太元十八年死。時年六十四、在位八年。……（萇長安に如き、新支堡に至り、疾篤く、疾を輿せて進む。苻堅の天官使者・鬼兵数百を将いて営中に突入するを夢む。萇懼れ走りて宮に入る。宮人は萇を迎えて鬼を刺すに、誤りて萇の陰に中る。鬼相い謂いて曰く、「正に死処に中る」と。矛を抜けば出血すること石余なり。寤めて驚悸し、遂に陰の腫を患い、医の之を刺せば、出血すること夢の如し。萇遂に狂言し、或いは称す「臣萇、陛下を殺す者は兄襄なり、臣の罪に非ず、願わくは臣を枉げざらんことを」と。長安に至る。……太元十八年を

以て死す。時に年六十四、位に在ること八年。）（『晋書』「載記第十六」姚萇）

姚萇は、夢の中で宮人に誤って傷つけられた。現実では、夢で傷つけられた箇所に腫瘍ができる。医者が、この腫瘍を刺すと多量に出血してしまう。この時姚萇は、苻堅に対して「臣萇、陛下を殺す者は兄襄なり、臣の罪に非ず、願わくは臣を枉げざらんことを」と「狂言」し、その年のうちに亡くなってしまうのである。

瀕死の者が「狂言」を発する例は、姚萇の他に、『寃魂志』に記される「孫峻」の例を挙げることができる。(32)

つまり、「狂言」とは、死者の言葉を語り伝えたり、瀕死の者が死者に語りかけたりする際に使われており、死者と密接に関わっていると考えられるのである。死者と密接に関わっている点は、『漢書』の「長安の狂女子碧」の例から窺えるように、「狂」についても同様であったろうと思われる。

それでは、「狂」とはどのように認識されていたのだろうか。次節では、「狂」そのものについて考察していく。

第三節　「狂」について

「狂」の姿について、『論衡』では以下のように描写している。

一曰、人之見鬼、目光與臥亂也。人之晝也、氣倦精盡、夜則欲臥。臥而目光反、反而精神見人物之象矣。……何以驗之。以狂者見鬼也。狂癡獨語、不與善人相得者、病困精亂也。夫病且死之時、亦與狂等。臥病及狂、三者皆精衰倦、目光反照、故皆獨見人物之象焉。（一に曰く、人の鬼を見る、目光臥すが与《ため》に乱るればなり。人の昼や、気倦み精尽き、夜は則ち臥せんと欲す。臥すれば目光反り、反れば精神　人物の象を見る。……何を以て之を験す。狂者の鬼を見るを以てするなり。狂痴独語し、善人と相い得ざるは、病困し精乱るればなり。夫れ病みて且に死せんとするの時も、亦た狂と

等し。臥・病及び狂、三者は皆な精衰倦し、目光反照す、故に皆な独り人物の象を見る。）（『論衡』訂鬼第六十五）

右に引いた『論衡』訂鬼篇では、「何を以て之を験す。狂者の鬼を見るを以てするなり。狂痴独語し、善人と相い得ざるは、病困し精乱るればなり」と述べており、「狂者」は「鬼」を見、「独語」するものと認識されていたようである。

そのうえ「訂鬼」篇では、「夫れ病みて且に死せんとするの時も、亦た狂と等し」として、「狂」はいまわの際にある者と同じだ、とも言う。この「病みて且に死せんとする」者が発する「独語」は、前節で挙げた瀕死の姚萇が発していた「狂言」と、状況的にみて同じものであると考えられる。

それでは「日書」では、「狂」をどのように捉えていたのだろうか。これについては、睡虎地秦簡「詰」篇(33)に見える「狂痴」という言葉を、手掛かりとして挙げることができる。

女子不（丕）(34)狂癡、歌以生商(35)、是陽鬼樂從之。［849背面・中段］以北鄉（嚮）□之辨二七燔、以灰□食食之、鬼去。［848背面・中段］（女子丕《おお》いに狂痴して、歌いて以て商を生ずるは、是《この》れ陽鬼楽みて之に従う。以て北嚮し□の辨二七燔きて、灰を以て□食し之を食らわば、鬼去る。(36)）（睡虎地・甲）

「詰」篇では、「女子が大いに狂痴して、悲しげな商の音色で歌う」ことが異常とされており、その原因は「陽鬼が取り憑いているからだ」としている。

一方、伝世文献では、『論衡』率性篇に「痴狂」が「路に歌啼」するという描写が見られる。

有癡狂之疾、歌啼於路、不曉東西、不睹燥濕、不覺疾病、不知飢飽、性已毀傷、不可如何。前無所觀、卻無所畏也。是故王法、不廢學校之官、不除獄理之吏、欲令凡衆見禮義之教。（痴狂の疾有るは、路に歌啼し、東西を曉らず、燥湿を睹ず、疾病を覚らず、飢飽を知らず、性已に毀傷すれば、如何ともすべからず。前みて観る所無く、卻きて畏るる所無

きなり。是の故に王法、学校の官を廃せず、獄理の吏を除かず、凡衆をして礼義の教を見しめんと欲す。）（『論衡』率性第八）

「痴狂の疾」がある者は、道で歌い泣くとされている。「率性」篇の「痴狂」に対する認識と、前掲した「詰」篇から窺える「狂痴」に対する認識とは、一致していると言えよう。秦代から後漢にかけての「狂」の観念は、ある程度共通していると見なすことができると考えられるのである。

ところで、「詰」篇では「是れ陽鬼楽《この》みて之に従う」とされていた。女子に取り憑くとされる、この「陽鬼」なるモノは、どのような存在と考えられていたのだろうか。

「陽鬼」は、睡虎地秦簡「詰」篇の別の条にも登場する。

竈毋（無）故不可以孰（熟）食、陽鬼取其氣。燔豕矢［842背面・上段］室中、則止矣。［841背面・上段］（竈　故無く以て食を熟すべからずんば、陽鬼其の気を取る。豕矢を室中に燔かば、則ち止まん。）（睡虎地・甲）

「竈　故無く以て食を熟すべからずんば、陽鬼其の気を取る」とあり、「陽鬼」が竈の気を吸い取り、食物を煮えなくさせている、という。竈の気を取るとされているからには、当然、「陽鬼」は「陽の気」を好むと考えられていたのであろう。

それでは、「鬼」と「陽の気」の関係は、どのように考えられていたのだろうか。『論衡』訂鬼篇では、「鬼」と「陽の気」の関係について、以下のように論じている。

鬼、陽氣也。時藏時見。陽氣赤、故世人盡見鬼、其色純朱。……言火同氣、故童謠詩歌爲妖言。言出文成、故世有文書之怪。世謂童子爲陽、故妖言出於小童。童巫含陽、故大雩之祭、舞童暴巫。……巫含陽氣、以故陽地之民多爲巫。巫黨於鬼、故巫者爲鬼巫。鬼巫比於童謠、故巫之審者、能處吉凶。……（鬼は、陽の気なり。時に蔵れ時に見る。陽の気は赤し、故に世人尽く鬼を見るに、其の色純朱なり。……言・火は気を同じくす、故に童謡・詩歌は妖言と為す。

言出でて文成る、故に世に文書の怪有り。世に童子を謂いて陽と為す、故に妖言は小童より出づ。童・巫は陽を含む、故に大雩の祭に、童を舞わしめ巫を暴《さら》す。……巫は陽の気を含む、故を以て陽の地の民多く巫と為る。巫は鬼に党す、故に巫者は鬼巫と為す。鬼巫は童謡に比《ひと》し、故に巫の審らかなる者は、能く吉凶に処す。……）（『論衡』訂鬼第六十五）

すなわち、『論衡』訂鬼篇に拠れば、「鬼」は「陽の気」であり、「巫は陽の気を含む」ので、「巫は鬼に党す」と言い、「鬼」と「巫」は同類の輩であるとされる。「訂鬼」篇に記される「陽の気」である「鬼」と、「詰篇」で言う竈の気を吸い取る「陽鬼」とは、ほぼ同じものであると思われる。

続けて「訂鬼」篇はいう。「言」と「火」は同じ気である、「童」は「陽」であるので、「童」から出る「妖言」すなわち「童謡・詩歌」も、「陽」である、と。それ故、「鬼巫は童謡に比《ひと》し」とも言う。

以上に引用した『論衡』訂鬼篇からは、「鬼」と「巫」と「童謡・詩歌」とが、「陽の気」によって緊密に結びついている、という認識を読み取ることができる。「訂鬼」篇の議論を端的にまとめると、「鬼」・「巫」・「童謡・詩歌」は「陽の気」に属しているので、みな同類である、ということになる。

そこで、睡虎地秦簡「日書」詰篇をもう一度見れば、女子が「狂痴」して「歌」い、「陽鬼」が「楽みて之に従う」とある。これは、「狂」や「歌」が「陽の気」と同類であり、それ故「陽鬼」が取り憑いた、と理解されていたのではないだろうか。

もしそうとするなら、睡虎地秦簡「日書」詰篇で「歌いて以て商を生ず」や『論衡』率性篇で「路に歌啼す」とされていた「狂」も、「巫」と同様、「陽の気」を含んでいると認識されていたのではないだろうか。

まとめ

第二節で挙げた『史記』では、蒯通が「詳狂して巫と為る」とされており、狂うことが「巫」となることの前提とされていた。また、『後漢書』では「斉巫」が「狂言」して、『漢書』では「狂女子碧」が、それぞれ死者の言葉を伝えていた。さらに、姚萇は死に瀕して死者に「狂言」していた。

これら伝世文献からは、「巫」と「狂」とが非常に密接な関係にあり、「狂」と死者も同様に密接な関係にあったことを読み取ることができた。

第三節で挙げた睡虎地秦簡「日書」詰篇及び『論衡』訂鬼篇では、「巫」・「狂」ともに「陽の気」を含んでいると考えられていた。そして、「陽の気」を含むことは、同時に「鬼」と同類の輩となることでもあった。つまり、「巫」も「狂」も、謂わば「鬼」の世界に属する点で同質であると、当時の人々に認識されていたと考えられるのである。

第一節で確認したように、「巫」となるには、何らかの神秘体験を経るとされていた。「巫」と「狂」が同質のものであるが故に、「巫」は神秘体験を経る過程において「狂」の状態となる、と考えられていたのではないだろうか。「巫」の持つ「狂」の側面は、「祝」・「宗」・「卜」・「史」などの他の宗教者には見られないものである。この神秘体験としての「狂」が、「巫」を他の宗教者から差別化し、特徴付けていたのではないだろうか。それ故にこそ、第一節で挙げた「日書」置室門篇では、同じ「則光門」の占辞の中で、「狂」（睡虎地・甲）と「巫」（放馬灘秦簡）が入れ替わるように現れていたと考えられる。また、孔家坡漢簡の「則光門」の占辞が、『隨州孔家坡漢墓簡牘』釋文の復元するように「巫と為らずんば乃ち狂う」と読むのであれば、睡虎地秦簡「則光門」及び放馬灘秦簡「則光門」の占辞と、同様の例とすることができる。

ある者が「巫」となる際、神秘体験として「狂」を経ているが故に、「巫」にならなければあとは「狂」でいるしかないと考えられたのであろう。

注

(1) 狩野直喜『支那学文藪』(弘文堂書房、一九二七年)二三～三九頁。初出は、『哲学研究』一九一六年七月。
(2) 狩野氏注(1)所掲書四〇～五七頁。初出は、『藝文』第八年第三号、一九一七年三月。
(3) 狩野氏注(1)所掲書五八～七七頁。初出は、『藝文』第九年第六号、一九一八年六月。
(4) 狩野氏注(1)所掲書二三頁、参照。
(5) 狩野氏注(1)所掲書三九頁、参照。
(6) 狩野氏注(1)所掲書四八頁、参照。
(7) 狩野氏注(1)所掲書五六頁、参照。
(8)『神道史研究』第二巻第五号、一九五四年。
(9)『巫系文学論』大学書房、一九六九年。
(10)『東海大学紀要文学部』四八、一九八七年。
(11) それぞれの「日書」の出土状況については、工藤元男『占いと中国古代社会　発掘された古文献が語る』(二〇一一年、東方書店)がまとまっており、理解しやすい。
(12) 一九七五年十二月、湖北省雲夢県睡虎地の戦国末期から秦初にかけての十二基の墓群の中、一一号墓から発掘された。当該の一一号墓は小型の木郭墓で、青銅器・漆器・陶器などの副葬品が七十件余り、竹簡は総計一千一百五十五枚が出土した。なお「日書」は、甲種と乙種の二種類が出土している。墓主の名は「喜」。喜の生没年は、秦昭王四十五年(前二六二年)から秦始皇三十年（前二一七年）である。「喜」は生前、安陸御史・安陸令史・鄢令史や鄢の獄吏等の司法関係の職務を歴任した（睡虎地秦墓竹簡整理小組編『睡虎地秦墓竹簡』文物出版社、一九九〇年）。なお引用と竹簡配列番号は、工藤元男氏（『睡虎地秦簡よりみた秦代の國家と社會』創文社、一九九八年、「序章」一三頁）の指摘に従い、雲夢睡虎地秦墓編写組『雲夢睡虎地秦墓』（文物出版社、一九八一年）に拠る。

（13）放馬灘秦簡は、一九八六年、甘粛省天水市麦積区党川郷放馬灘の一号秦墓から発掘された。放馬灘は、天水市の東南約七十㎞の秦嶺山脈の中に位置している。当該墓は、党川営林所の房舎建造に伴う基礎工事の際、四基の棺槨を持つ墓と共に、発見された。その後発掘調査は、三箇月に渡って行われ、大小併せて十四基の墓が発掘された。十四基のうち、十三基は秦墓で、一基が漢墓である。秦簡は、十四基の墓のうち最大のM一号墓から発掘された。M一号墓は、角が円い長方形の竪穴の土坑で、縦五ｍ・横三ｍ・深さ三ｍである。一棺一槨を備えており、多くの副葬品が発掘された。副葬品は、陶缶・陶壺・漆耳杯・漆盤・漆樽などが主なもので、木板地図・竹簡文書・算籌なども共に出土した。竹簡は、全てM一号墓から出土し、全四百六十一枚で、保存状態は良い。竹簡の内容は、「日書」甲種七十三枚・乙種三百八十一枚・「志怪故事」七枚である。M一号墓の下葬年代について、甘粛省文物考古研究所編『天水放馬灘秦簡』（中華書局、二〇〇九年）は、「八年八月己巳」と記された竹簡があることから、約前二三九年から始皇帝統一前までの間とする。しかし、海老根良介氏（「放馬灘秦簡鈔写年代蠡測」『簡帛』第七輯、二〇一二年）は、当該簡中での「罪」と「辠」・「黔首」・「殹」と「也」字の使用状況を検討し、当該簡を統一後の秦代の鈔本であるとする。張徳芳主編・孫占宇著『天水放馬灘秦簡集釋』（甘粛文化出版社、二〇一三年。以下『集釋』と略称する。）は、「此二詞（字）（「黔首」・「殹」を指す─引用者注）皆是秦統一前已有的用詞（字）、或是後來才被始皇帝定爲標準用詞（字）推行全國的、與我們的判斷并不矛盾。」とする。

（14）一九九八年から二〇〇〇年にかけて、湖北省随州市で、一五基の前漢墓が発見・発掘された。孔家坡漢墓は、随州の北東、町の中心から二・五㎞離れたレンガ工場の土取り場の敷地内に位置している。「日書」は、そのうちのM八号墓から出土した。同時に出土した木牘から、当該墓は前漢・景帝の後元二年（前一四二年）が下葬年代とされる。（湖北省文物考古研究所随州考古隊編『随州孔家坡漢墓簡牘』文物出版社、二〇〇六年）

(15) 睡虎地秦簡「日書」乙種には、「斗、利祠及行賈賈市、吉。取（娶）妻、妻爲巫。生子、不到三年死。不可攻。［998上段］」とある。甲種「可以攻伐」の部分を、乙種では「不可攻」に作っている。

(16) 翼、利行。不可臧。以祠、必有火起。取（娶）妻、必棄。生子、男爲見、女爲巫。［989上段］（睡虎地・乙）

(17) 『隨州孔家坡漢墓簡牘』に「（翼）、…（断簡）…□（起）。取（娶）妻、妻棄。司臧。以生子、爲巫、男爲見（覡）。可以□門牖。［75］」とある。なお「爲巫」について、注釋は「「爲」字前可能訛脱了「女」字。古稱女巫爲巫、男巫爲覡。」とする。

(18) 工藤元男『睡虎地秦簡よりみた秦代の国家と社会』「第六章　先秦社会の行神信仰と禹」（創文社、一九九八年）二一三頁、参照。初出は、「埋もれていた行神――主として秦簡『日書』による――」（東京大学『東洋文化研究所紀要』第一〇六冊、一九九八年）。なお、「門」が、城壁ではなく、各屋敷の門を指すとする見方もある。（大櫛敦弘「雲夢秦簡「日書」にみえる「囷《きん》」について」『中国―社会と文化』第二号、一九八七年）

(19) 『天水放馬灘秦簡』は「奴」と釋文するが、『集釋』に従い「好」と解釈する。

(20) 王輝「《天水放馬灘秦簡》校讀」（簡帛網、二〇一三年五月九日アクセス）及び大西克也「「殹」「也」の交替――六國統一前後に於ける書面言語の一側面」（『中国出土資料研究』第二号、一九九八）に従い、「殹」を「也」と解釈する。

(21) 『睡虎地秦墓竹簡』注釋は「柁、疑讀爲袘、《儀禮・士昏禮》:「纁裳緇袘。」注:「袘謂緣、袘之言施、以緇緣裳。」袘衣裳、衣裳鑲邊、這是一種比較考究的衣服。」とする。

(22) 『隨州孔家坡漢墓簡牘』注釋は「施、『礼記』祭統「勤待命、施於烝彝鼎」、注「施、猶著也」。施衣裳、謂衣有佩著。」とする。

(23) 屈門、其主必昌富、婦人必宜疾、是謂鬼夾之［乙8］門。三歳更。［乙9+13下段］（放馬灘）（『集釋』に拠る）

(24) 『隨州孔家坡漢墓簡牘』注釋は「媢、嫉妒。《広韻・遇韻》:「媢、媢妬也。女子妬男子。」」とする。

(25) 孔家坡簡漢の占辞にも「□□□□（高門、宜豕）。五歳弗更、其主爲巫、有夭（妖）。［298上段］」とあり、睡虎地秦簡とほぼ同じである。

(26) 『隨州孔家坡漢墓簡牘』の注釋は「史、疑借作「吏」。」とする。

（27）『隨州孔家坡漢墓簡牘』の注釋は、「〔不〕下脱一「死」字。」とする。

（28）上記のほか「爲巫」の用例は、以下に挙げる「盜者」篇にも見ることができる。しかし「盜者」篇の用例は、「巫と為る」ではなく、「巫為《た》り」と読むべき用例であると思われる。「甲亡、盜在西方、一宇閒之、食五口、其疵其上得…（断簡）…其女若母爲巫、其門西北出、盜三人。〔1148〕」（睡虎地・乙）・「辰、虫殹（也）。以亡、盜者從東方入、有從出取者、臧谿谷窌内中、外人殹（也）。其為人長頸小首小目、女子爲巫、男子為祝名。〔甲34〕」（放馬灘）・「辰、□（蟲）也。……□中、□於器閒。其盜女子也、爲巫、門西出。〔371〕」（孔家坡）。

（29）狩野氏注（1）掲書四一～四三頁参照。

（30）古者民神不雜、民之精爽不攜貳者、而又能齊肅衷正、其智能上下比義、其聖能光遠宣朗、其明能光照之、其聰能聽徹之。如是則明神降之、在男曰覡、在女曰巫。

（31）上掲の蒯通は、いわゆる「陽狂」の例である。「陽狂」については、矢嶋美都子氏『佯狂――古代中国人の処世術』（汲古書院、二〇一三年）・佐藤保編『鳳よ鳳よ――中国文学における〈狂〉――』（汲古書院、二〇〇九年）、及び塚本信也氏「「佯狂」とその周辺」（『集刊東洋学』第一〇八号、二〇一三年）を参照。

（32）吳幼帝卽位、諸葛恪輔政、孫峻爲侍中大將軍。恪强愎傲物、峻嶮側而好權。鳳皇三年、恪攻新城、無功而還。峻將以幼帝饗恪而殺之。其日恪精神擾動、通夕不寐。張約騰裔、以峻謀告恪。恪曰、豎子其何能爲。不過因酒食、行酖毒耳。將親信人、以藥酒自隨。恪將入、畜犬追銜其衣裾、不得去者三。恪顧拊犬頭曰、怖那無苦也。既入、峻伏兵殺之。峻後病、夢爲恪所擊。狂言常稱見恪。遂死。出寃魂志。（『法苑珠林』巻九四「酒肉篇第九三」）

（33）「詰」篇については、大川俊隆氏「雲夢秦簡『日書』「詰篇」初考」（『大阪産業大学論集人文科学編』八四号、一九九五年）、大野裕司氏「睡虎地秦簡『日書』における神靈と時の禁忌」（『戰国秦漢出土術数文献の基礎的研究』北海道大学出版会、二〇一四年。初出は、『中國出土資料研究』第九号、二〇〇五年）参照。

（34）劉楽賢氏（『睡虎地秦簡秦簡日書研究』文津出版社、一九九四年、二四二頁）は、「按：鄭剛云〝不、丕古通。〟可備一說。」と言う。

（35）『睡虎地秦墓竹簡』の注釋は、「《荀子・王制》注：商謂商聲、哀思之音。」とする。

（36）呉小強氏（『秦簡日書集釋』岳麓書社、二〇〇〇年、一四二頁）は、「女孩子不瘋不傻、忽然用不熟練的商音（哀思之音）唱歌、這因為陽鬼喜歡這個姑娘而附到了她身体上。從北面的牆下采集来十四個花瓣、燒掉後、把灰燼放到食物上喫下去、鬼就会離開姑娘的身体。」（原文簡体字）とする。

第三章　巫となる際の神秘体験について

はじめに

前章では、巫をその他の宗教職能者から差別化し特徴付けるものは何だったのかについて論じ、出土文献である睡虎地秦簡・放馬灘秦簡・孔家坡漢簡のそれぞれの「日書」、及び『論衡』を始めとした伝世文献を検討した。その結果、「巫」も「狂」も謂わば「鬼」の世界に属する点で同質であると当時の人々に認識されていたのであり、「巫」の持つ「狂」の側面が、「巫」を他の宗教者から差別化し特徴付けていた、との結論を得た。

本章は、前章を補うかたちで、「巫と為る」際の神秘体験について考察していきたい。なお前章では、出土文献では睡虎地秦簡、伝世文献では主に後漢までの資料を用いた。本章では、範囲を広げ、宋代の『夷堅志』まで対象とする。それによって、上古から通底する巫の姿やそれに対する認識を明らかにしたい。

第一節　古の「巫」の姿とは

本節では、そもそも「巫」とはどのような者とされていたのかについて確認していく。その過程で、古の理想的な「巫」と、諸書で批判される「巫」とを対照し、より明確に「巫」の特質を浮かび上がらせたい。まずは、先行研究でもしばしば指摘されるところであるが、改めて『国語』楚語下から、古の「巫」の姿を確認したい。ただし、本書でも引用しかつ指摘したことがあるため、原文は注掲し[1]、梗概のみ示すこととする。

ある日、楚の昭王は、「周書に言う『重黎は天と地とを行き来できなくさせた』とは、どういうことか。もしそうしなかったら民は天に登ることができたのか」と、観射父に下問した。そこで観射父は、「民の中で清く明るく二心を抱かず」、「その聡明さはあらゆる物事を聞き究めることができる」者に、明神が降って「巫」や「覡」になるのだ、と「巫」を規定する。続けて観射父は、「祝」や「宗」という宗教者についても説明する。すなわち、「祝」と「宗」はいずれも、「山川の呼び名、高祖の木主、宗廟の事」あるいは「四季折々の作物、犠牲の動物」など、祭祀に関わる知識を持つ者が任命される。しかし、少皞の統治が衰えると、九黎が世の中を乱し、正しい祭祀が失われ、人々が勝手に「巫史を為」した、と言う。

観射父の言葉からは、「巫」を、「祝」や「宗」などの宗教者から差別化し、特徴付けているのは、「明神」が降るという神秘体験であることが読み取れる。一方で、九黎が世の中を乱した後に発生した、「巫史」を行う者たちは、同様の神秘体験を伴っていたか不明である。なぜなら、本書の第一部でも指摘したが、「民神雑糅し」や「民神 位を同じうし」あるいは「神は民則《たみののり》に狎れ、其の為《おこない》を蠲くせず」と記されており、民と神との関係が密接になり過ぎた、とされているからである。仮に神が民に降ったとしても、その神が「明神」であったとは考えにくい。

「楚語下」に見られる「巫」についての所見をまとめると、古の理想的な「巫」とは、「明神」が降るという神秘体験によってなるものである、しかし、世が乱れると、そうではない者が民間で勝手に「巫」として活動しがちである、ということになるだろう。つまり、「巫」の本質は、「明神」が降ることとされているのである。

それでは、観射父の言う「家《いえいえ》に巫史を為」す状況とは、どのようなものであったのだろうか。民間で「巫」が発生することについては、『塩鉄論』や『潜夫論』で、その様子が詳述されている。まず、『塩鉄論』散不足篇を引用しよう。

丞相（車千秋）の「願わくは散不足を聞かん」との問いに対して、「賢良」は、古と今（漢代）とを対比して、今の世俗を批判する。

賢良曰、……古者、徳行求福。故祭祀而寛。仁義求吉。故卜筮而希。今世俗寛於行而求於鬼、怠於禮而篤於祭、嫚親而貴勢、至妄而信日、聽訑言而幸得、出實物而享虛福。古者、君子夙夜孳孳思其徳、小人晨昏孜孜思其力。故君子不素湌、小人不空食。[2]今世俗飾僞行詐、爲民巫祝、以取釐謝。堅額健舌、或以成業致富。故憚事之人、釋本相學。是以街巷有巫、閭里有祝。（賢良曰く、「……古は、徳行して福を求む。故に祭祀して寛なり。仁義　吉を求む。故に卜筮して希なり。今の世俗は行うこと寛にして鬼に求め、礼に怠りて祭に篤く、親を嫚りて勢を貴び、至妄して日を信じ、訑言を聴きて得を幸いとし、実物を出だして虚福を享く。古は、君子は夙夜に孳孳として其の徳を思い、小人は晨昏に孜孜として其の力を思う。故に君子は素湌せず、小人は空しく食らわず。今の世俗は偽を飾りて詐を行い、民の巫祝と為り、以て釐謝を取る。堅額健舌は、或いは以て業を成し富を致す。故に事を憚るの人、本を釋《す》て相い学ぶ。是を以て街巷に巫有り、閭里に祝有り。……」と。）

古は徳によって福を求めたのに、今は礼儀を怠っているくせに祭祀にばかり力を入れている。古の君子は日夜徳を思い、人々は労力を尽くすことを考えた、しかし、今の世俗は、虚偽で飾り嘘偽りを並べ立て「民の巫祝と為り」、祭祀のひもろぎを取っている、だから、「事を憚るの人、本を釋て相い学ぶ」、こうしたわけで、町や村に巫や祝が出没するのだ、と「賢良」は言う。

「賢良」は、徳に努め力を尽くした古の風俗を是として、詐欺まがいの行為で利益のみを追求する今の風俗を非としている。その批難されるべき行いの一つとして、巫祝が祭りのお供え物をかすめ取ることが挙げられている。

増淵龍夫氏は、『塩鉄論』のこの条りについて、「『事を憚るの人』とは、具體的には、生業をきらう無頼の游民であって、そのような人々が利を求めて、巫祝の弟子となり、巫術を學んで、民を惑わす風が盛んであった(3)」と解釈する。

同様の状況は、『潜夫論(4)』浮侈篇にも見ることができる。王符は、以下のように言い、後漢当時の「巫」を批判する。

今多不脩中饋、休其蠶織、而起學巫祝、鼓舞事神、以欺誣細民、熒惑百姓婦女。羸弱疾病之家、懷憂憒憒、皆易恐懼、至使奔走便時、去離正宅、崎嶇路側、上漏下濕、風寒所傷、姦人所利、賊盜所中、益禍益祟、以致重者不可勝數。或棄醫藥、更往事神。故至於死亡、不自知爲巫所欺誤、乃反恨事巫之晚。此熒惑細民之甚者也。（今は多く中饋を修めず、其の蚕織を休めて、起ちて巫祝に学び、鼓舞して神に事え、以て細民を欺誣し、百姓の婦女を熒惑す。羸弱・疾病の家、憂いの憒憒たるを懐き、皆な恐懼し易く、便時に奔走し、正宅を去離し、路側に崎嶇し、上漏下濕、風寒に傷つけられ、姦人に利とせられ、賊盗に中てられ、禍を益し祟を益し、以て重きを致す者数うるに勝うべからざらしむるに至る。或いは医薬を棄て、更に往きて神に事う。故に死亡に至るも、自ら巫の欺誤する所と為るを知らず、乃ち反て巫に事うることの晩きを恨む。此れ細民を熒惑するの甚しき者なり。）

今（後漢の時代）多くの者が、本来の家事仕事に努めず、巫祝のまねをし、人々を騙している、病弱な家族がいる家庭は、その苦労故に騙されやすく、余計な災難まで被ってしまう、そのような人々は、薬や医者を信じず、神を信じて、挙げ句には死んでしまうが、それでも騙されたとは思わず、かえって「巫」に事えるのが遅かったことを恨むのである、と王符は言う。

『塩鉄論』・『潜夫論』どちらも、本職の「巫」ではないものが巫祝の真似事で人々に付け入りたかる様子を、描写している。塩鉄会議のあった前漢及び王符の生きた後漢、両漢を通じて、「巫」が人々を虐げる風俗が盛んであったことを読み取ることができるのである。

さて、『塩鉄論』でも『潜夫論』でも、「本を釋て相い学ぶ」や「起ちて巫祝に学び」と書かれていたように、「巫」の技術は学んで習得することができるもの、と認識されている。しかし、その技術を学んで「巫」となった者に対しては、「賢良」も王符も批判を加えていた。もちろん、その理由の一つは、「巫」のわざを学んだ者たちが、人々を騙し私腹を肥やすからであろう。その結果、人々は、余計な災いを被り、生命さえ失うこともあったからである。ただ、その理由は、もう一つ考えられるのではないだろうか。それは、学ぶことでなる「巫」は、古の理想的な姿ではない、とする認識が当時存在していたことである。

本質を外れ堕落した巫の姿を、鄭玄は『周礼』の注で、以下のように述べる。

凡以神仕者、掌三辰之灋、以猶鬼神示之居、辨其名物。（凡そ神を以て仕うる者、三辰の法を掌り、以て猶お鬼神示の居るがごとく、其の名物を弁ず。）

〔鄭注〕……今之巫祝、既闇其義。何明之見、何法之行。正神不降、惑於淫厲、苟貪貨食、遂誣人神、令此道滅、痛矣。（今の巫祝は、既に其の義に闇し。何ぞ明らかに之を見んや、何ぞ法りて之を行わんや。正神降らず、淫厲に惑い、苟も貨食を貪り、遂に人神を誣り、此の道をして滅ぼさしむるは、痛ましきかな。）

右記の『周礼』本文は、「春官」家宗人の末尾すなわち「春官」全体の末尾に相当する部分で、「春官」全体の総括を述べた箇所である。この本文に注を付して鄭玄は、先に確認した『国語』楚語下に記される観射父の言葉を引用した後、続けて右記のように言うのである。それゆえ、引用文中の「其の義」とは、明神が降る、古の「巫」の姿を指している、と考えられる。

つまり鄭玄の意図は、今（後漢末）の巫祝は、すでに古の理想的な「巫」のあり方を理解していないので、神を見たり、古の規範に則ることもできない。明神が降ることはなく、邪な厲鬼に惑い、金儲けに耽り、人々も神々も騙している、ということであろう。

学ぶことでなるのが、理想的な、あるいは本質的な「巫」ではないとする見解は、『抱朴子』(5)論仙篇にも述べられている。

或云、見鬼者、在男爲覡、在女爲巫。當須自然、非可學而得。（或ひと云う、「鬼を見る者、男に在りては覡と為し、女に在りては巫と為す。当須《まさ》に自ら然るべし、学びて得べきに非ず」と。）

「或ひと云う」として、当時の一般的な見解が述べられている。それによると、巫や覡は鬼を見ることのできる能力を持った者であり、その能力は学んで身につけることができない、とされる。

要するに、「巫」は、明神が降ったり鬼を見る能力を備えていたり、神や鬼に関わることができる能力を持つのが本来の姿なので、学んで「巫」となった者は偽物であり批判すべきであるとする意識が、当時の人々の間に働いていたと考えられるのである。

それでは、「賢良」や王符あるいは鄭玄に非難されることのない、古の理想的な「巫」は、どのような特質を持ち、どのような経緯を経て「巫」となるのだろうか。次節では、「巫」となる過程について、伝世文献から跡づけていく。

第二節　「巫」となる過程

本節では、「巫」となるきっかけやその過程について、先行研究を踏まえつつ、検討していく。まず、増淵氏は「どのような社會層の人々が巫術を学んだ」かについて、三つの場合を想定する。すなわち、第一に「世襲」、第二に「特異な精神状態の經驗をもつもの」、第三に「傳授によって巫術を学んで巫祝となる者」である。(6)増淵氏は、第三の者に焦点を当てて論を展開されるが、第二の者については、先行研究として孫晉泰「支那の巫に就いて」(7)を挙げるに止まっている。

「巫」に関する先行研究の多くは、「巫」をシャマニズムの一形態と見なすことで一致している。本書第二部第一章では、「巫」をシャマンと呼ぶことの当否を検討し、「巫」をシャマンであると指摘することは何ら「巫」の特徴や性格を説明することにならない、との結論を得た。孫氏の論考は、多くの先行研究が「巫」をシャマニズムと見なす以前のものであり、検討する価値はあるものと思われる。また、増淵氏のいう「特異な精神状態の經驗をもつもの」についいて検証するためにも、孫氏の論考を以下に考察していきたい。

孫晉泰氏は、まず、『史記』武帝本紀に記載されている發根の奏上(8)を引用した後、「この文に據ると漢初には或る種の病ひに依り、或はその病ひを經て巫になる所の巫も居たといふことが判る(9)」とし、その病を「巫病」と名付ける。「巫病」の例として、孫氏は『南斉書』の「屠氏女」を挙げる。「諸暨の東洿里の屠氏の女」は、両親が病を得て亡くなり、親戚からも見捨てられ、里人たちにも顧みられることはなかった。

又諸暨東洿里屠氏女、父失明、母痼疾。親戚相棄、郷里不容。女移父母遠住苧羅、晝樵采、夜紡績、以供養。父

母倶卒、親營殯葬、負土成墳。忽聞空中有聲。云、汝至性可重。山神欲相驅使。汝可爲人治病、必得大富。女謂是魅魅、弗敢從、遂得病。積時、隣舍人有中溪蜮毒者。女試治之、自覺病便差。遂以巫道爲人治疾、無不愈。（又た諸暨の東洿里の屠氏の女、父は失明し、母は痼疾す。親戚は相い棄て、郷里は容れず。女は父母を移して遠く苧羅に住み、昼は樵采し、夜は紡績し、以て供養す。父母倶に卒し、親ら殯葬を営み、土を負い墳を成す。忽ち空中に声有るを聞く。云う、「汝は至性重んずべし。山神相い駆使せんと欲す。汝　人の為に病を治さば、必ず大富を得べし」と。女は是れ魅魅と謂《おも》い、敢えて従わず、遂に病を得。積時して、隣舎の人　溪の蜮毒に中る者有り。女試みに之を治せば、自ら病の便ち差ゆるを覚ゆ。遂に巫道を以て人の為に疾を治し、愈えざる無し。）（『南斉書』巻五十五「孝義列伝」）

両親を葬った「屠氏女」の耳に、空中から声が聞こえてくる。その声は、「山神」がお前を「駆使せんと欲」しているので、病人を治療すれば、大富を得られるだろう、と言う。しかし、「屠氏女」が「魅魅」であると思い無視したところ、彼女は病気にかかってしまう。しばらくして、隣人が「蜮毒に中」ったので、試しに治療してみると治すことができた。そこで「屠氏女」は、「巫道を以て人の為に疾を治」したのだった。

孫氏は、「屠氏女」の病について、「彼女は病ひを得て空中に鬼神の聲を聴いたりした、それが稍々癒つたかと思われる時に彼女は巫として立つたのである。斯る病ひが何病であつたかは判然としないが、私は便宜上之を巫病と名付けておく(10)」とする。

そのうえで氏は、「巫病」を、実際の病を伴う狭義と、「人をして一種のエクスタシーの狀態に入らしめ能く鬼神と交渉せしめる(11)」病的心情である広義とに分ける。しかし結局のところ氏は、「これら廣狭二義の巫病はその程度に於いて強弱の差があるのみで、本質は同一のものであらうと思はれるし、又たこの巫病無くして巫となることは原則として有り得ないと思はれるから、例外はあらうけれども、傳授的な巫覡に於いても亦た巫病は必需の條件であつたらうと憶測される」[12]とする。

さらに孫氏は、広義の「巫病」の例として、「呉望子」を挙げる。漢の時代、會稽の「呉望子」は、見目麗しい少女であった。その郷里に鼓を叩き神に仕える者がおり、彼女はその者に会いに行った。

漢會稽鄮縣東野有一女子、姓吳、字望子、年十六、姿容可愛。其鄉里有鼓舞解事者、要之、便往。緣塘行、半路忽見一貴人、端正非常人。乘船、手力十餘、皆整頓。令人問望子、今欲何之。其具以事對。貴人云、我今正往彼、便可入船共去。望子辭不敢。忽然不見。望子既到、跪拜神座、見向船中貴人、儼然端坐[13]、卽蔣侯像也。問望子、來何遲。因擲兩橘與之。數數現形、遂降情好。望子心有所欲、輒空中下之。曾思啗膾、一雙鮮鯉應心而至。望子芳香、流聞數里、頗有神驗。一邑共事奉。經歷三年、望子忽生外意、便絕往來。右此一驗出續搜神記。[14]（漢の会稽鄮県の東野に一女子有り、姓は呉、字は望子、年十六にして、姿容愛すべし。其の郷里に鼓舞し解事する者有り、之を要《もと》むれば、便ち往く。塘に縁りて行くに、半路に忽ち一貴人を見、端正なること常の人に非ず。船に乗り、手力十余、皆な整頓たり。人をして望子に問わしむ、「今何くに之かんと欲す」と。其れ具さに事を以て対う。貴人云う、「我は今正に彼に往かんとす、便ち船に入りて共に去くべし」と。望子辞して敢えてせず。忽然として見えず。望子既に到り、神座を跪拝するに、向の船中の貴人の、儼然として端坐するを見る、即ち蔣侯の像なり。望子に問う、「来たること何ぞ遅きや」と。因りて両つの橘を擲げ之に与う。数々形を現し、遂て降りて情好す。望子の心に欲する所有らば、輒ち空中より之を下す。曾て膾を啗わんと思うに、一双の鮮鯉 心に応じて至る。望子の芳香、流聞すること数里、頗る神験有り。一邑共に事奉す。経歴すること三年、望子忽ち外意を生ずれば、便ち往来を絶つ。右此の一験『続捜神記』に出づ。）（『法苑珠林』巻六二・祭祀篇第六九）

「呉望子」は、「鼓舞し解事する者」に会いに行く途中、「一貴人」に出会う。実は、その貴人は神の蔣子文であった。孫氏は、「巫とは言ってないが彼女は郷里の鼓舞解神の神事に迎要され神験ある者として一邑人に奉事されたといふから明らかに女巫であつて、話は奇怪であるが要するに彼女は蔣侯といへるを事神としたのである。彼女が忽然外意を生じたので神が便ち往來を絕つたといふから巫病は途中に於いて自然に癒ることもあるものと思はれる[15]」と言う。「呉望子」を「巫」と見なす点については、筆者も孫氏に賛成である。しかし、「巫病」については検討の余地がある。

孫氏所説の「巫病」は、「巫」となる過程での体験やそれによって生じる特異な意識状態を、全体的に漠然と指しているように思われる。孫氏の論考では、一つ一つの事例についての本文に即した分析や、それぞれの事例の間にある差異についての検討が、充分になされていない。

まず「屠氏女」では、孫氏は、「彼女は病ひを得て空中に鬼神の聲を聴いたりした、それが稍々癒つたかと思われる時に彼女は巫として立つたのである」としており、「空中に声有るを聞」いたことも「病を得」たことも、全ての過程を含めて「巫病」と理解していると思われる。あるいは、「巫病」を前提にして考察したため、本文では「空中に声有るを聞」いた後で「病を得」ているにも関わらず、病を得た後で声を聞いたと誤解したのかも知れない。いずれせよ、孫氏の所説では、段階的に進んだ「屠氏女」の「巫」となる過程や、彼女の得た病の意味を見落としているのである。

次に「呉望子」では、孫氏は、彼女を広義の「巫病」と見なしている。孫氏のいう広義の「巫病」は、エクスタシー状態を伴う病的心情と定義されているため、「呉望子」の例も「巫病」に該当するということはできるだろう。ただ「呉望子」の本文中には、「屠氏女」とは違い、「病」や「疾」などと書かれていない。恐らく、孫氏は、「呉望子」の場合も全ての過程を通じて、彼女が「巫病」にかかっていたと考えていた、と思われる。つまり、孫氏によれば、「屠氏女」も「呉望子」も同じ「巫病」という精神状態にある、とされるのである。しかしそれでは、それぞれの事例の間にある差異を無視することになるだろう。
「巫」となるまでの過程を、「屠氏女」と「呉望子」とで比較してみよう。それぞれ「空中に声有るを聞く」や「一貴人に出会う」という、巫となるきっかけとなった体験をする。その後、いずれも「女試みに之を治せば、自ら病の便ち差ゆるを覚ゆ」や「神験有り」のように、「巫」としての能力が発揮される。その過程において、「屠氏女」は「敢えて従わず、遂に病を得」たが、「呉望子」には蔣子文が「降りて情好」していた。「屠氏女」は声に従わなかったため病にかかったのに対して、「呉望子」は親交を持っている。つまり、きっかけに対しての反応が、それぞれ正反対なのである。このように、「巫病」と見なすだけでは、「屠氏女」と「呉望子」との間にある差異を見落とすことになるだろう。

そこで本書では、孫氏所説の「巫病」では区別されていないが、「巫」となるきっかけとなる不思議な体験と、その体験後に神と接している状態とを分けて考えていく。

なお本書では、前者の「巫」となるきっかけとなる不思議な体験を、総称して神秘体験と呼んでおくこととする。これまで挙げた事例から、神秘体験と思われるものを指摘すると、「屠氏女」の場合は「空中に声有るを聞く」こと、「呉望子」の場合は「一貴人を見」たことである。また後者の「巫」となった後で神と接している状態は、「呉望子」に神が「降りて情好」している状態である。

それぞれの状態について、今少し詳しく検討する。まず、「巫」となるきっかけとしての神秘体験という観点から、今一度「屠氏女」を読み直す。「屠氏女」は、空中から声を聞いたが、その声には従わなかったために、「病を得」た。しばらくして、隣人の病を治したところ、自らの病も癒えたのだった。ここで「屠氏女」は、病にかかった後に「巫」としての自覚を持ち活動を開始しており、病がきっかけになって「巫」となっている、とひとまずは言えよう。

では、「巫」としての自覚を生むことになった要因である、病を癒やす能力はどの段階で身に付いたのだろうか。空中の声が「山神相い駆使せんと欲す。汝　人の為に病を治さば」と言っていることから、「声」を聞いた段階で「屠氏女」は他者の病を癒やす能力を身に付けた、と見なし得る。

つまり「屠氏女」の物語では、病を経ることが、「巫」となる際に必須の条件とはされていないのである。病は、「声」に従わなかったが故の警告として用いられており、あくまでも副次的なものである。より重要な体験は、「空中に声有るを聞く」ことの方である。

それでは、病を経ることで、ある種の能力を獲得したり、その能力を発揮したりすることはあるのだろうか。次にそのような事例を挙げよう。

唐末の天祐年間のこと、李玫という者は、病にかかり幽霊を見るようになったという。

天祐初、舒州有倉官李玫。自言、少時因病、遂見鬼。爲人言禍福、多中。淮南大將張顥、專廢立之權、威振中外。玫時宿於灊山司命眞君廟。翌日、與道士崔繟然數人、將入城。去廟數里、忽止同行於道側、自映大樹以窺之。良久乃行。繟然曰、復見鬼耶。曰、向見一人桎梏甚嚴。吏卒數十人衞之、向廟而去。是必爲眞君考召也。雖意氣尚在、已不自免矣。或問爲誰。久之乃肯言曰、張顥也。聞者皆懼、共祕之。不旬日而聞顥誅。……出稽神錄。（天祐の初め、舒州に倉官の李玫有り。自ら言う、「少き時病に因り、遂に鬼を見る」と。人の為に禍福を言い、多く中る。淮南大将の張顥、廃立の権を専らにし、威は中外に振るう。玫時に灊山の司命真君の廟に宿る。翌日、道士の崔繟然ら数人と与に、将に城に入らんとす。廟を去ること数里、忽ち同行を道の側に止め、自らは大樹に映《かく》れ以て之を窺う。良久《やや》しくして乃ち行く。繟然曰く、「復た鬼を見るや」と。曰く、「向《さき》に一人の桎梏さること甚だ厳しきものを見る。吏卒数十人　之を衛り、廟に向かいて去る。是れ必ず真君に考召せらるるなり。意気は尚お在りと雖も、已に自ら免れざらん」と。或ひと誰と為すかを問う。

之を久しくして乃ち肯て言いて曰く、「張顥《こう》なり」と。聞く者皆な懼れ、共に之を秘す。旬日ならずして顥の誅さるるを聞く。……（『稽神録』に出づ。）（『太平広記』巻三一三「李玫」）

李玫は、「少き時病に」かかった後、「鬼を見る」ようになった。李玫は、「倉官」であり、巫ではない。当然、常に「鬼を見る」能力を駆使して、生計を立てていたわけでもない。しかし、物語中で「崔繟然」が「復た鬼を見るや」と言い、実際に「張顥」が冥官に引っ立てられている様子を見ているように、李玫は頻繁にこの世ならざる者を見ていた。病にかかることで得た能力でも定着することがある、と考えられていたのであろう。

前節で引用したように、『抱朴子』では、巫や覡は鬼を見ることのできる能力を持った者であり、その能力は先天的なものである、とする一般論が紹介されていた。しかし「李玫」の例から見ると、病によって「鬼を見る」能力を身に付けることもあり得る、と思われていたのであろう。「鬼を見る」能力が病によって身に付けられるとする認識があるからには、病を得ることで「巫」としての能力を身に付け、「巫」となる者もいたのであろう。

要するに、孫氏の言う狭義の「巫病」のように、病を得て「巫」となる者もいたであろうが、「巫」となる際の神秘体験は病だけとは限らないのである。

次に、「巫」となった後で神と接している状態についての検討に移る。先に挙げた「呉望子」の物語では、彼女が「一貴人を見」た後、蔣子文が彼女に「降りて情好」していた。このような状態は、傍目にはどのように見えていたのだろうか。「呉望子」の「情好」と同じような例で、神と「相い与に燕処」したものを、『夷堅志』から挙げよう。

南城の士の于仲德は、息子・斲《たく》のために、嫁を迎えた。しかしこの嫁・陳氏は、代々巫の家系であった。

南城士人于仲德、爲子斲納婦陳氏。陳世爲巫。女在家時、嘗許以事神。既嫁、神日日來惑蠱之。毎至、必一犬躃躍前導。陳則盛飾入室以須。衆皆見犬不見人、逾時始去。于氏以爲撓、召道士奏章告天。陳稍甦自言、比苦心志

罔罔、不憶人事。唯覺在朱門洞戸宮室之中。服飾供帳、華麗煥好。一美男子如貴人、相與燕處。如是甚久。其母忽怒、呼謂子曰、不合留婦人於此。今上天有命。汝將奈何。盍以平日所積錢爲自脱計。子亦甚懼、遽云、急遣歸。自爾復常。于氏父子計、以婦本巫家故、爲神所擾、不若及其無恙時善遣之。遂令歸父母家。竟復使爲巫。（南城の士人・于仲徳、子・斲の為に婦を陳氏に納る。陳は世《よよ》巫を為す。女　家に在る時、嘗て許すに神に事うるを以てす。既に嫁ぐも、神は日日に来たりて之を惑蠱す。至る毎に、必ず一犬踔躍して前導す。陳は則ち盛飾して室に入り以て須つ。衆皆な犬を見るも人を見ず、時を逾えて始めて去る。于氏以て撓《みだ》ると為し、道士を召して奏章して天に告げしむ。陳稍く甦り自ら言う、「比《このごろ》心志罔罔として、人事を憶えざるに苦しむ。唯だ朱門の洞戸の宮室の中に在るを覚ゆ。服飾・供帳は、華麗にして煥好なり。一美男子の貴人の如きもの、相い与に燕処す。是くの如くすること甚だ久し。其の母忽ち怒り、呼びて子に謂いて曰く、『合に婦人を此に留むべからず。今上天より命有り。汝将た奈何せん。盍ぞ平日積む所の銭を以て自ら脱するの計を為さざる』と。子も亦た甚だ懼れ、遽かに云う、『急ぎ帰らしめん』と。爾自り常に復す」と。于氏父子計りて、婦は本より巫家なるを以ての故に、神の擾す所と為る、其の恙無き時に及び善く之を遣《や》るに若かずと。遂に父母の家に帰らしめ、竟に復た巫と為らしむ。）

（『夷堅丁志』巻二〇「陳巫女」）

「陳氏」は婚前から神に事えていたが、婚後も彼女のもとに神が訪れた。その際、犬が先導してくるが、傍目には犬だけが見えており人の姿は見えなかった、という。于の家では、道士を通じて上天に奏章し、神の往来を絶つことに成功するが、結局「陳氏」を離縁したのだった。

神に「惑蠱」され「人事を憶え」ない状態であった「陳氏」は、朦朧とした意識の中で、貴人のような一美男子と「相い与に燕処」していた。しかし周囲の人間には、犬が見えるばかりで神は見えず、陳氏が独りで人事不省に陥っているように見えたことだろう。「呉望子」に神が「降りて情好」していた状態も、この「陳氏」と同様であったものと思われる。

これまで、「巫」となるきっかけとしての神秘体験と、「巫」となった後で神と接している状態の二つを見てきた。これら二つの状態は、それぞれ別のものであり、いったんは分けて考えるべきであろう。前述したように、「巫」となるきっかけとしての神秘体験には、声や病など様々な現象が存在したのである。

そのような神秘体験は、恐らく、その背後に「狂」の側面が想定できる。次節では、「巫」となる過程に見られる「狂」について検証していきたい。

第三節　「巫」となる過程での「狂」

本節では、「巫」となる過程に見られる、「狂」について論ずる。まずは、前章において論じた、「蒯通」の事例を確認することから始めたい。『史記』に拠れば、「蒯通」は主君の韓信に漢を裏切ることを勧めたが、韓信は承知しなかった。後難を恐れた「蒯通」は、「陽狂して巫と為」ったのであった。「蒯通」の「狂」は、あくまでも偽りであり口実であったが、狂った挙げ句に巫となるという現象にリアリティが認められていたからこそ「陽狂」したと考えられよう。

同様に、官界から逃走するために、「巫」を口実として使った事例がある。前漢末、「許楊」は王莽を補佐していた。

許楊字偉君、汝南平輿人也。少好術數。王莽輔政、召爲郎、稍遷酒泉都尉。及莽簒位、楊乃變姓名爲巫醫、逃匿它界。莽敗、方還郷里。（許楊　字は偉君、汝南平輿の人なり。少くして術数を好む。王莽輔政し、召されて郎と為り、稍く酒泉都尉に遷る。莽　位を簒うに及び、楊乃ち姓名を変え巫医と為り、它界に逃匿す。莽敗れ、方に郷里に還る。）（『後漢書』

方術列伝上)
「許楊」は、王莽の帝位簒奪を怖れ、「巫医」となって官界や俗世から逃れている。[16]「蒯通」の例と同様、上役に禍乱が予想されるため、官界から逃れる口実として「巫」が使われている。

「許楊」について、増淵氏は「これらのもの（巫：引用者付す）が社會的に賤しいものとして考えられていたことを傍證する」[17]と解釈する。「巫」が社会的に身分の低いものと認識されていた点については、筆者も増淵氏に賛同する。

しかし、官界を逃れる口実として「巫」が利用される理由は、「巫」の身分が低かったからのみではないだろう。なぜなら、身分の賤しいとされた職業は他にも多々あるにも関わらず、「巫」が選ばれているからである。とするなら、「巫」が選択されるだけの理由、言い換えるなら「巫」に特有の性質が、官界や俗世を逃れる口実として用いるのに適当であった、と考えることはできないだろうか。

「蒯通」・「許楊」ともに、上役の起こすであろう禍乱に巻き込まれるのを避けるために、「巫」となっている。「蒯通」について、矢島美都子氏は「蒯通は謀反の勧誘に失敗したので、殺されることを恐れて「佯狂」した。つまり「其の身を全うする」ために「佯狂」という処世を選んだのである。この例は、「狂」（「佯狂」）は殺されない、という観念が周知されていたことを示している」[18]と指摘する。とすれば、「許楊」の場合も、「蒯通」同様に、「巫医と為る」ことの背後に「狂」の側面が想定されていたのではないだろうか。

前章で論じたところだが、睡虎地秦簡である「日書」詰篇では、「女子が大いに狂痴して、悲しげな商の音色で歌う」ことが異常とされており、その原因は「陽鬼が取り憑いているからだ」とされていた。また『論衡』率性篇でも、「痴狂の疾有るは、路に歌啼」すると描写されていた。「狂痴」と「痴狂」は、文字が転倒しているが、「狂」と「痴」が連言されており、同質の状態であると思われていたのであろう。

そこで次に、「痴」が「巫」のような働きをしている例を、『晋書』巻九十五「芸術列伝」から引用しよう。

幸靈者、豫章建昌人也。性少言、與小人羣居、見侵辱而無慍色。邑里號之癡、雖其父母兄弟、亦以爲癡也。嘗使守稻、羣牛食之、靈見而不驅、待牛去乃往、理其殘亂者。（幸霊は、予章建昌の人なり。性は言少なく、小人と群居して、侵辱せらるるも慍色無し。邑里 之を痴と号し、其の父母兄弟と雖も、亦た以て痴と為すなり。嘗て稲を守らしむるに、群牛之を食らうも、霊見て駆らず、牛の去るを待ちて乃ち往き、其の残乱する者を理《ととの》う。）

晋の「幸霊」は、人から馬鹿にされても怒ることがなかった。稲を守らせれば、牛が稲を食べても見ているだけだった。里の人々も両親でさえも、そのような彼を、「痴」と認識していた。ある時「幸霊」は、凶宅の厄払いのようなことを頼まれる。

時高悝家有鬼怪、言語訶叱、投擲内外、不見人形。或器物自行、再三發火。巫祝厭劾、而不能絶。適值靈、乃要之。靈於陌頭望其屋、謂悝曰、此君之家邪。悝曰、是也。靈曰、知之足矣。悝固請之。靈不得已至門、見符索甚多。謂悝曰、當以正止邪、而以邪救邪。惡得已乎。並使焚之、惟據軒小坐而去。其夕、鬼怪即絶。（時に高悝の家に鬼怪有り、言語し訶叱し、内外に投擲するも、人の形を見ず。或いは器物自ら行き、再三火を発す。巫祝厭劾するも、絶つ能わず。適たま霊に値い、乃ち之に要《もと》む。霊 陌頭より其の屋を望み、悝に謂いて曰く、「此れ君の家か」と。悝曰く、「是なり」と。霊曰く、「之を知ること足れり」と。悝固く之に請う。霊已むを得ず門に至り、符索の甚だ多きを見る。悝に謂いて曰く、「当に正を以て邪を止むべきに、邪を以て邪を救わんとす。悪くんぞ已むを得んや」と。並びに之を焚かしめ、惟だ軒に拠りて小坐して去る。其の夕、鬼怪即ち絶つ。）

高悝という者の家に、器物が飛び交ったり発火したりする、「鬼怪」があった。この怪異現象は、「巫祝」が「厭劾」しても止むことはなかった。ところが、「幸霊」が符索を焼かせ「小坐」すると、怪異は止んだのだった。その後の「幸霊」については、以下のように書かれている。

靈所救、愈多此類、然不取報謝。行不騎乘、長不娶妻、性至恭、見人卽先拜、言輒自名。……十餘年間、賴其術以濟者極多。後乃娶妻、畜車馬奴婢、受貨賂致遺。於是其術稍衰、所療得失相半焉。（霊の救う所、愈いよ此の類多きも、然れども報謝を取らず。行きて騎乗せず、長じて妻を娶らず、性は至恭にして、人を見れば即ち先に拜し、言えば輒ち自ら名いう。……十余年間、其の術に頼り以て済う者極めて多し。後乃ち妻を娶り、車馬・奴婢を畜い、貨賂・致遺を受く。是に於いて其の術稍衰え、療す所の得失相い半ばせり。）

「幸霊」は、多くの人々を救ったが、報酬も取らず、騎乗せず、妻も娶らなかった。しかし十数年後、妻を娶り報酬を受け取るようになると、その力は半減したのであった。

さて、右記の「幸霊」は、人々に「痴」と認識されていた。しかし同時に、「巫祝」にも解決できない凶宅の怪異を鎮めるなど、「巫」の代わりとしても活動していた。

それでは、「幸霊」を「巫」と呼んでよいのだろうか。「幸霊」は、「巫」に代わる能力を持っていた。しかし、彼自身にその自覚があったのかについては、怪しいところであろう。なぜなら「幸霊」は、後年こそ「乃ち妻を娶り、車馬・奴婢を畜い、貨賂・致遺を受く」ようになるとはいえ、少なくともそれ以前の十数年間の活動では報酬を受け取っておらず、その行為を生業としていなかったと思われるからである。つまり、「幸霊」は、「巫」としての能力はあるが、「巫」としての自覚はない者である。それゆえ人々は、彼を「痴」と認識したのではないだろうか。

次に、「痴狂」や「狂痴」などと連言されていた、「狂」についてはどうか。前章では、『漢書』王莽列伝中の「長安の狂女子碧」や『後漢書』劉玄劉盆子列伝の「狂言」などの記載から、「狂」や「狂言」が死者と密接に関わっていることを指摘した。

「狂」という語は、死者のみならず、神との関わりにおいても用いられている。まず、「狂僧」が女神の言葉を伝える事例がある。

唐の時代、硤石県の現職県令である韋謀とその前任者の樊宗訓が、聖女神祠に出かけた。

硤石縣西有聖女神祠。縣令韋謀、與前縣令樊宗訓遊焉。宗訓性疎復、不以神鬼爲意。以鞭劃其牆壁、抉剔其衣袪、言笑慢褻。歸數日、邑中有狂僧、忽突入縣門大呼曰、縣令當持法、奈何放縱惡人、遣凌轢恣横。謀遣人逐出、亦不察其意也。旬餘、謀小女病。召巫者視之曰、聖女傳語長官。土地神靈、盡望長官庇護。豈有教人侵奪。前者遣阿師白於長官、又不見喩。……出室異記。（硤石県の西に聖女神祠有り。県令・韋謀、前の県令・樊宗訓と焉に遊ぶ。宗訓は性疎復にして、神鬼を以て意と為さず。鞭を以て其の牆壁を画し、其の衣袪を抉剔し、言笑すること慢褻たり。帰りて数日、邑中に狂僧有り、忽ち県門に突入し大呼して曰く、「県令当に法を持すべきに、奈何ぞ悪人を放縦し、凌轢恣横せしむるや」と。謀　人を遣わして逐い出さしむるも、亦た其の意を察せざるなり。旬余して、謀の小女病む。巫者を召して之を視しむるに曰く、「聖女　長官に伝語す。土地の神霊、尽く長官の庇護を望む。豈に人をして侵奪せしむること有るや。前に阿師を遣わして長官に白さしむるも、又た喩《さと》られず」と。……『室異記』に出づ。）（『太平広記』巻三〇七「神十七」）

樊宗訓は、壁に描いてあった神像の衣や襟に、鞭で落書きをしたうえ、神を侮って嘲弄した。その数日後「邑中に狂僧有り」、彼が韋謀に対して「県令は法を守らせるべきであるのに、どうして悪人に好き放題させておくのか」と言う。韋謀は「狂僧」を追い返すが、今度は娘が病にかかってしまう。巫者に見せたところ、聖女神が譴責を加えていたものと判明する。

この物語に登場する「狂僧」は、巫者が「前に阿師を遣わして長官に白さしむ」と言うことから、聖女神によってその言葉を伝えるために使役されていたと思われる。であれば、「狂僧」には聖女神が憑依していたと考えることができるだろう。つまり、神が憑依しその言葉を伝える僧侶に、「狂」という語が冠せられているのである。

さらに、「海神の侍妾」がある女に憑依して「狂吟」した例を、『夷堅志』から引用する。

戚彦広という者が、友人のところに滞在していた。彼のもとに、病気で実家にいるはずの娘「蘇娘」が訪ねて来る。

戚彦廣者、本霸州寨兵家子。……嘗省所親於濱州蒲臺丁河上、留頗久。其長女蘇娘、小疾在家。廣忽見數人捧掖一姝入戶、拜於前乃蘇娘也。問其何以來。曰、得爺書、說抱病困重。母憂惱不可言、諸兄弟都不肯來、使我省視。廣曰、我原不病。何曾發書歸。女探懷取示、果手筆也。廣絕以爲異、置女房內、別設榻。迨旦、榻空無人。廣益驚慴、即日兼程還舍。女正懨懨卧未起。扣以曩事、則了未知。自是門中多怪、女若爲妖物所憑、或盛服艷裝、或高談闊論、或狂吟嘯歌。……一日女復塗澤易衣、坐堂上、召廣告之曰、君識我乎。我本海神侍妾。獲罪玉妃、屢遭鞭撻、所以隱身於君家。比聞妃怒已息、命我來歸。溷君家許時、從此話別、他日當致微報矣。言訖、一揖如房。女恍如夢覺、故疾亦愈。（戚彦広は、本より霸州の寨兵の家の子なり。……嘗て親しむ所を濱州蒲臺丁河の上に省、留ること頗る久し。其の長女・蘇娘、小や疾みて家に在り。広忽ち数人の一姝を捧掖して戸に入るを見る、前に拝すれば乃ち蘇娘なり。其の何を以て来たるかを問う。曰く、「爺《ちち》の書を得るに、病を抱きて重きに困しむを説く。母は憂惱して言うべからず、諸兄弟は都《み》な来るを肯んぜず、我をして省視せしむ」と。広曰く、「我原より病まず。何ぞ曾て書を発して帰すや」と。女　懐を探り取りて示すに、果して手筆なり。広絶だ以て異と為し、女を房内に置き、別に榻を設く。旦に迨び、榻空しくして人無し。広益ます驚慴し、即日程を兼ねて舍に還る。女正に懨懨として卧し未だ起きず。扣《と》うに曩《さき》の事を以てすれば、則ち了に未だ知らず。是自り門中に怪多く、女は妖物の憑く所と為るが若く、或いは盛服艷裝し、或いは高談闊論し、或いは狂吟嘯歌す。……一日女復た沢を塗り衣を易え、堂上に坐し、広を召し之に告げて曰く、「君　我を識るか。我は本より海神の侍妾なり。罪を玉妃に獲て、屢しば鞭撻せらるるに遭えば、身を君の家に隠す所以なり。比《このごろ》　妃の怒り已に息み、我に命じて来たり帰らしむるを聞く。君の家を溷《みだ》すこと許時、此従り話別せん、他日当に微報を致すべし」と。言訖り、一揖して房に如く。女恍として夢より覚むるが如く、故疾も亦た愈ゆ。）（『夷堅志』「夷堅支丁」巻九「戚彦廣女」）

訪ねてきた「蘇娘」は、一晩経つと消えてしまっていた。戚彦広が実家に戻ると、相変わらず「蘇娘」は病に臥していた。これ以降「蘇娘」は、妖怪が取り憑いたようになって、「或いは盛服艶装し、或いは高談闊論し、或いは狂吟嘯歌」するようになったのだった。実は、彼女に取り憑いたものは、「海神の侍妾」で、「罪を玉妃に得た」ので、戚彦広の家に避難していた。

この物語では、「海神の侍妾」の取り憑いた「蘇娘」が、「狂吟」している。海神ではないにしろ、その侍妾であるから、娘に取り憑いていたものも神と考えてよいだろう。前述の「狂僧」と同様、神に憑依された者に対して、「狂」という語が使われているのである。

前章では「狂」が死者と密接に関わっていることを指摘したが、それに加えて本章では、神が憑依して言葉を伝える際にも「狂」という語が使われることを確認し得たと思う。

最後に、神秘体験を経て、「狂」となったり、「巫」となったりする例を『夷堅志』から挙げよう。長江以南には、「五通」・「木下三郎」・「木客」・「独脚五通」などと呼ばれる、罔兩や山𤢖の類が居た。

大江以南地多山、而俗禨鬼。其神怪甚佹異、多依岩巖石樹木爲叢祠、村村有之。二浙江東曰五通、江西閩中曰木下三郎、又曰木客、一足者曰獨脚五通。名雖不同、其實則一。考之傳記、所謂木石之怪夔・罔兩及山𤢖是也。（大江以南の地は山多くして、俗に鬼を禨る。其の神怪は甚だ佹異にして、多く岩巖石樹木に依り叢祠と為し、村村に之を有つ。二浙・江東には五通と曰い、江西・閩中には木下三郎と曰い、又た木客と曰い、一足なる者は独脚五通と曰う。名は同じからずと雖も、其の実は則ち一なり。之を伝記に考うるに、所謂木石の怪夔・罔兩及び山𤢖是れなり。）

神怪「五通」は、さまざまな名前で呼ばれているが、正体は同一のものであるという。

尤喜淫、或爲士大夫美男子、或隨人心所喜慕而化形、或止見本形。至者如猴猱如尨如蝦蟇、體相不一、皆趫捷勁健、冷若冰鐵、陽道壯偉。婦女遭之者、率厭苦不堪、羸悴無色、精神奄然。有轉而爲巫者。人指以爲仙、謂逢忤而病者爲仙病。又有三五日至旬月僵臥不起、如死而復蘇者。自言、身在華屋洞戶、與貴人驩狎。亦有攝藏挾去、累日方出者。亦有相遇卽發狂易、性理乖亂不可療者。（尤も淫を喜び、或いは士大夫の美男子と為り、或いは人心の喜び慕う所に随いて形を化し、或いは止だ本形を見す。至る者　猴猱の如く尨《むくいぬ》の如く蝦蟇の如く、体の相《かたち》は一ならざるも、皆な趫捷にして勁健、冷きこと氷鉄の如く、陽道は壮偉なり。婦女の之に遭う者、率ね厭苦して堪えず、羸悴して色無く、精神奄然たり。転じて巫と為る者有り。人指して以て仙と為し、逢忤して病む者を謂いて仙病と為す。又た三五日より旬月に至るまで僵臥して起きず、死して復た蘇《よみがえ》るが如き者有り。自ら言う、「身は華屋の洞戸に在りて、貴人と驩狎す」と。亦た摂蔵挾去して、累日にして方に出づる者有り。亦た相い遇わば即ち狂易を発し、性理乖乱して、療すべからざる者有り。）（『夷堅志』「夷堅丁志」巻十九「江南木客」）

「五通」は、美男子や相手の望む姿に変化して、婦女と交わる。「五通」と交わった婦女は「仙病」を患い、「転じて巫と為る者」もいる。「仙病」は、傍目には、三日から十日の間「僵臥して起きず、死し」ているように見えていた。それでも当人は、「身は華屋の洞戸に在りて、貴人と驩狎す」と言うのである。ある者は「五通」に行き会うと、「狂易を発し、性理乖乱」するのだという。

「五通」の事例からは、「巫」となる際の、一連の過程を見て取ることができる。すなわち、「神怪」と行き会う神秘体験をした女は、病にかかった後に「巫」となる。その病の様子は、傍目には昏睡しているように見えるが、当の女には貴人と豪遊しているように見えている。しかし「神怪」と行き会って、「巫」となる者がいる一方で、「狂」となってしまう者もいたのである。

おわりに

本章では、「巫」となる際に経験する神秘体験の背後に、「狂」の側面が潜在していることを論じてきた。これまでに検証した、「巫」となる過程をまとめると、以下のようになる。

ある者が、①神秘体験を経験し、②病を得る、または神と接する。その後、③「狂」となるか、④「巫」となる。ただし、偽りではあったが「蒯通」のように、③「狂」から④「巫」に移行する者もいたであろうし、③「狂」ってしまっただけの者もいたであろう。

もちろん、この過程全てが現れる事例ばかりではない。例えば、第二節で検討した「屠氏女」では、神と接したとする描写はない。また「呉望子」では、病を得ることはみられない。

ただ、一般人が「巫」となるには、おおむね右の過程を経ることにより、鬼を見たり病を癒やすなどの「巫」としての能力を身に付ける、と考えられていた。また、そのようにして能力を身に付け、「巫」としての自覚を持った者こそが、謂わば真の「巫」と認知されていたのである。

ここで、その能力と自覚の有無を基準として、「巫」を三つの類型に分けてみよう。

一、「巫」としての、能力・自覚ともに有している者
二、「巫」としての、能力は有るが、自覚が無い者
三、「巫」としての、能力は無いが、自覚が有る者

本章で挙げた例を分類すると、第一類には観射父が規定していた古の「巫」や「呉望子」・「屠氏女」・「陳氏」が、第二類には「幸霊」・「狂僧」・「蘇娘」が、第三類には『塩鉄論』や『潜夫論』で批判される「巫」たちが、それぞれ該当する。さらに言うなら、第一類は真の「巫」を、第二類は「狂」を、それぞれ示している。つまり「巫」と「狂」とは、その自覚の有無が違うだけで、同質の裏表の関係にあったのである。

注

（1）（觀射父）對曰、非此之謂也。古者民神不雜、民之精爽不攜貳者、而又能齊肅衷正、其知能上下比義、其聖能光遠宣朗、其明能光照之、其聰能聽徹之。如是則明神降之、在男曰覡、在女曰巫。是使制神之處位次主、而爲之牲器時服、而後使先聖之後之有光烈、而能知山川之號、高祖之主、宗廟之事、昭穆之世、齊敬之勤、禮節之宜、威儀之則、容貌之崇、忠信之質、禋絜之服、而敬恭明神者、以爲之祝。使名姓之後、能知四時之生、犧牲之物、玉帛之類、采服之儀、彝器之量、次主之度、屏攝之位、壇場之所、上下之神、氏姓之所出、而心率舊典者、爲之宗。……及少皞之衰也、九黎亂德。民神雜糅、不可方物、夫人作享、家爲巫史、無有要質、民匱于祀、而不知其福、烝享無度、民神同位、民瀆齊盟、無有嚴威、神狎民則、不蠲其爲、嘉生不降、無物以享、禍災荐臻、莫盡其氣。

（2）四部叢刊本『鹽鐵論』には「今」字無し。『鹽鐵論校注』に従い、補って解釈する。

（3）増淵龍夫『中國古代の社會と國家』「第一篇 戰國秦漢社會の構造とその性格 第二章 漢代における巫と俠」（弘文堂、一九六〇年）一〇四頁。初出は、三上・栗原編「中國古代史の諸問題」一九五四年。

（4）汪繼培箋・彭鐸校正『新編諸子集成 潛夫論箋校正』（中華書局、一九八五年）に拠る。

（5）王明撰『新編諸子集成　抱朴子内篇校釋（增訂本）』（中華書局、一九八五年）に拠る。

（6）増淵氏注（3）所揭書一〇〇～一〇一頁、参照。

（7）孫晉泰「支那の巫に就いて――巫病と巫の事神・巫醫・巫の起源に就いて――」（民俗學會『民俗學』二（四）、一九三〇年）

参照。

(8) 文成死明年、天子病鼎湖甚、巫醫無所不致、不愈。游水發根乃言曰、「上郡有巫、病而鬼下之」。上召置祠之甘泉。及病、使人問神君。神君言曰、「天子毋憂病。病少愈、强與我會甘泉」。於是病愈、遂幸甘泉、病良已。

(9) 注(7)所掲論考二一八～二一九頁、参照。

(10) 注(7)所掲論考二一九～二二〇頁、参照。

(11) 注(7)所掲論考二二二頁、参照。

(12) 注(7)所掲論考二二六頁、参照。

(13) 『法苑珠林校注』は「正」に作る。今、高麗大蔵経に従い「坐」に改める。

(14) 『北堂書鈔』巻一四五及び『太平広記』巻二九三では、「出捜神記」とする。

(15) 注(7)所掲論考二二三頁、参照。

(16) 同様の例としては、「安丘望之」及び「高鳳」の例を挙げることができる。「安丘望之、京兆長陵人也。少治老子經。恬靜不求進官、號曰安丘丈人。成帝聞、欲見之。望之辭不肯見。上以其道德深重、常宗師焉。望之不以見敬爲高、愈自損退。爲巫醫於民間、著老子章句。故老氏有安丘之學。扶風耿況・王伋等皆師事之、從受老子。終身不仕、道家宗焉。」(『太平御覧』所引『高士伝』)、「(高)鳳年老、執志不倦、名聲著聞。太守連召請、恐不得免、自言本巫家、不應爲吏」。(『後漢書』逸民列伝)

(17) 注(3)所掲書九九頁、参照。

(18) 矢島美都子『佯狂——古代中国人の処世術』「第二章　漢代の「狂」(「佯狂」)、容認から公認へ」(汲古書院、二〇一三年)一四頁、参照。

第四章　蛇の夢
——蛇と女性との複合的な観念について——

はじめに

前章では、種々様々な神秘体験を経ていることが本来的な巫の姿である、と考えられていたことを論証した。ところで、このような神秘体験の一つとして、ある夢を見ることで巫としての自覚を持ち活動する例が散見される。加えて、出土文献である嶽麓書院蔵秦簡『占夢書』には、蛇の夢を見た女性が巫となるだろう、とする占辞が存在する。一方で、伝世文献である『詩経』には、蛇の夢を女子の生まれる兆し、と詠う歌を見ることができる。これらの例の背後には、どのような思考や観念が存在したのだろうか。

本章では、『詩経』や出土文献である嶽麓書院蔵秦簡『占夢書』から敦煌解夢書に至るまで、人々の心の中に潜在していたであろう、蛇と女性にまつわる複合的な観念について検討してみたい。

第一節　嶽麓秦簡『占夢書』について

まず嶽麓書院蔵秦簡について説明しておきたい。同簡は、二〇〇七年十二月に湖南大学嶽麓書院が、香港から緊急措置的に買い入れた秦簡である。それ故、出土地などの詳細は不明である。二〇一〇年に『嶽麓書院藏秦簡（壹）』[1]が出版された。整簡、断簡含め、全部で二千百枚、比較的整っているものは一千三百枚余りあった。さらに、二〇〇八年八月香港の匿名の収蔵家が、七十六枚（比較的整っているものは三十枚余り）の秦簡を嶽麓書院に無償で寄付した。これら秦簡を嶽麓書院蔵秦簡（以下「嶽麓秦簡」と略称する）と総称している。簡長は三十cm前後・二十七cm前後・二十五cm前後の三種があり、簡幅は五から八mmである。編縄は二本のものと三本のものがあり、編縄の状況から竹簡に文字を書いた後で編縄を用いて結ばれたものと、竹簡を編縄で結んだ後に文字が書かれたものとがあったと考えられている。

その内容は、「質日」・「為吏治官及黔首」・「占夢書」・「数」書・「奏讞書」・「秦律雑抄」・「秦令雑抄」の七種に分類されている。うち「質日」・「為吏治官及黔首」・「数」書の三種は竹簡背面に書かれていた原題だが、他の四種は整理者が暫定的につけた題名である。

次に、この嶽麓秦簡に含まれている『占夢書』について、全四十八枚、簡長約三十cm、編縄は三本である。書写形式は、分段されずに書かれたもの六枚と、上下二段に分けて書かれたもの四十二枚との二種類がある。前者は、篇の冒頭に置かれ、陰陽五行説に従って占夢の理論を述べている。後者は、夢の内容と、それを占う占辞とが記されている。しかし、第四節で後述する敦煌写本解夢書の『占夢書残巻』や『新集周公解夢書』のように、占辞の内容によって章ごとに分類されてはいない。全体的な内容は、これまでに出土している睡虎地秦簡「日書」中の「夢」篇とは全く異なっている。『漢書』芸文志には、『黄帝長柳占夢』十一巻と『甘徳長柳占夢』二十巻が著録されているが、両書は早くも『隋書』経籍志には見えない。それ故、嶽麓秦簡『占夢書』は今日見られる最古の夢占いの書である。(2)

さて、嶽麓秦簡『占夢書』に見える、蛇と女性に関わる占辞は以下の通りである。

夢蛇入人口、舌不出、丈夫爲祝、女子爲巫。（蛇　人の口に入りて、舌出でざるを夢みれば、丈夫は祝と為り、女子は巫と為る。）（第一八簡下）

ただし、原文の「舌」字については解釈が分かれている。まず整理者は、「此字在楚簡文字中或釋「舌」、可考。」とする。(3) しかし、小草氏は、(4) 当該字を「育」字と釈文し、簡文の意味を「蛇が口から入って、口の中で成長し生き続けて出てこない夢を見れば、男であれば祝に任じられ、女であれば巫となるだろう。（夢見有蛇進入人口、在口裏生育或存活、不出来、（如此）則男人將充任祝、女人會成為巫。）」（原文簡体字）と解釈する。袁瑩氏は、(5)「育」字とする小草氏の説を支持しつつも、「抽」や「挽」の意味であるとする。一方、張崇禮氏は、「胤」字と釈文したうえで、「引」の意味であるとする。(6) いずれにせよ、蛇が口の中に入る夢を見た男女は巫祝となるだろう、と解釈できる点では一致している。

この占辞では、蛇の夢を見た者が、男性である場合と女性である場合を想定し、別々に分けて書いている。このように同一内容の夢であっても、その夢を見た者の性別によって占断内容が変わる占辞は、嶽麓秦簡『占夢書』には多く見ることができる。

先に挙げた蛇の夢の他には、例えば次のようなものがある。

夢□（身）(7) 中産毛者、(8) 丈夫得資、女子得鬻。(9)（身中に毛産ゆるを夢みれば、丈夫は資を得、女子は鬻を得。）（第一七簡下）

このような現象は、性別によって別々の思考の基に占断が下されたことを示していよう。嶽麓秦簡『占夢書』第一八簡下では、男性が蛇の夢を見た場合は「祝と為り」、女性が同様の夢を見た場合には「巫と為る」とされており、どちらも宗教や呪術に関わる職能者であるという点において大差ないと思われる。

しかし、前掲した第一七簡下の占辞では、「身中に毛産ゆる」夢に対する占断が、男性の場合には「資を得」ることであり、女性の場合には「鬻を得」ることとなっている。男女いずれの場合も吉夢であることに違いはないと思われるが、占断の内容はある程度異なっている。つまり、嶽麓秦簡『占夢書』第一八簡下に記録される蛇の夢の占辞でも、男女それぞれ別の思考過程や背景に基づいて、占断が下されたと考えられるのである。

それでは、この占辞の背景となった、女性と蛇にまつわる思考ないし観念とはどのようなものだったのだろうか。

第二節　蛇の夢と女性

本節では、まず蛇の夢と女性との関連について見ていくこととしよう。蛇の夢と女性の関連を示唆する資料は、早く『毛詩』小雅・鴻鴈之什・斯干に見ることができる。

下莞上簟　乃安斯寢　乃寢乃興　乃占我夢　吉夢維何　維熊維羆　維虺維蛇（莞《がまむしろ》を下にし簟《たかむしろ》を上にす　乃ち斯の寢に安んず　乃ち寢ね乃ち興《お》き　乃ち我が夢を占う　吉夢は維れ何ぞ　維れ熊　維れ羆　維れ虺《まむし》　維れ蛇）

大人占之　維熊維羆　男子之祥　維虺維蛇　女子之祥（大人　之を占う　維れ熊　維れ羆は　男子の祥　維れ虺　維れ蛇は　女子の祥）

「斯干」詩では、子どもを授かる吉夢として、熊と蛇の夢が挙げられている。そのうえで、蛇の夢は「女子の祥」と詠う。前節に挙げた嶽麓秦簡『占夢書』第一八簡下では、男が蛇の夢を見ることも想定されており、特に女子だけに限定されるものではなかった。しかし「斯干」詩では、蛇の夢を見ることが、女子と明確に関連付けられている。

蛇の夢と女性とを関連付ける思考は、『三国志』周宣伝にも見ることができる。周宣は、当時夢占いの名人として知られており、ある日依頼を受けて、足の生えた蛇の夢を占う。

　後東平劉楨夢蛇生四足、穴居門中、使宣占之。宣曰、此爲國夢、非君家之事也。當殺女子而作賊者。頃之、女賊鄭姜遂俱夷討。以虵女子之祥、足非虵之所宜故也。（後に東平の劉楨　蛇の四足を生じ、門の中に穴居するを夢み、宣をして之を占わしむ。宣曰く、「此れ国夢為り、君の家の事に非ざるなり。当に女子にして賊を作す者を殺すべし」と。頃之《しばら》くして、女賊の鄭・姜遂に俱に夷討せらる。虵は女子の祥、足は虵の宜しくあるべき所に非ざるの故を以てなり。）

周宣は、劉楨の見た「蛇の四足を生じ、門の中に穴居する」夢を占い、その夢は国家に関わるもので「女子にして賊を作す者」が殺されるだろう、と言う。果たして、鄭と姜という二人の女賊が追討された。ここで周宣は、蛇の夢を女子と関連付けて占っているが、その理由を本文では「虵は女子の祥」と述べている。

つまり、上引した三つの例からは、次のことが論証できるのである。すなわち、「斯干」詩が記録されたであろう春秋戦国時代には、蛇の夢を「女子の祥」とする観念がすでに存在していた。この観念を背景にして、秦のころに嶽麓秦簡『占夢書』第一八簡下の占辞が書かれた。さらに、この観念は、三国時代まで継続していた。

嶽麓秦簡『占夢書』第一八簡下の占辞では、蛇の夢を見るのは男性の場合も想定されていた。ただ前述したように、この占辞は男女別々の思考の基に占断されており、少なくとも女性に関しては、蛇の夢を「女子の祥」とする観念が背景にあったと考えられる。

ここまで、夢を媒介として、蛇と女性が関連付けられている例を見てきた。それでは、必ずしも夢を介することなく、女性と蛇が関連付けられている例はあるのだろうか。

次に、そのような例を『春秋左氏伝』から二例挙げよう。文公十六年の経文に、以下のような記事がある。

秋八月辛未、夫人姜氏薨。毀泉臺。（秋八月辛未、夫人の姜氏薨ず。泉台を毀つ。）

「姜氏」は、魯の先君・僖公の夫人であり、現君・文公の母親でもある。経文では、その姜氏が亡くなったことを記録し、続けて泉台を破壊したことをも記録している。この二つの出来事について、伝では今少し詳しく記述している。

有蛇自泉宮出、入于國。如先君之數。秋八月辛未、聲姜薨、毀泉臺。（蛇の泉宮自り出でて、国に入ること有り。先君の数の如し。秋八月辛未、声姜薨じ、泉台を毀つ。）

泉宮は、「声姜」（姜氏）の居た場所である。伝文では、その泉宮から魯の歴代君主の数だけ蛇が出て国都に入っていったことがあり、その秋に「声姜」が亡くなったので泉台（泉宮）を破壊した、という。この伝文に付された杜預注には「魯人　蛇妖の出づる所にして声姜薨ずと以為《おも》う。故に之を壊す。（魯人以爲蛇妖所出而聲姜薨。故壞之。）」とあり、「蛇妖」が出たことと「声姜」が亡くなったことを関連する出来事として認識している。

さらに『漢書』五行志下之上では、より詳細に解説している。

左氏傳文公十六年夏、有蛇自泉宮出、入于國、如先君之數。劉向以爲近蛇孽也。泉宮在囿中。公母姜氏嘗居之。蛇從之出、象宮將不居也。詩曰、維虺維蛇、女子之祥。又蛇入國、國將有女憂也。如先君之數者、公母將薨象也。秋、公母薨。公惡之、乃毀泉臺。（『左氏伝』文公十六年夏、蛇の泉宮自り出でて、国に入ること有り。先君の数の如し。劉向以て蛇の孽に近しと為す。泉宮は囿の中に在り。公の母姜氏嘗て之に居り。蛇の之従り出づるは、宮将に居らざらんとするを象るなり。『詩』に曰く、「維れ虺 維れ蛇は　女子の祥」と。又た蛇の国に入るは、国に将に女の憂い有らんとするなり。先君の数の如きは、公の母将に薨ぜんとするの象なり。秋、公の母薨ず。公　之を悪み、乃ち泉台を毀つ。）

「五行志」では、『左伝』の記事を引用した後、「蛇の孽に近し」とする劉向の見解が述べられる。そのうえで、前述した「斯干」詩を引用し、続けて「蛇の国に入るは、国に将に女の憂い有らんとするなり」と解説している。つまり、夢を介することがなくても、女性と蛇が関連付けて語られているのである。ただその背後には、蛇の夢を「女子の祥」とする観念が存在したのである。

それでは二つ目の例に移ろう。魯の襄公二十一年、晋の国では、范宣子が欒《らん》盈（欒懐子）を国外に追放しその党与を処刑する、という事件が起きた。経文では、以下のように記録している。

秋、晉欒盈出奔楚。（秋、晋の欒盈出でて楚に奔る。）

欒盈の党与として、処刑された者の中に羊舌虎がいた。羊舌虎は叔向（羊舌肸《きつ》）の弟であったため、兄の叔向も連座して幽閉されてしまった。伝文は、羊舌虎（叔虎）の出生に絡んで、叔向の母が残した予言を記録している。

初、叔向之母妬叔虎之母美而不使。其子皆諫其母。其母曰、深山大澤、實生龍蛇。彼美。余懼其生龍蛇以禍女。女敝族也。國多大寵。不仁人間之、不亦難乎。余何愛焉。使往視寢、生叔虎。美而有勇力。欒懐子嬖之。故羊舌氏之族及於難。（初め、叔向の母　叔虎の母の美しきを妬みて使えしめず。其の子皆な母を諫む。其の母曰く、「深山大沢は、実に竜蛇を生ず。彼は美なり。余其の竜蛇を生み以て女《なんじ》に禍せんことを懼る。女は敝族なり。国に大寵多し。不仁の人　之に間《あず》からば、亦た難からずや。余何ぞ焉を愛まん」と。往きて寝を視しむるに、叔虎を生む。美にして勇力有り。欒懐子　之に嬖す。故に羊舌氏の族　難に及ぶ。）（襄公二十一年）

叔向の母は、叔虎の母が美しいので、夫につかえさせなかった。それを子どもたちに諫められると、叔向の母は「深山大沢は、実に竜蛇を生ず。彼は美なり。余其の竜蛇を生み以て女に禍せんことを懼る。」と言う。

彼女の発言では、竜蛇が叔虎に、その母が深山大沢に喩えられている。この発言からは、直接ではないにしても、蛇と女性との関連を示唆する観念を窺うことができる。

それではここまで確認したような、夢も含む蛇と女性との複合的な観念は、どのような論理に基づいているのか、次節で考究していこう。

第三節　蛇・口舌・火・女性

まず、蛇と女性との複合的な観念を支える論理を考究する前に、「蛇妖」について今一つ『左伝』の例を見てみよう。魯の桓公十五年、鄭の厲公は、祭仲を暗殺しようとして失敗し、櫟《れき》に亡命した。約二十年後の荘公十四年、この厲公が復位すべく鄭に侵攻してきた。

鄭厲公自櫟侵鄭、及大陵、獲傅瑕。傅瑕曰、苟舍我、吾請納君。與之盟而赦之。六月甲子、傅瑕殺鄭子及其二子、而納厲公。初、内蛇與外蛇鬭於鄭南門中、内蛇死。六年而厲公入。公聞之、問於申繻曰、猶有妖乎。對曰、人之所忌、其氣燄以取之。妖由人興也。人無釁焉、妖不自作。人棄常、則妖興。故有妖。（鄭の厲公　櫟自り鄭を侵し、大陵に及び、傅瑕を獲。傅瑕曰く、「苟も我を舍《ゆる》さば、吾請うらくは君を納れん」と。之と盟いて之を赦す。六月甲子、傅瑕鄭子及び其の二子を殺して、厲公を納る。初め、内の蛇　外の蛇と鄭の南門の中に闘い、内の蛇死す。六年して厲公入る。公　之を聞き、申繻に問いて曰く、「猶お妖有らんか」と。対えて曰く、「人の忌む所、其の気燄《も》えて以て之を取る。妖は人に由りて興るなり。人に釁無くんば、妖自ら作らず。人　常を棄つれば、則ち妖興る。故に妖有り」と。）

この事件に遡ること六年、城内の蛇と城外の蛇が南門で闘い、城内の蛇が死んだ、という。このことを聞いた魯の荘公は「猶お妖有らんか」と、申繻に問う。荘公の下問に答えた申繻の言葉に、「人の忌む所、其の気燄《も》えて以て之を取る」とある。すなわち、人々の憂い怖れる気が燃え上がり、蛇の妖となって現れたのです、と説いているのである。

同一の事件を、『漢書』五行志下之上では次のように解説している。

左氏傳魯嚴公時、有內蛇與外蛇鬭鄭南門中、內蛇死。劉向以爲近蛇孽也。先是鄭厲公劫相祭仲、而逐兄昭公代立。後厲公出奔、昭公復入。死、弟子儀代立。厲公自外劫大夫傅瑕、使僇子儀。此外蛇殺內蛇之象也。蛇死六年、而厲公立。嚴公聞之、問申繻曰、猶有妖乎。對曰、人之所忌、其氣炎以取之。妖由人興也。人亡釁焉、妖不自作。人棄常。故有妖。京房易傳曰、立嗣子疑、厥妖蛇居國門鬭。（『左氏伝』に魯の厳公の時、内の蛇　外の蛇と鄭の南門の中に闘い、内の蛇死すること有り。劉向以て蛇の孽に近しと為す。是に先だちて鄭の厲公　相の祭仲を劫かして、兄の昭公を逐い代わり立つ。後に厲公出奔し、昭公復た入る。死し、弟の子儀代わり立つ。厲公　外自り大夫傅瑕を劫かし、子儀を僇《ころ》さしむ。此れ外の蛇　内の蛇を殺すの象なり。蛇死して六年、而して厲公立つ。厳公　之を聞き、申繻に問いて曰く、「猶お妖有るか」と。対えて曰く、「人の忌む所、其の気炎《も》えて以て之を取る。妖は人に由りて興るなり。人に釁亡くんば、妖自ら作らず。人　常を棄つ。故に妖有り」と。京房易伝に曰く、「嗣子を立つること疑わしければ、厥の妖は蛇　国門に居りて闘う」と。）

まず『左伝』の記事を引用した後、劉向による「蛇の孽」とする見解が示される。そのうえで、事の経緯を説明している。ただ、鄭の厲公に関する一連の出来事が入り組んでいるため、『左伝』に基づいて再構成した経緯を以下に示そう。

前七〇一年、鄭の荘公が亡くなった。祭仲は、昭公を立てようとしたが、雍氏に脅され厲公を立てた[10]。前六九七年、今度はその厲公が祭仲を疎んじ殺そうとする。しかし、計画が露見し、厲公自ら櫟に亡命することとなる。その結果、昭公が帰国し位に即く[11]。その後鄭では、昭公が弑され、公子亹《び》が立つ[12]も翌年には斉侯に殺され、前六九四年に鄭子（子儀）が即位する。[13] そして前六八〇年には、前掲したように、厲公が復位すべく侵攻するのである。ちなみに『史記』鄭世家によれば、祭仲は、厲公が侵攻する二年前の、前六八二年に卒している。[14] 恐らく、厲公は祭仲が亡くなったので、復位を決意し侵攻したものと思われる。「蛇妖」があったのは、この侵攻の六年前とされる。

さて『漢書』五行志では、厳公（荘公）に答えた申繻の言葉が「人の忌む所、其の気炎えて以て之を取る」となっている。要は、『左伝』で「燄」字に作っていた文字を、『漢書』では「炎」字に作っているのである。『左伝』に付された阮元の校勘記では、「石経初刻　燄を炎に作るは是なり。改めて燄に作るは大いに誤るなり。釈文も亦た炎に作る。案ずるに漢書五行志・芸文志は伝文を引きて並びに「其の気炎えて以て之を取る」に作る。顔師古注に「炎は読みて燄と同じ」と。（石經初刻燄作炎是也。改作燄大誤。釋文亦作炎。案漢書五行志藝文志引傳文並作其氣炎以取之。顏師古注炎讀與燄同。）」という。阮元に従えば、本来は「炎」字だったようである。

いずれにせよ、申繻は、内の蛇と外の蛇が闘った出来事を人々の「忌む所」の気が燃え上がり「蛇妖」として現れたのだ、と理解しているのである。このような申繻の理解からは、蛇と火とが関連を有するものであるとする認識を読み取ることができる。

蛇と火とが関連を持つとする論理は、『論衡』言毒篇により詳細に述べられている。その全てを引用すると煩雑になるため、以下にその要旨を示そう。

そもそも「毒は、太陽の熱気」であるので、人にあたると害毒となる。[15]「太陽の火気」が害毒となるのはその気が熱いからである。だから、南方などの「太陽の地」では、人々はせっかちであり、せっかちな人は「口舌に毒を為す」[16]。巫咸が呪いで人の病を長引かせたり、人の禍を益したりできるのも、江南に生まれて「烈気」を帯びているからである。[17] 毒は「陽気」であるので、人に当たると灼けるように痛む。蝮に咬まれた所を切り取って地面に置くと煮えたぎるのは、「火気」である証拠である。(18) 太陽の気を含んで生まれたものはみな毒があり、毒の多いものは、虫の類であれば蛇や蜂や蠍となる。(19) 人であれば、小人となる。それゆえ、小人の口は世の中に禍をなすのだ。(20) ことわざに「衆口金を爍《と》かす」という。口は火である。なぜなら、五行では二番目が火であり、五事では二番目が言であり、火と言とは相当するからである。(21) 金が火に負けるのは、火と口とが同類だからである。(22) だから、夢で火をみた場合には、口舌の禍が起こると占い、蛇の夢を見た場合にも口舌の禍と占うのである。「火は口舌の象」であり、口舌の禍が蛇や蝮として現れるのは、「類を同じくし本を共にし、稟くる所　気を一にす」るからである。(23) また、「妖気」は美しい者を生みだすので、美しい者には邪悪な者が多い。叔向の母は、叔虎の母が美しかったことから、彼女が邪悪なことを察知し、夜伽をさせなかったのである。(24) そもそも深山や大沢は、竜や蛇を生み出すところである。この深山や大沢を叔虎の母に喩えたのは、美人が害毒を懐《いだ》いているからである。生まれた子の叔虎は、美しく勇力があった。勇力は美色から生まれ、禍は勇力から発生する。火には輝きがあり、木には姿形がある。竜や蛇は東方・木に属するので、火精を含んでいる。だから、姿形が美しいのだ。(25)

『論衡』言毒篇に拠れば、「陽気」は人にとって害毒であり、それを含んで生まれると蛇や小人となり、小人は口舌によって禍を招く、という。さらに、五行の「火」は五事の「言」に相当するので、火と口舌とは同類であり、これら火（陽気）・蛇・小人・口舌の禍は、「類を同じくし本を共にし、稟くる所　気を一に」している、とされる。

『論衡』のこの考え方は、先に見た申繻の理解、すなわち人々の「忌む所」の気が燃え上がり「蛇妖」として現れたという理解と、軌を一にするものであろう。加えて、「人　夢に火を見れば、占いて口舌と為す。夢に蝮蛇を見るも、亦た口舌なり。」とあり、夢占いにおいても火・蛇・口舌を同類であるとする観念が確認されている。

　重ねて指摘するなら、一見無関係な蛇と口舌を同類と見なす論理は、第一節で引用した嶽麓秦簡『占夢書』第一八簡下を理解する助けにもなるだろう。同簡を原文のみ再掲する。

夢蛇入人口、舌不出、丈夫爲祝、女子爲巫。

なぜ占辞の前半部分で、「蛇　人の口に入りて、舌出でざる」などという、いささか突飛とも思える夢を想定したのか。もちろん、占う対象が対象なので、夢であれば如何なる奇妙な内容もあり得る、と考えることは可能かも知れない。しかし、『論衡』に述べられていた蛇と口舌とが同類であるとする論理に照らして考えるなら、この夢も同じ論理を背景に持って想定されたのだと考えることができるだろう。

ところで「言毒篇」では、続けて「叔向の母」の例を提示していた。「叔向の母」の例は前節で『左伝』から引用し検討したが、彼女は「深山大沢は、実に竜蛇を生ず。彼は美なり。余其の竜蛇を生み以て女《なんじ》に禍せんことを懼る。」と言い、竜蛇を叔虎に、その母を深山大沢に喩えていた。

なぜ「深山大沢」を「叔虎の母」に喩えるのかについて、「言毒篇」では、まず「妖気」は美人を生み出すので美人には邪悪なものが多いとしたうえで、「美色の人　毒螫を懐けばなり。」という。ここでいう「毒螫」とは、直接的には「叔虎」を指している。ただ、「叔虎」には勇力があり勇力から禍が生まれるとされるので、より詳しく言えば、「毒螫」とは「叔虎」であり禍を招く蛇だ、ということになろう。禍を招く蛇を懐くからこそ、「叔虎の母」も邪悪である、という論理になっているのである。

これら一連の論理を支える根拠として、「言毒篇」では五行説によって説明する。すなわち、五行では竜蛇は東方・木に属すので、相生の理に拠れば木の次に生じる、「火精」を含んでいる。さらに「火」には「光耀」があり、「木」には「容貌」があるので、竜蛇を懐くものは、「美色にして貌麗し」いのである。

『論衡』では、蛇を火と同類と見なす一方で、五行説に則って東方・木に属すともしており、この点において論理の整合性が保てていない。それ故に、相生の理を前提として、東方・木は「火精を含む」といい、整合性を保とうとしているものと思われる。

ともあれ『論衡』言毒篇でも、蛇と火が関連を持つものであり、禍を招く蛇を懐くという点において、女性とりわけ美女も、蛇・火・口舌と「類を同じくし本を共にし、稟くる所　気を一にす」る存在であるという論理が確認できた。

ただここで一つ注意しておきたいのは、前節に挙げた「斯干」詩や『三国志』周宣伝では、女性そのものが直接的に蛇と関連付けられていたのに対し、『論衡』言毒篇では、女性は禍を招く蛇を懐くという点において、言わば間接的に類を同じくするものであると認識されていた点である。

「斯干」詩では「維れ虺《まむし》　維れ蛇は　女子の祥」とあり、蛇は子どもの祥としての意味も持ち合わせていた。また『論衡』では、蛇は女性が懐く子どもを表す比喩として使われていた。

ここで結論を先取りして述べるなら、中国では『詩経』に遡る古代から、蛇を直接的に女性と結び付ける思考と、子どもを通して間接的に蛇と女性とを関連付ける思考との複合的な観念が潜在していたと考えられるのである。

ここまでの論証で、蛇と女性を関連付ける観念が存在したことは確認できた。次節では、蛇と子どもとの関連についてさらに追究していこう。

第四節　蛇の祥と子ども

まず蛇が子どもと関連付けられている例として、『太平広記』巻四五六「蛇一」所収の『王子年拾遺記』から一例挙げる。ただその前に『王子年拾遺記』について付言しておこう。

『王子年拾遺記』は、『隋書』経籍志では「王子年拾遺記十巻蕭綺撰。」としている。著者は、王嘉、字は子年、である。『晋書』芸術伝に立伝されている。「王嘉伝」によると、隴西安陽の人で、後秦の姚萇に誅殺された。著書に「拾遺録十巻」があった[26]、とされる。この「拾遺録」の原書は早くに散佚し、梁の蕭綺が遺文を集めて十巻とした[27]。

さて、呉の張承の母は、彼を身ごもっている時に船遊びに出かけた。

張承之母孫氏懷承之時、乘輕舟游於江浦之際。忽有白蛇長三丈、騰入舟中。母呪曰、若爲吉祥、勿毒噬我。乃篋而將還、置諸房內。一宿視之、不復見蛇。嗟而惜之。隣人相謂曰、昨見張家有一白鶴、聳翮凌雲。以告承母、使筮之。卜人曰、此吉祥也。蛇鶴延年之物。從室入雲、自卑升高之象。昔吳王闔閭葬其妹、殉以美女名劍寶物、窮江南之富。未及十七年、雕雲覆於溪谷、美女游於塚上、白鶴翔於林中、白虎嘯於山側。皆是昔之精靈、今出世。當使子孫位超臣極、擅名江表。若生子、可以爲名。及生承、名白鶴。承生昭、位至丞相、爲輔吳將軍、年踰九十。蛇鶴之祥也。出王子年拾遺記。（張承の母孫氏　承を懐むの時、軽舟に乗り江浦の際に游ぶ。忽ち白蛇の長さ三丈、舟中に騰り入ること有り。母呪《いの》りて曰く、「若し吉祥為らば、毒もて我を噬むこと勿かれ」と。乃ち篋して将《ともな》いて還り、諸を房内に置く。一宿し之を視るに、復た蛇を見ず。嗟きて之を惜しむ。隣人相い謂いて曰く、「昨張家に一白鶴有りて、聳翮《しょうかく》して雲を凌ぐを見る」と。以て承の母に告げ、之を筮わしむ。卜人曰く、「此れ吉祥なり。蛇鶴は延年の物なり。室従り雲に入るは、卑き自り高きに升るの象なり。昔呉王闔閭其の妹を葬り、殉ずるに美女・名剣・宝物を以てし、江南の富を窮む。未だ十七年に及ばずして、雕雲は渓谷を覆い、美女は塚上に游び、白鶴は林中に翔び、白虎は山側に嘯く。皆是れ昔の精霊、今世に出づ。当に子孫をして位は臣の極みを超え、名を江表に擅にせしむべし。若し子を生まば、以て名を為すべし」と。承を生むに及び、白鶴と名づく。承は昭を生み、位は丞相に至り、輔呉将軍と為り、年九十を踰ゆ。蛇鶴の祥なり。『王子年拾遺記』に出づ。）

船の中に入ってきた白蛇に対し、張承の母は「若し吉祥為らば、毒もて我を噬むこと勿かれ」と祈り、箱に入れて持ち帰った。一晩すると白蛇は消えてしまったが、隣人は張家から白鶴が空に昇っていくのを見たと言う。このことを占ってもらうと、「此れ吉祥なり。蛇鶴は延年の物なり」と言われるのである。

この逸話において白蛇は、吉祥であり「延年の物」とされており、直接的に子どもを示す祥とはされていない。しかし、母が子どもを身ごもっている時に白蛇が現れたこと、また「延年」の対象となったのは母ではなく胎児の張承並びに孫に当たる張昭であったことの二点を考え合わせれば、間接的ながら白蛇と子どもとの繋がりを見出すことはできないだろうか。

それでは次に、直接的に蛇が子どもの祥となっている例を、敦煌写本解夢書の『占夢書残巻』から二例挙げよう。ただやはりその前に、敦煌写本解夢書と『占夢書残巻』について説明しておきたい[28]。まず敦煌写本解夢書は、晩唐から五代の敦煌地区で書かれた一群の文書である。中原からの伝統的な夢占いの方法や書物が、敦煌に流入し在地の方法を吸収して成立したもので、占い師や文人たちが夢を占う実用的な目的のもとに編集されている[29]。敦煌写本解夢書は、編号にして全部で一七巻の文書が知られている。さらに、これらの文書は内容に従って、『解夢書一巻残巻』・『先賢周公解夢書一巻并序』・『周公解夢書残巻』・『新集周公解夢書』・『解夢書残巻』・『占夢書残巻』・『佚類書・占夢』・『蔵文写本解夢書』の八種に分類される[30]。

『占夢書残巻』には、S．六二〇号、P．三九九〇号、Дx．一〇七八七号、の三つの文書が分類されている。三巻とも、前後が残欠しており、書写者の署名も文書の書名もない[31]。本書で引用するS．六二〇号の書名も、劉文英氏の付けたものである[32]。前後が欠落しているため全てではないが、現存して確認できる『占夢書残巻』の篇目を以下に示そう[33]。

水篇第廿四、火篇第廿五、橋門戸篇廿六、飛鳥篇第廿七、[34]龜鱉篇第廿八、猪羊篇廿九、龍蛇篇第卅、六畜篇卅一、船車遊行死騰篇第卅二、野禽獸篇第卅三、雜虫篇第卅四、塚墓棺槨篇第卅五、文武職棺篇第卅六、食會沐浴篇第卅七、鬼魅軍旅汚辱篇第卅八、農植五穀篇第卅九、佛法仙篇第卌、斬煞害鬪傷篇第卌一、捕禁刑罰篇第卌二、（前欠）飯食篇第卌三

『占夢書残巻』の篇目は、少なくとも四十三以上である。劉氏は、その顕著な特徴は篇の多さであり占辞の条目は現存する敦煌写本解夢書の中で最も多い、という。[35]

参考までに、同じ敦煌写本解夢書の『新集周公解夢書』[36]の篇目を挙げよう。

天文章第一、地理章第二、山林草木章第三、水火盗賊章第四、官禄兄弟章第五、人身梳鏡章第六、飯食章第七、佛道音楽章第八、荘園田宅章第九、衣服章第十、六畜禽獸章第十一、龍蛇章第十二、刀剣弓弩章第十三、夫妻花粉章第十四、楼閣家具銭帛章第十五、舟車橋市穀章第十六、生死疾病章第十七、塚墓棺財（材）凶具章第十八、十二支日得夢章第十九、十二時得夢章第廿、建除満日得夢章第廿一、噩夢為禁忌等章第廿二、厭攘噩夢章第廿三

P.三九〇八号の『新集周公解夢書』は完本であり、全部で二三章である。『占夢書残巻』が最少四三篇であったのと比べると、おおよそ二分の一の章数ということになる。また、『占夢書残巻』では「水篇」と「火篇」であったが、『新集周公解夢書』では「水火盗賊章」となっており、水と火が同じ章に配列されているばかりか盗賊まで含まれている。この他、『占夢書残巻』では、「六畜」以外にも「飛鳥」・「龜鱉」・「猪羊」など動物についての篇があったのに対して、『新集周公解夢書』では「六畜」のみになっている。一方で、「塚墓棺槨篇」と「塚墓棺財（材）凶具章」のように、ほぼ同じ篇も存在する。要するに両文書は、ある程度似通った分類でありつつも、『占夢書残巻』の方がより細かい分類と占辞を備えているということである。

さて、本節で問題としている、蛇が子どもの祥となっている占辞は『占夢書残巻』龍蛇篇に二例見える。便宜的に番号を付して引用しよう。

1、夢見虵在懐中、有男女。（夢に虵《へび》　懐中に在るを見れば、男女有り。）

2、夢見虵齒人、妻必子。（夢に虵　人を歯むを見れば、妻必ず子あり。）

1の占辞では、蛇が「男女」すなわち息子・娘に見立てられており、また2の占辞では、蛇が咬むことが子どもを授かる祥とされている。やはり、蛇と子どもあるいは子どもを産む女性とが、関連を有するものとして考えられている。

一言付け加えると、「龍蛇篇」という篇名は、『新集周公解夢書』にも「龍蛇章」という章目で存在するが、上引したような占辞は『新集周公解夢書』龍蛇章には見られない。

それはそうと本節では、『王子年拾遺記』と敦煌文書の『占夢書残巻』とを見てきた。蛇と子どもが密接に関連するものであり蛇の出現や蛇の夢を子どもの祥とする観念は、敦煌文書にまで引き継がれていたことが検証できたと思われる。

ここで第一節において言及した嶽麓秦簡『占夢書』と敦煌写本解夢書『新集周公解夢書』との関係について、先行研究を紹介しておきたい。なぜなら、両書の関係は、嶽麓秦簡『占夢書』と敦煌写本解夢書『占夢書残巻』との関係を考えるうえで、参考とすることができるからである。

まず湯浅邦弘氏は、両書の特徴を比較して、「この『占夢書』は、時代的にも、思想的にも、『周礼』に見えるような古代の夢観・『占夢書』と、類書や道教の影響を強く受けたと推測される敦煌本『新集周公解夢書』との間に位置すると思われる」とする。さらに「日書」との関係について、「両者は夢を占うという点で類似するが、その構成や分量に明らかな相違がある。「日書」は、あくまで様々な占いの中の一つとして夢に注目したまでであり、『占夢書』は、その序論部分に明らかなように、占夢の理論を説くことに意を注いで」いる。「従って、睡虎地秦墓竹簡「日書」の「夢」篇などが分岐して『占夢書』となったのではなく、『占夢書』は「日書」と一部性格を共有しながらも、系統を別にして成立・展開していったものと推測される[37]」という。

次に森和氏は、「秦代においてすでに、占夢者が秘蔵して王侯貴族のために参照しながら占断を下す専門性の高いテキストとは異なり、そのような知識も経験もない人々が何らかの夢を見たとき、一瞥するだけでその意味するところが判る岳麓秦簡「占夢書」のような平易で実用的なテキストも存在し、それらがやがて『新集周公解夢書』に繋がってゆく流れも並行していたのである。この流れは恐らく秦漢時代における「日書」の流行と軌を一にするもので、本来数術家の専門的知識や技術に基づく各種の占卜が誰にでも理解でき、かつ利用できるような形にテキスト化された「日書」と同じように、この「占夢書」も占夢者の知識や技術の専門性を排除し、実用性を重視するマニュアルとして編纂されたのであろう[38]」とする。

「日書」は、三種の文書が出土しているが、いずれも嶽麓秦簡と近い時代の文献である[39]。嶽麓秦簡『占夢書』と「日書」との関わりについては、両氏の見解に微妙な相違がある。ただ両氏とも、嶽麓秦簡『占夢書』が、直接的であるかどうかはともかく、敦煌写本解夢書『新集周公解夢書』に引き継がれていったと見なしている。

とするなら、『新集周公解夢書』と同じ敦煌写本解夢書であり、似通った分類の篇章を持つ『占夢書残巻』についても、嶽麓秦簡『占夢書』から敦煌写本解夢書『占夢書残巻』に至る流れを想定することができるのではないだろうか[40]。

傍証として、『占夢書残巻』に、第二節で確認した女性・蛇・火・口舌が「類を同じくし本を共にし、稟くる所気を一にす」る存在であるという論理が、一部ながら見られる占辞を挙げよう。

夢見持火與妻子、多口舌。（夢に火を持ちて妻子に与うるを見れば、口舌多し。）（火篇第廿五）

火を持って妻子に与える夢を見れば、口舌の禍が多い、と占断している。蛇についての言及はないが、女性と火と口舌を同類と見なす複合的な観念を看取することができる。やはり、敦煌写本解夢書『占夢書残巻』にも、それまでの夢占いに関する知識が受け継がれていると考えられるのである。

おわりに

本章では、嶽麓秦簡『占夢書』を契機として、古代中国における蛇と女性との複合的な観念を考究してきた。中国では『詩経』に遡る古代から、蛇の夢を「女子の祥」とするような、蛇と女性とを結びつける観念が存在した。その結びつきには、『三国志』周宣伝に見られたような、蛇を直接的に女性と結び付ける思考と、『左伝』の「叔向の母」の言葉に見られたような、子どもを通して間接的に蛇と女性とを結びつける思考との二つの観念が存在した。この二つの観念は、大部分が重なりながらも微妙に異なる部分も持ちつつ、敦煌写本解夢書の時代まで、人々の心の中に潜在していた。

これらの複合的な観念を支える論理は、『論衡』言毒篇に見ることができた。すなわち、蛇・女性・火・口舌が「類を同じくし本を共にし、稟くる所　気を一にす」る存在であるという論理であった。少なくとも漢代以降、この論理は五行説に基づいて理解されていたのである。

注

（1）朱漢民・陳松長主編『嶽麓書院藏秦簡（壹）』（上海辞書出版社、二〇一〇年）。

（2）注（1）所掲書「前言」を参照。なお、嶽麓秦簡『占夢書』に記されるその他の占辞については、拙稿「嶽麓書院藏秦簡『占夢書』訳注稿」（『福岡女学院大学紀要　人文学部編』第二十七号、二〇一七年）参照。

（3）注（1）所掲書、一五九頁。

（4）小草「《嶽麓書院藏秦簡（壹）》考釋一則――兼談〝育〟字」（復旦大學出土文獻與古文字研究中心、二〇一一年三月七日公開。二〇一五年九月二十三日アクセス。）

（5）袁瑩「嶽麓秦簡《占夢書》補釋二則」（復旦大學出土文獻與古文字研究中心、二〇一一年十月二十三日公開。二〇一六年十二月十七日アクセス。）

（6）張崇禮「釋岳麓秦簡《占夢書》的〝胤〟字」（復旦大學出土文獻與古文字研究中心、二〇一一年十月二十五日公開。二〇一六年十二月十七日アクセス。）

（7）譚競男「嶽麓書院藏秦簡《占夢書》拾遺」（簡帛網、二〇一一年九月十五日公開。二〇一六年十二月十七日アクセス。）は、残存する筆画から「身」字とする。

（8）整理者は、「毛：指五穀蔬菜之類。」とする。しかし、高一致「嶽麓秦簡《占夢書》補釋四則」（簡帛網、二〇一一年四月二日公開。二〇一五年九月十日アクセス。）は、『敦煌本夢書』『周公解夢書殘卷』に「堯夢見身上生毛，六十日得天子。」とある例などを引いて、「指軀體毛髮之類、可以看出後世的夢占方術中、毛髮常與身體部位相關聯、且多具有神秘色彩與意義。」（原文簡体字）と言い、身体に生える毛であるとする。

（9）高一致「讀嶽麓秦簡《占夢書》札記四則」（簡帛網、二〇一一年四月九日公開。二〇一六年十二月十七日アクセス。）は、井戸や竈などは女子が取り仕切るものの象徴であり、「鬻」も婚嫁に関係があるとし、「〝女子得鬻〟似指女子有婚嫁事。」と解釈する。

（10）夏、鄭莊公卒。初、祭封人仲足、有寵於莊公。莊公使爲卿。爲公娶鄧曼、生昭公。故祭仲立之。宋雍氏女於鄭莊公、曰雍姞、生厲公。雍氏宗、有寵於宋莊公。故誘祭仲而執之、曰、不立突將死。亦執厲公而求賂焉。祭仲與宋人盟、以厲公歸而立之。秋九月丁亥、昭公奔衞。已亥、厲公立。（桓公十一年）

(11) 祭仲專、鄭伯患之。使其婿雍糾殺之。將享諸郊。……夏、厲公出奔蔡。六月乙亥、昭公入。（桓公十五年）

(12) 初、鄭伯將以高渠彌爲卿、昭公惡之、固諫不聽、昭公立、懼其殺己也。辛卯、弑昭公而立公子亹。（桓公十七年）

(13) 秋、齊侯師于首止。子亹會之、高渠彌相。七月戊戌、齊人殺子亹、而轘高渠彌。祭仲逆鄭子于陳而立之。（桓公十八年）

(14) （鄭子）十二年、宋人長萬弑其君湣公。鄭祭仲死。

(15) 夫毒、太陽之熱氣也。中人人毒。

(16) 太陽火氣、常爲毒螫、氣熱也。太陽之地、人民促急、促急之人、口舌爲毒。

(17) 巫咸能以祝延□人之疾、愈人之禍者、生於江南、含烈氣也。

(18) 夫毒、陽氣也。故其中人、若火灼人。或爲蝮所中、割肉置地焦沸、火氣之驗也。

(19) 天下萬物、含太陽氣而生者、皆有毒螫。毒螫渥者、在蟲則爲蝮蛇蜂蠆。

(20) 其在人也爲小人。故小人之口、爲禍天下。

(21) 諺曰、衆口爍金。口者、火也。五行二曰火、五事二曰言。言與火直。

(22) 金制於火、火口同類也。

(23) 故人夢見火、占爲口舌。夢見蝮蛇、亦口舌。火爲口舌之象、口舌見於蝮虵、同類共本、所稟一氣也。

(24) 「妖氣生美好。故美好之人多邪惡。叔虎之母美。叔向之母知之、不使視寢。」なお黄暉氏は、「吳曰、事見左襄廿一年傳。『知』當據改作『妬』。暉按、宋・元本・朱校元本並作『妬』、吳説是也。」と注する。しかし、本文の文字を変えなくても解釈できるため、「知」のままで解釈する。

(25) 夫深山大澤、龍虵所生也。比之叔虎之母者、美色之人懷毒螫也。生子叔虎、美有勇力。勇力所生、生於美色、禍難所發、由於勇力。火有光耀、木有容貌。龍虵東方木、含火精。故美色貌麗。

(26) 王嘉字子年、隴西安陽人也。……姚萇之入長安、禮嘉如苻堅故事。逼以自隨、每事諮之。萇既與苻登相持、問嘉曰、吾得殺苻登定天下不。嘉曰、略得之。萇怒曰、得當云得、何略之有。遂斬之。……又著拾遺録十巻、其記事多詭怪。今行於世。

(27)『漢魏叢書』（吉林大学出版社、一九九二年）所収『王子年拾遺記』に付された蕭綺序に、「拾遺記者、隴西安陽人王嘉字子年所撰。凡十九巻、二百二十篇。……今捜檢殘遺、合爲一部。凡一十巻、序而録焉。」とある。

(28) 敦煌写本解夢書については、劉文英『中国古代的夢書』（中華書局、一九九〇年）、陳美英・方愛平・鄧一鳴『中華占夢術』（文津出版社、一九九五年）、鄭炳林『敦煌本解夢書校録研究』（民族出版社、二〇〇五年）参照。

(29) 注（28）所掲鄭氏『敦煌本解夢書校録研究』「敦煌写本解夢書産生的歴史背景」参照。

(30) 注（28）所掲鄭氏書三三頁、参照。

(31) 注（28）所掲鄭氏書七三頁、参照。

(32) 劉文英氏は、「今疑為《宋志》著録王升縮《占夢書》之残本、故改擬題為《占夢書》。」（原文簡体字）（注（28）所掲劉氏書五二頁）という。一方、鄭氏は、S．六二〇号を王升縮の『占夢書』と見なすことについて、王升縮の生きた時代と敦煌写本解夢書の書かれた時代とが近いこと、王升縮『占夢書』が十巻と著録されているのに対してS．六二〇号は三巻を超えないと推定されること、S．六二〇号の占辞と他の解夢書の占辞との差異が大きいこと、の三点から疑義を呈している（注（28）所掲鄭氏書七四～七六頁）。ただ鄭氏も、S．六二〇号を『占夢書』と呼称することは、「只是考慮在没有新的証拠推翻旧的定名情況下、暫時采用劉文英先生的定名。然中国古代解夢与占夢含義相同、因此定名為《占夢書》也無大錯。」（原文簡体字）（注（28）所掲鄭氏書二七〇頁）と述べ、容認している。

(33) 以下、『占夢書残巻』については、電子版『敦煌解夢書』（北京愛如生数字化技術研究中心、二〇一六年）及び注（28）所掲鄭氏書に拠った。

(34) 鄭氏（注（28）所掲書二六四頁）は「魚」に作るが、電子版『敦煌解夢書』では「龜」と釈文する。原本写真を見る限り、文字の上部が破損しているが下部の筆画が確認できるため、「龜」字とした。

(35) 劉氏は、「此書在形式上有一箇顕著的特点、就是篇幅極其浩大。在敦煌存各種夢書抄本中、此書章次子目最多、占辞条目最多。」（原文簡体字）（注（28）所掲書「一　歴代夢書考証」一三頁）という。また鄭氏も「与其他解夢書比較、本巻解夢書分

目最詳細、毎類篇目下占辞最多最全、占辞条目帰類上也非常厳粛。」（原文簡体字）（注（28）所掲書、七三頁）と、同様の見解を述べている。

（36）注（28）所掲鄭氏書「新集周公解夢書一巻　P．三九〇八号」（一七一～一七七頁）に拠る。『新集周公解夢書』については、注（28）所掲の三書のほか、湯浅邦弘「夢の書の行方――敦煌本『新集周公解夢書』の研究――」（『待兼山論叢　哲学篇』二九、一九九五年）・「第三部　新出秦簡・漢簡に見る思想史　第一章　岳麓秦簡『占夢書』の構造と思想」（『竹簡学――中国古代思想の探求――』大阪大学出版会、二〇一四年。初出は、原題「岳麓秦簡『占夢書』の思想史的位置」『中国研究集刊』第五七号、二〇一三年）、及び森和「秦人の夢――岳麓書院蔵秦簡『占夢書』初探――」（『日本秦漢史研究』一三、二〇一三年）を参照。

（37）注（36）所掲湯浅氏書「第三部　新出秦簡・漢簡に見る思想史　第一章　岳麓秦簡『占夢書』の構造と思想」二四〇～二四一頁。

（38）注（36）所掲森氏論考、二二一～二二三頁。

（39）「日書」については、本書第二部第二章、参照。

（40）劉氏（注（28）所掲書「一　歴代夢書考証」一三頁）は、「経与其他夢書比較、伯二八二九和斯二二二二（二）原俱有題為《解夢書》、而斯六二〇与它們迥然不同、亦与《周公解夢書》和《新集周公解夢書》不同。為便于区別、現改擬題為《占夢書》。」（原文簡体字）と指摘する。しかし、劉氏の指摘する『占夢書残巻』とその他の夢書との違いは、あくまで敦煌写本解夢書という一群の文書の中での比較である。そのため、本書では注記するのみに止める。

終章

先秦の古代中国では、太古に天の至上神と地上の人々との間に断絶があったという神話が語られていた。この断絶は、物理的なものと、観念的なものとが存在したが、いずれも「地天の通」が完全に杜絶してしまったのではなかった。なぜなら「神」が、天と地上の人々との間で仲介者としての役割を担っていたからである。本書第一部で明らかにしたのは、天の至上神、直接に天とは交流を持てない地上の人々、これら二者の間で媒介として機能する「神」という三極構造が、先秦の神観念では構成されていたということである。しかし漢代になると、天人相関・災異思想のもとで「神」は介在する余地を失い、仲介者としての役割を後退させていった。

第二部では、これら「神」に代わり、人々の間でやはり仲介者として活動していた「巫」に焦点を当てた。古代中国には「巫」以外にも、祝・宗・卜・史など多くの宗教職能者が存在した。また「巫」は、神降ろし・雨乞い・夢占い・祓除と多くの職能を持っていたが、いずれも「巫」のみが特権的に行うものではなかった。（第二部第一章）「巫」を、他の宗教職能者から差別化し、特徴付けていたのは「狂」の側面だった。（第二部第二章）漢代以降、「巫」は何がしかの神秘体験を経てなるのが本来的な姿であると認識され、神秘体験の背後には「狂」が潜在していた。つまり、ある者が「巫」となる際には、①神秘体験を経験し、②病を得る（または神と接する）、その後、③「狂」となるか、④「巫」となる、という一連の過程を経ると考えられていたのである。（第二部第三章）また、「巫」となる際の神秘体験の一つとして、嶽麓書院蔵秦簡『占夢書』には、蛇の夢を見た女性が巫となるだろうとする占辞が存在した。さらに中国では『詩経』に遡る古代から、蛇と女性とを結びつける観念が存在し、漢代以降には五行説に根拠を持ちながら、晩唐・五代の敦煌まで引き継がれていた。（第二部第四章）

このような蛇と女性との複合的な観念は、古代から存在し、漢代以降には五行説に理論的な基盤を持つものであった。しかし唐代伝奇には、仏教的な「業」によって女性が蛇に変化してしまう話も見出すことができる。

僧令因者、於子午谷過山、往金州。見一竹輿先行、有女僕服縗而從之。數日、終不見其人。令因乃急引簾窺之。乃一婦、人首而蛇身、甚偉。令因甚驚。婦人曰、不幸業重、身忽變化。上人何乃窺之。問其僕。曰、欲送秦嶺之上。令因遂與誦功德、送及秦嶺、亦不見婦人之首。而入林中矣。出聞奇錄。（僧令因、子午谷に於いて山を過ぎり、金州に往く。一竹輿の先行するを見るに、女僕の縗を服して之に従う有り。数日するも、終に其の人を見ず。令因乃ち急ぎ簾を引き之を窺う。乃ち一婦、人首にして蛇身、甚だ偉なり。令因甚だ驚く。婦人曰く、「不幸にして業重く、身忽ち変化す。上人何ぞ乃ち之を窺うや」と。其の僕に問う。曰く、「秦嶺の上に送らんと欲す」と。令因遂に与に功徳を誦し、送りて秦嶺に及ぶも、亦た婦人の首を見ず。而して林中に入る。『聞奇録』に出づ。）（『太平広記』巻四五九「蛇四」）

「不幸にして業重く、身忽ち変化」しており、仏教の影響を受けいることが確認できる。であるならば、蛇と女性の複合的な観念も、変容を蒙ったことが推測できる。この変容が如何なるものだったのか、またどの程度まで影響を拡大していったのか。これらの点については、今後の課題として、いったん擱筆したい。

初出一覧

第一部

第一章　「蚩尤に於ける天地分離」（『集刊東洋学』第九〇号、二〇〇三年）

第二章　「「長沙子弾庫帛書」に見られる「神」の役割」（『集刊東洋学』第一〇七号、二〇一二年）

第三章　「四方から五行へ」（『東北大学中国語学文学論集』第九号、二〇〇四年）

第四章　「山川の神々の性格について――「民則に狎れ、其の為《おこない》を蠲《いさぎよ》く」しない神々――」（『集刊東洋学』第一〇四号、二〇一〇年）

第五章　「「明神」の役割と性格に関する一考察」（『日本中國學會報』第六二集、二〇一〇年）

第二部

第一章　「古代中国における宗教職能者の諸相――巫と祝宗卜史――」（『東北アジア研究センター報告8　身体的実践としてのシャマニズム』、二〇一三年）

第二章　「「日書」に見える巫と狂との関係について」（『日本中國學會報』第六六集、二〇一四年）

第三章　「巫となる際の神秘体験について」（『集刊東洋学』第一一七号、二〇一七年）

第四章　「蛇の夢――蛇と女性との複合的な観念について――」（『東北大学中国語学文学論集』第二四号、二〇一九年）

あとがき

本書は、前掲初出一覧の論文を加筆・訂正したものです。第一部は、二〇一二年に東北大学大学院文学研究科に提出した博士論文「中国神話における天と人との媒介として機能する神の研究」をもとにしています。また、第二部は、上記学位論文を提出した後、各学術雑誌に投稿し掲載されたものを集めてまとめたものです。

博士学位論文は、主査の花登正宏教授、佐竹保子教授、三浦秀一教授、川合安教授、齋藤知寛准教授（役職はいずれも当時のものです）に査読をしていただき、貴重なご批正を賜りました。誠にありがとうございました。

本書のもとになった各拙稿には、諸先生方はもとより、学会発表の際に貴重な提醒をくださった先生方、東北大学の所謂「六階長屋」の面々・諸先輩方の疑問やご意見が取り入れられており、いずれが欠けても本書を物することができませんでした。この場を借りまして、厚く御礼申し上げます。また、当時方途を見失っていた筆者を、東北大学中国語学中国文学研究室にお導きくださいました故阿部兼也東北大学名誉教授には、衷心より感謝と哀悼を捧げます。

さて、筆者が神話研究に興味関心を抱き始めた頃、中国の神話研究ではトーテミズム（図騰主義）やシャーマニズム（薩満教）という言葉が、キーワードとして非常によく使われていました。しかも、これら西洋の神話学から借りてきた言葉を使い、中国の神話や宗教職能者に当て嵌めて全てを説明できたように考えている研究が多かったように、少なくとも当時の筆者には思われました。この点に関する疑義が、その後の研究の方向を定めました。どこまできているか分かりませんが、本書を手に取ってくださった方に対して、少しでもこの疑義に答えられていれば幸甚です。

最後になり恐縮ですが、本書の出版をご快諾くださり様々なご助言を賜りました汲古書院の三井久人社長ならびに編集部の柴田聡子様に感謝申し上げます。また、本書には多くの外字があるため、作字に携わってくださいました方々にはお手間をかけましたこと、心よりお詫び申し上げます。

二〇二四年八月十七日

高戸　聰

本書は、令和六（二〇二四）年度科学研究費助成事業（科学研究費補助金　研究成果公開促進費）「学術図書」（課題番号：二四HP五〇三九）の助成を受けています。

索　　引

＊蚩尤・明神など、目次に入っている語句については挙げていない。

た行

著者紹介
高戸　聰（たかと　さとし）

1977年生まれ。山梨県出身。東洋大学中国哲学文学科卒業。同大学院文学研究科修了。その後、東北大学大学院文学研究科博士後期課程修了。博士（文学）。東北大学大学院文学研究科助教を経て、現在、福岡女学院大学人文学部現代文化学科教授。

中国神話における神々と巫
――天と人との媒介として――

二〇二四年十二月二十五日　発行

著者　高戸　聰
発行者　三井久人
整版印刷　富士リプロ㈱
製本　牧製本印刷㈱

発行所　汲古書院
〒101-0065東京都千代田区西神田二-四-三
電話　〇三（三二六五）九七六四
FAX　〇三（三二二二）一八四五

ISBN978-4-7629-6754-2　C3010